U0511043

教育部人文社会科学研究西部和边疆地区项目[10XJA870002]

西北大学学术著作出版基金资助出版

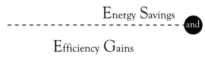

Energy Savings and

Efficiency Gains

&

Information Technology Application

in

the Framework of Public Policies

公共政策
框架下的
节能增效与信息技术应用

主 编 / 崔 旭

副主编 / 邵力军

社会科学文献出版社

SOCIAL SCIENCES ACADEMIC PRESS (CHINA)

摘　要

　　本书围绕信息技术应用可以提高能源效率、减少能源消费这一命题，分析了三种实现能源效率提高的信息技术应用路径：通过安装能源管理系统，对包括生产领域和消费领域的能源消费进行自动监测，根据能源使用状况，改革传统的粗放型能源消费方式，制定科学合理的能源分配和使用方案，实现最佳能源消费效果；将信息技术应用于工业领域的产品设计、制造、管理、运输、销售、服务等全过程，提高生产效率，降低能源耗费，推进能源使用效率，从而实现全过程节能控制；改革传统工作模式，通过推行远程办公和视频会议，减少办公用地，缓解交通拥堵，降低出行成本，实现全社会节能目标。另外，从公共政策研究视角出发，对中国政府在电力、建筑、交通等基础行业和远程办公、视频会议等领域的信息技术应用现状，以及所颁布的相关政策法规和政策实施效果进行了分析、梳理、评价，通过对比国外在这些领域的政策供给和制度安排，分析和研究了中国现有政策中的缺失以及在管理、技术、人才、资金等方面存在的问题与不足，在此基础上，借鉴发达国家的成功经验并结合中国实际情况，提出了政策改进方向以及具体推进措施。目前，国内在应用信息技术促进能效提高的政策研究方面，尚处于薄弱环节，本书可为该领域的研究作出一定的贡献。

　　关键词： 信息技术应用　公共政策　智能电网　智能交通系统　智能建筑　远程办公　视频会议

Abstract

The book's central theme is that information and communications technologies have played a critical role in reducing energy waste and increasing energy efficiency. Three ways in which ICT is being applied to increase energy efficiency. One way is the array of energy management systems which can monitor automatically energy consumption both in the areas of production and consumption, transforming energy use from traditional mode of energy intensive consumption to optimal mode, making scientific and rational programs of arrangement of energy use and distribution on the basis of energy use. The second way is the gain of increasing labour productivity and energy productivity, reducing energy consumption by applying ICT to the whole progress which comprises of product designing, manufacturing, managing, transporting, sales, services. The third way is the gain of energy savings in the society by transforming work from a traditional mode to a new mode—telework and virtual meetings which can produce the benefits from reduced office space, congestion and travel costs. In addition, in a public policy perspective, the authors of this book give a method to analyze, arrange, evaluate on the status of ICT applications and the associated policies in the field of smart grid, intelligent transportation system, smart buildings, telework, virtual meetings.

Comparing with institutional arrangement and policy supports for ICT applications between China and other countries, the conclusion is drawn that there is a deficiency in arrangement of policy, management, technology, human resources and funding, and come to a perfect program and measures in combination with foreign successful cases and the domestic reality. At present, as research on the policy of ICT-driven energy productivity is still at the weak link in China, the book maybe make a certain contribution for the research.

Keywords: ICT applications, Public Policy, Smart Grid, Intelligent Transportation System, Smart Buildings, Telework, Virtual Meetings

目 录

CONTENTS

第一章

信息技术、能源效率与能源节约

　　工业革命最伟大的成就之一就是建立了以矿物能源为主的人类生产方式和消费方式，其中 19 世纪以煤炭为动力的革命，造就了英国、德国、法国等欧洲国家称雄的世界；20 世纪以油气为主的动力革命，造就了美国、日本和欧盟国家发展的奇迹。目前，全世界每年大约需要消耗 1.06×10^{18} cal（100 亿～110 亿吨油当量）的能量，倘若以这种规模的传统能源消耗持续运转，综合性的气候和环境危机将进一步恶化。它表明依靠传统能源拉动世界经济增长的模式已经走到了尽头，清洁能源的变革将不可避免地发生。

　　21 世纪迫切需要以清洁能源为主的能源革命，以造就全球下一代的能源体系，而信息革命面临的最深刻挑战就是逆转目前的传统能源消耗方式，借助清洁能源建造人类使用能源的创新体系。这个转变有三个使命：其一是要借助于信息技术改造和提升现有的能源体系，特别是通过发展智能技术，推动信息技术应用，以提高能源使用效率；其二是要逐步更新以化石能源为主的能源利用体系，采用就在本国国内、低污染、能够大量获得、可以良性循环的清洁能源体系；其三是要建造消费者和生产者可以互动的能源运转体系。

撰写本书的出发点，主要是通过对信息技术在基础产业，包括电力、建筑、交通等行业的应用，以及通过信息技术实现远程办公和视频会议等新的工作方式变革，实现传统能源消耗方式的转变与革新，提高能源利用效率，推进社会的可持续发展。

一 信息技术与信息技术的影响

（一）信息技术的定义

信息技术（Information Technology，IT）是在信息科学的基本原理和方法的指导下扩展人类信息功能的技术。它是研究信息的获取、传输和处理的技术，具体而言，由计算机技术、通信技术、微电子技术结合而成。它有广义、中义和狭义之分。就广义而言，信息技术是指能充分利用与扩展人类信息器官功能的各种方法、工具与技能的总和。它强调的是从哲学上阐述信息技术与人的本质关系。就中义而言，信息技术是指对信息进行采集、传输、存储、加工、表达的各种技术之和。该定义强调的是人们对信息技术功能与过程的一般理解。就狭义而言，信息技术是指利用计算机、网络、广播电视等各种硬件设备及软件工具与科学方法，对图、文、声、像各种信息进行获取、加工、存储、传输与使用的技术之和。该定义强调的是信息技术的现代化与高科技含量。

（二）信息技术对生产力的影响

生产力是人们在生产过程中形成的解决社会和自然矛盾的实际能力，是改造和利用自然使其适应需要的客观物质力量。生产力包括人、产品、工具三个要素，即劳动者、劳动对象和劳动工具。人是生产力的创造者和获得者，人是生产力中的能动因素。但是，除了人这一因素以外，劳动对象和劳动工具也在生产力中起着重要作用。劳动工具是人类征服自然、改造自然的强大武器。被恩格斯称为"三个伟大杠杆"的分工，水力特别是蒸汽力的利用，机器装置的应用①，在18世纪曾引起伟大的产业革命，这场革命所创造的生产力比过去全部时代所创造的生产力还要多。英特尔微处理器的诞生，标志着人类进入了信息技术和信息通信时代，信息技术的广泛应用、劳动工具的智能化，使人类改造自然的武器更加强大，生产力的发展达到了更高的水平。

信息技术能够推动生产力的提高。众所周知，生产力水平越高，带来的经济效益越大。经济学家威廉·鲍莫尔（William Baumol）和他的合作研究者布莱克曼（Blackman）、沃尔夫（Wolff）认为："实现经济奇迹的前提是生产力的进步与提高。"这意味着，如果在资本、劳动力、能源资源方面进行超常规的部署和投入，就会带来强有力的经济效益。就目前而言，只有新的信息技术的持续创新和普及应用，才有可能实现生产力的增长。

推动信息革命的基础技术主要是微电子技术、计算机技术、通信技术、软件技术等。欧盟委员会发布报告认为，信息技术对生产力提高作出了50%的贡献，各种设备中嵌入的微处理器可提高设备的运行性能20%~40%，通过利用信息技术，优化物流和对交通流量的智能化管理可帮助交通运输效率提升17%。

（三）信息技术对劳动生产率的影响

劳动生产率是人们在生产过程中与生产力中其他要素结合的效率，即劳动者在一定时间内生产某种产品或服务的能力的效率。马克思指出："劳动生产力是由多种情况决定的，其中包括：工人的平均熟练程度，科学的发展水平和它在工艺上应用的程度，生产过程的社会结合，生产资料的规

---

① 《马克思恩格斯文集》第1卷，人民出版社，2009，第406页。

模和效能,以及自然条件。"[①] 劳动生产率的提高依赖于科学的发展水平、工人的熟练程度、信息技术的广泛应用、硬件技术和软件技术的结合(即机器设备中广泛嵌入芯片),以及信息系统软件对机器运行的控制,使给定时间内生产产品的能力和效率愈来愈高,劳动生产率大幅提高。

美国是信息技术创新成果最多、信息技术应用最早和普及最广的国家。以美国为例,可以印证信息技术对劳动生产率的影响。1950~2006年,美国劳动生产率和国内生产总值的平均值分别是 2.4% 和 3.4%,在这 56 年间,分别表现出不同的特征和形态。

1950~1973 年,表现为非信息技术因素对劳动生产率的影响。由于第二次世界大战后大量服役人员退伍进入生产和服务领域,劳动力人数增加;军工企业转为民用,大量资金投入从军用产品转投民用产品的生产;职业培训和教育的发展,使得美国在这一段时期的劳动生产率达到 3.1% (见表 1-1),高于 56 年来的平均水平。这段时期劳动生产率的提高往往跟大量的能源消耗相关,大型机械替代熟练和半熟练劳动力,机械化带来了能源的高消费。

1973~1995 年,同样表现为非信息技术因素(主要是能源危机)对劳动生产率的影响。1973 年、1979 年和 1990 年发生了三次石油危机,每次危机都造成石油价格暴涨,促使美国经济迅速下滑,劳动生产率下降到大约前一个时期的一半,为 1.5%。

1995~2006 年,由于在信息技术领域投资增大,年均劳动生产率回升到 2.8%。一方面,投资的增大带来了意想不到的效果,微处理器和相关设备价格大幅下降,反过来又刺激了对信息技术产业的大规模投资。另一方面,信息技术的应用带来了新的经济形态(即网络经济)的出现,电子商务蓬勃发展,使得网络已从最初的信息传递工具发展成为各类型服务的支撑平台,这也对生产力的提高具有巨大的推动作用。

---

① 《马克思恩格斯文集》第 5 卷,人民出版社,2009,第 53 页。

表 1 - 1 1950 ~ 2006 年美国的劳动生产率和国内生产总值增长率

单位：%

时间区间	劳动生产率	国内生产总值增长率
1950 ~ 2006 年	2.4	3.4
1950 ~ 1973 年	3.1	4.0
1973 ~ 1995 年	1.5	2.8
1995 ~ 2006 年	2.8	3.2

资料来源：Jorgenson，Dale W.，Charles W.，*Enhancing Productivity Growth in the Information Age*，The National Academies Press，2007。

（四）信息技术对能源效率的影响

能源效率是指能源开发、加工、转换、利用等各个过程的效率。减少提供同等能源服务的能源投入，可用单位产值能耗、单位产品能耗、单位建筑面积能耗等指标来度量。它与"节能"基本上是一致的，但是更强调通过技术进步实现节能。

信息技术的应用可以促进能源效率的提高。信息技术快速发展，并不断扩大应用范围，被认为是生产力快速增长的主要驱动因素，但是信息技术对能源效率的提高却没有引起人们重视。这是由于我们以前一直存在所谓的"高科技节能悖论"，这一论点一直影响着人们的判断思维，他们往往更多地关注信息技术设备的能源消费特征，较少关注信息技术促进能效、提高节能效果的潜力。

信息技术可以提高机械运动的性能，提高能源使用效率，半导体传感器可以用于测量温度或其他变化，通信芯片可以用于接收和传输数据，存储芯片可以用于存储信息，微控制器、微处理器和电源管理芯片可以用于调节用电负载。这些芯片被嵌入各种设备中，成为设备的一部分，实现了设备的智能化，在运行过程中，通过集成控制系统软件，实现设备之间的信息交换，完成信息的搜集、整理分析、反馈、控制，从而提高设备运转和能源耗费的精确度，提高能源使用效率，降低能源强度。现在，一辆新汽车安装了多达 50~80 个微处理器和微型芯片，提高了汽车的行驶效率和行驶安全。家庭电器可能嵌有 20 多个芯片，电器在芯片和控制系统下自行运转。

以美国为例，根据统计，1950~1995 年美国能源强度年均下降 1.2%，1995~2008 年美国能源强度逐年下降 2.1%。尤其在 1995 年以后这段时期能源强度下降比例相当大，这缘于信息技术的爆炸性增长和普及应用。

假设美国在 2006 年还在使用 1976 年的信息技术，那么，消耗的电力将会比 2006 年的实际电力消耗量多 20% 左右。换句话说，如果继续使用 1976 年的技术来支撑现在的美国经济，那么美国还需新建 184 座大型发电厂，以满足对商品和服务的需求。美国学者莱特纳（Laitner）和艾伦哈特－马丁内斯（Ehrhardt - Martinez）分析指出，如果美国政府积极制定和推行信息技术产业的鼓励政策，使信息产业快速发展，那么到 2030 年，可以使美国能源总量节约 27%。

2008 年，美国能源情报署（EIA）对美国的用电量进行了预测。以 2008 年为起点测算，如果在未来几十年里一直沿用 2008 年的信息技术应用推广政策，在缓慢的技术推动和市场带动下，美国电力消耗量到 2030 年会达到 46060 亿千瓦时；如果美国采取非常有效的积极推进政策，大力推进信息技术在电力、交通、建筑、工作方式变革等领域的应用，建设智能电网、智能交通、智能建筑，发展远程办公，加大资金投入力度，那么到 2030 年将消耗电力 33640 亿千瓦时（见表 1 - 2），意味着 2030 年支撑美国整体经济发展实际所需电力比 2008 年还要少 3990 亿千瓦时。换言之，与 2008 年信息技术对经济的贡献率相比，到 2020 年信息技术对经济的贡献率达到 35%，比目前对经济的贡献率还要高，但使用电力将减少 7%。到 2030 年，假如实行了智能技术应用政策，可能对经济的贡献会超过 70%，相比 2008 年还会少用电 11%。

表1-2　美国用电趋势分析

单位：亿千瓦时

项目	2008 年	2010 年	2015 年	2020 年	2025 年	2030 年
在正常的技术推动和市场作用前提下的电力消耗量	37630	37890	39590	41610	43720	46060
推行新的全套智能技术政策情况下的电力消费量	37630	37650	36140	35090	34240	33640
节省的电量	0	240	3450	6520	9480	12420

资料来源：美国能源情报署。

（五）信息技术引发的产业革命

从 1771 年开始，"工业革命"开启了人类"近代历史"的篇章。根据近代科学技术发展的特征，可以将工业革命时代之后的这段历史划分为：蒸汽机和铁路时代，钢铁、电力、机械和重型机械时代，石油、汽车和大规模生产时代，信息和通信时代（见表1-3）。虽然石油、汽车和大规模机械生产对当今的经济发展影响很大，但佩雷斯（Perez）等人认为，以英特尔微处理器的诞生（1971 年）为标志，新的产业模式已经出现，现在正处于其长期发展阶段的中间时期，其普及程度正在迅速显现出来，从汽车、冰箱中安装的微处理器和传感器，到互联网和电子商务、社会网络，信息技术产品无所不在。可以说，数量庞大、神奇无比的信息技术催生了新的产业模式。

表1-3　五次技术革命

技术革命	时代称谓	主要国家	标志性事件	起始年份
第一次	工业革命时代	英国	理查德·阿克赖特（Richard Arkwright）在英国德比郡的克罗姆福德（Cromford）开设纺织厂	1771 年

技术革命	时代称谓	主要国家	标志性事件	起始年份
第二次	蒸汽机和铁路时代	英国,后来波及欧洲和美国	在英国利物浦至曼彻斯特铁路上进行"火箭"蒸汽发动机试验	1829年
第三次	钢铁、电力、机械和重型机械时代	美国与德国快速发展,并超越英国	在美国宾夕法尼亚州的匹兹堡,卡内基·贝西默钢铁厂(The Carnegie Bessemer Steel Plant)诞生	1875年
第四次	石油、汽车和大规模生产时代	美国(起初德国领先),后来波及欧洲	在美国密歇根州的底特律,第一辆T型车在福特汽车厂下线	1908年
第五次	信息和通信时代	美国(波及欧洲和亚洲)	在美国加利福尼亚州的圣克拉拉,英特尔微处理器诞生	1971年

资料来源：Perez, C., *Technological Revolutions and Financial Capital*：*The Dynamics of Bubbles and Golden Ages*, Edward Elgar Publishing, 2002。

二　信息技术促进能效提高的途径

通过信息技术的应用,有多种途径可实现能源效率的提高。

(1) 无论是在生产领域还是在服务领域,通过信息技术的应用,都可以对能源消费进行监测,从而科学合理地分配能源资源,达到最佳能源消费效果。例如,在生产领域,通过安装企业能源管理系统,对企业能源的输配和消耗环节实施集中动态监控和数字化管理,改进和优化能源平衡,实现系统性的节能降耗。再如,在消费领域,可以在建筑楼宇中安装能源管理系统,可以监测楼宇的用电、用水、用气情况。尤其是在用电方面,能源管理系统可以根据自然光的变化自动调节室内灯光的明暗,或者根据温度变化自动调节空调的运转。日本曾试验在一个大建筑物中安装 2 万个传感器，并使用 IPv6 联网，实现对建筑物内各房间的空调和照明的精确控制，经过评估，每年可节约运行能耗 30%。

（2）通过将信息技术应用到设计、制造、管理、运输、销售、服务等各环节，可以提高每个环节的能源使用效率。就设计领域的信息技术应用而言，以建筑设计为例，通过使用带有能耗分析的软件进行设计，可以使建筑结构更符合节能要求。例如，EnergyPlus 就是一种建筑全能耗分析软件，由美国能源部（DOE）和劳伦斯·伯克利国家实验室（LBNL）共同开发，它可以用于对建筑的采暖、制冷、照明、通风以及其他能源消耗进行全面能耗模拟分析和经济分析，有助于设计师从整个设计过程来考虑如何节能。在制造领域，针对不同的制造行业，安装不同的生产过程控制系统，通过计算机技术进行精确测定运行状态、温度、熔点或沸点等，自动控制运行过程，达到节能的目标。例如，在钢铁企业，利用专家系统、在线仿真、实时监控、智能管理、余热利用等多种措施，可以在增加钢产量的同时不增加能耗。就管理、服务方面而言，以物流为例，物流的排放量主要来自运输和存储。通过在汽车里安装全球定位系统（GPS），并在公司总部安装物流自动化控制系统，可以对运输车辆和货物进行全程监控与科学合理调配。据全球电子可持续发展倡议组织（GeSI）预测，在全球范围内利用信息技术对物流管理进行优化，在运输环节可减少 16% 的排放，在存储环节可减少 27% 的排放。在交通领域，通过建设智能交通系统，如电子不停车交费系统、交通拥堵计费系统、快速通道收费管理系统和路程计费系统等，可自动实现交通费用的价格计算，缩短计费交费时间，提高交通流量，从而达到节能效果。

（3）通过信息技术应用，可以替代传统工作方式。推行远程办公，减少上下班通勤时间，缓解交通拥堵，减少办公用地，以及通过推行视频会议，减少因公出差次数等方式，可以减少能源的消耗。根据全球电子可持续性倡议组织和全球气候组织发布的报告（*SMART 2020*：

Enabling the Low Carbon Economy in the Information Age），到 2020 年，通过远程办公，全球可实现 2.6 亿吨二氧化碳减排量，相当于节省用电 4727 亿千瓦时，或者节省汽油 1153.5 亿升。通过视频会议，全球可实现 0.8 亿吨二氧化碳减排量，相当于节省用电 1454 亿千瓦时，或者节省汽油 354 亿升。

三 信息技术的未来发展趋势

科学技术发展有其自身的规律。20 世纪 20 年代，苏联经济学家康德拉季耶夫在分析了西方各国经济的大量统计数据后发现：从 1789 年开始，资本主义国家的经济发展经历了三次以 50~60 年为周期的长波，各次长波分别与蒸汽机、电力、铁路等重大技术革命联系在一起。但许多学者认为，自 18 世纪末以来人类社会已经历了四次经济长波（长波周期有缩短的趋势），目前处在第五波。

经济长波理论的实质就是一群革命性技术的消化吸收过程。当一项技术已经普及并进入大规模应用阶段时，由于各种工业标准与平台的建立，会形成较固定的技术路径依赖，主要的创新活动就会变成渐进创新或工艺创新。目前，电子技术、计算机技术正在进入广泛普及阶段，也就意味着进入了新的重大科学技术突破的酝酿期。信息科学技术的作用在于替代与放大人的脑力活动而不是体力活动，可能存在与过去不同的发展规律。但是，一项革命性技术（包括信息技术）对社会的推动作用总是有限的，渐进式的技术改良对经济发展的作用更小。而人类的需求是没有止境的，强烈的需求必将促使在爆发第一次信息技术革命几十年后，再次出现重大科学技术突破。上一次信息技术创新的高峰期出现在 20 世纪 40 年代，已经过去了 60 年以上（80 年代曾有过小的高峰），现在已有大量的知识积累，按照长波规律进行推测，21 世纪 20~30 年代可能出现基本创新的高峰。

20 世纪后半叶是以信息技术发明和技术创新为标志的时代，预计21 世纪上半叶将兴起一场以高性能计算和仿真、网络科学、智能科学、计算思维为特征的信息科学革命。2020～2030 年，芯片、计算机、互联网、存储器等都将发生革命性的变化，信息科学的突破可能会使 21 世纪下半叶出现一场新的信息技术革命。

集成电路和技术设备的能源消耗也将得到技术上的突破。单个开关一次 $0-1$ 变换理论上只消耗 KTln2 能量（K 是波尔兹曼常数 1.38×10^{-23}，T 是绝对温度），而现在的芯片中一个晶体管一次开关的功耗远大于 106KT，至少相差 100 万倍，节能的余地很大。目前一个系统中可能有超过 1015 个开关，这些开关应如何控制才能实现能耗最小化是一个十分复杂的理论问题，而不只是简单地宏观控制时钟和电源。从本质上讲，能量的消耗是由于熵的减少，如果能实现可逆计算，就可能从根本上解决巨大功耗问题，建立功耗复杂性理论，这就涉及计算模型问题。

四 信息产业的分类及特征

（一）信息产业分类

1. 中国的信息产业分类标准

以电子技术为核心的信息相关产业，是目前世界上最具竞争力、发展最快的产业之一。2003 年 12 月 29 日，国家统计局发布了《统计上划分信息相关产业暂行规定》。该规定中的分类是国民经济行业分类的派生分类，所以它的所有细分类和代码都取自《国民经济行业分类》（GB/T 4754 - 2002）。信息相关产业分类主要包括以下五个方面。

（1）以电子信息技术为基础的各种电子信息设备制造活动，主要有：①电子计算机设备制造活动；②通信设备制造活动；③广播电视设备制造活动；④家用视听设备制造活动；⑤电子器件和元件制造活动；⑥专用电子仪器仪表制造活动；⑦通用电子仪器仪表制造活动；⑧其他电子信息设备制造活动。

（2）电子信息设备的销售和租赁活动，主要有：①计算机、软件及辅助设备销售活动；②通信设备销售活动；③计算机及通信设备租赁活动。

（3）电子信息的传输服务，主要有：①电信服务；②互联网经营商的网上信息服务；③广播电视的传播服务；④电子信息的卫星传播服务。

（4）电子信息的加工处理和软件服务，主要有：①计算机服务；②软件服务。

（5）可通过电子媒介进行传播和管理的文化产品的活动，主要有：①广播、电视、电影和音像业的活动；②新闻出版业的活动；③图书馆与档案馆的活动。

2. 国际分类与中国分类的比较

2002 年，联合国统计委员会为《全部经济活动的国际标准产业分类》（ISIC/Rev.3.1）制定了"信息业"和"信息与通信技术"两个相关类目。这两个相关类目是以《北美产业分类体系》（NAICS）的"信息业"和经济合作与发展组织（OECD）的"信息与通信技术"为基础制定的。

联合国的"信息业"的分类主要包括：①录制媒体的出版、印刷和复制；②邮政和电信；③计算机和有关活动；④娱乐、文化和体育活动。

联合国的"信息与通信技术"的分类主要包括：①办公、会计和计算器具的制造；②电力机床和器械的制造；③收音机、电视和通信设备和器材的制造；④医疗设备和仪器及度量、检验、测试、导航和其他用途器具的制造（光学仪器除外）；⑤批发贸易和经纪贸易（机动车辆和摩托车除外）；⑥邮政和电信；⑦无接线员机器和设备及个人和家庭用品的租赁；⑧计算机和有关活动。

因此，对比国际和国内的信息相关产业可以看出，中国的"信息相关产业分类"充分考虑了与国际上相关分类标准的接轨。该分类除小类代码能与联合国的两个相关分类对照外，还可以重新组合为与联合国口径相一致的"信息业"和"信息与通信技术"。

（二）信息产业发展特征

1. 信息产业在生产率增长的同时，能源消耗增长并不显著

以信息技术为支撑的新的产业模式与以往模式最大的不同点就在于：在生产率增长的同时，能源消耗的增长并不显著。这是传统生产模式下所没有的。以往生产力的提高往往需要能源的大量消耗，即通过机械设备代替熟练的或半熟练的劳动力，机械设备的增加会带来能源的大量消耗，传统生产模式的一个显著特征是主要靠能源推动经济的发展。

2. 信息产业中的技术创新速度最快

与其他产业相比，信息产业创新最活跃，创新速度最快。计算机、微电子、软件、通信、互联网等领域的新技术层出不穷，特别是集成电路的关键技术、工艺和性能加快更新。1965 年，摩尔（Moore）曾对集成电路集成度翻番现象作出预测。从后来的情况看，1960 ~ 1975 年集成电路中的晶体管数量平均每年翻一番；1970 ~ 2004 年动态存储器中的晶体管数量大致每 18 个月翻一番，微处理器中的晶体管数量大致每 24 个月翻一番；1971 ~ 2006 年 CPU 上单个晶体管成本大约每 7 年下降 1 个数量级，集成电路的性价比明显提高。

3. 信息产业对其他产业的影响最大

信息技术的发明创造和广泛应用，有效地促进了硬件制造与软件开发相结合、物质生产与服务管理相结合、实体经济与虚拟经济相结合，形成了推动经济社会发展的强大力量。据估计，全球只有 2% 的微处理

器和芯片是在服务器、台式机、笔记本电脑和大型机中安装，另外98%则被安装在其他设备如冰箱、汽车、照明系统、电信交换机、苹果手机（iPhone）、自动柜员机，以及工业机械设备中。

信息产业对其他产业产生了广泛的影响，有力地带动着其他产业的升级换代，加速了物质科学、生命科学以及新能源、新材料、航空航天等产业的发展，促进了各学科广泛交叉、融合发展，极大地提高了人类认识、保护、适应和改造自然的水平。特别是互联网的普及，使知识积累和传播的速度明显加快，为科学技术的全面突破创造了条件。

4. 信息产业对经济的贡献越来越大

有证据表明，信息产业是促进国内生产总值快速增长的因素。卡纳斯特（Knast）2005年进行的一项研究认为，在经济合作与发展组织中，信息技术行业及其相关行业的产值已经从1990年占GDP的4%，发展到2002年的占7%左右，并很可能在2012年增长到10%。

信息技术由于其普适性、改进性和创新性，在国民经济和社会生活的应用中产生的间接效益就更大。根据有关资料统计，1995～2003年信息技术对GDP增速的贡献，美国和G7国家均超过25%，日本高达40%，世界平均水平为15%。信息技术可以应用到设计、制造、管理、运输、销售、服务的全过程。电子商务和视频会议等可降低交易成本和减少对交通运输的压力。

五　信息产业的能源消耗分析

（一）信息产业的能源消耗方式

信息产业自身耗能主要来自以下几个方面。

（1）隐含能耗，即在信息技术产品生产、运输过程中耗费的能源，包括原材料隐含能耗（上游原材料供应商在生产原材料时所耗费的能源）、信息技术产品生产过程中的能耗以及产品运输过程中的能耗等。

（2）使用能耗，即在信息技术产品使用过程中耗费的能源，主要包括以下三个方面。

第一，计算机数量增加后，需要耗费更多电量，并辐射热量。根据国际电信联盟（ITU）发布的数据显示，全球互联网用户总数达21亿，并且很多用户都每天24小时保持宽带连接，耗电大大增加。信息技术设备拥有的处理功能越多，对供电和冷却的要求就越多。另外，还有无效信息技术使用的耗能，如垃圾邮件、过时资料的存储等。

第二，数据中心的能耗。全球互联网用户总数在不断增长，现在已达21亿，他们越来越多地采用宽带接入互联网。企业要进行信息服务，就需要建立大型的数据中心，数据中心的数据存储和服务器冷却需要耗费大量能源，这是信息产业的主要能耗源。全球电子可持续性倡议组织的研究表明，2007年，数据中心的温室气体排放量占整个信息产业的14%，到2020年，这一比例会增加到18%（大约相当于2.59亿吨二氧化碳）。

第三，手机、机顶盒、宽带调制解调器等信息基础设施和相关设备使用中的能耗。截至2011年底，全球移动用户总数达60亿，用户普及率达86%。手机等设备的能耗将会增加。同时手机功能越多，能耗也越高。

（二）全球信息产业的碳排放量和能源消耗量

2007年，专业分析公司高德纳咨询公司发布的统计数据指出，全球碳排放的2%（为8.2亿吨二氧化碳）来自信息技术（见表1-4）。包括个人电脑及外部设备、电信网络及设备和数据中心，约为当年估计的人类活动排放总量的2%，换算成电力消费量，相当于14909亿千瓦时。据预测，到2020年，排放总量将达到14.3亿吨，且排放量还将以每年6%的速度增长。由原材料和信息技术设备制造加工产生的碳排放约占整个信息技术碳足迹的 25%（见表 1 - 5），其余来自其使用过程。

表 1 - 4　全球信息技术设备碳排放量和用电量

单位：%，亿千瓦时

年份	由原材料和信息技术设备制造加工产生的碳排放	信息技术设备使用过程中产生的碳排放	碳排放总计	相当于用电量
2002	1.1	4.3	5.4	9818
2007	1.8	6.4	8.2	14909
2020	3.5	10.8	14.3	26000

注：按照全球电子可持续性倡议组织和全球气候组织发布报告的折算公式计算：发 1 千瓦时电平均产生 0.55 千克二氧化碳（将燃煤发电、核能发电、可再生能源发电综合考虑计算所得值）。

资料来源：根据全球电子可持续性倡议组织和全球气候组织发布的报告（*SMART 2020：Enabling the Low Carbon Economy in the Information Age*）提供的资料整理。

表 1 - 5　全球按类型划分的信息技术设备碳排放量所占比例

单位：%

年份	电信基础设施及相关设备	数据中心	个人电脑、外设和打印机
2002	28	14	58
2007	37	14	49
2020	25	18	57

注：按照全球电子可持续性倡议组织和全球气候组织发布报告的折算公式计算：发 1 千瓦时电平均产生 0.55 千克二氧化碳（将燃煤发电、核能发电、可再生能源发电综合考虑计算所得值）。

资料来源：根据全球电子可持续性倡议组织和全球气候组织发布的报告（*SMART 2020：Enabling the Low Carbon Economy in the Information Age*）提供的资料整理。

据预测，全球个人电脑将从 2002 年的 5.92 亿台增加到 2020 年的 40.67 亿台。2002 年，个人电脑和显示器的碳排放总量是 2.48 亿吨（见表 1 - 6），耗电量主要来自显示器是 CRT 的台式电脑。如果不采取任何措施，按照这一趋势发展，到了 2020 年，二氧化碳排放量将会达到 15 亿吨。但是如果通过技术进步，采取提高个人电脑能效以及减少台式电脑数量等措施，到 2020 年，将增长接近 2 倍，即 6.42 亿吨排放量——每年增长 5%，这将节省 8.58 亿吨的排放量。

表 1-6　全球个人电脑碳排放量

单位：亿吨

年份	笔记本电脑	显示器是 LED 的台式电脑	显示器是 CRT 的台式电脑	合计
2002	0.06	0.16	2.26	2.48
2020	3.33	3.09	0	6.42

注：按照全球电子可持续性倡议组织和全球气候组织发布报告的折算公式计算：发 1 千瓦时电平均产生 0.55 千克二氧化碳（将燃煤发电、核能发电、可再生能源发电综合考虑计算所得值）。

资料来源：根据全球电子可持续性倡议组织和全球气候组织发布的报告（*SMART 2020：Enabling the Low Carbon Economy in the Information Age*）提供的资料整理。

2002 年，全球数据中心的碳排放量，包括设备使用过程中的排放量和制造该设备过程中的排放量，共计 0.76 亿吨二氧化碳，相当于耗电 1381 亿千瓦时，到 2020 年将为现在的 3 倍多，达到 2.59 亿吨排放量，相当于耗电 4709 亿千瓦时（见表 1-7）。它是信息技术设备中耗能增长最快的，每年相对增长 7%。

表 1-7　全球数据中心各类组成设备的碳排放所占比例

年份	大容量服务器（%）	制冷系统（%）	电源系统（%）	中档服务器（%）	存储系统（%）	高端服务器（%）	数据中心总排放量（亿吨）	相当于用电量（亿千瓦时）
2002	36	32	17	6	5	3	0.76	1381
2020	52	21	18	1	7	1	2.59	4709

注：按照全球电子可持续性倡议组织和全球气候组织发布报告的折算公式计算：发 1 千瓦时电平均产生 0.55 千克二氧化碳（将燃煤发电、核能发电、可再生能源发电综合考虑计算所得值）。

资料来源：根据全球电子可持续性倡议组织和全球气候组织发布的报告（*SMART 2020：Enabling the Low Carbon Economy in the Information Age*）提供的资料整理。

2002 年，全球电信基础设施和相关设备二氧化碳排放量为 0.18 亿吨，相当于用电 327 亿千瓦时。预计到 2020 年，将增加近 2 倍，达到 0.51 亿吨，相当于用电 927 亿千瓦时（见表 1 - 8）。

表 1 - 8　全球电信基础设施和相关设备碳排放量和用电量

单位：亿吨，亿千瓦时

年份	IPTV 机顶盒排放量	宽带调制解调器排放量	移动电话排放量	总排放量	用电量
2002	0	0.02	0.16	0.18	327
2020	0.11	0.18	0.22	0.51	927

注：按照全球电子可持续性倡议组织和全球气候组织发布报告的折算公式计算：发 1 千瓦时电平均产生 0.55 千克二氧化碳（将燃煤发电、核能发电、可再生能源发电综合考虑计算所得值）。

资料来源：根据全球电子可持续性倡议组织和全球气候组织发布的报告（*SMART 2020：Enabling the Low Carbon Economy in the Information Age*）提供的资料整理。

六　能源增效背景下的信息技术应用路径

（一）人、技术、非物质化路径

（1）通过人的节能行为提高能源使用效率。提供尽可能多的途径，使企业或家庭用户实时获知能源使用信息，调整能源使用行为，减少能源浪费。这种形式的能效提高，主要是借助于信息技术实现信息搜集、处理的可视化，用仪器仪表显示能源消费情况，使企业或个人随时获知能源消费变动情况，从而引导他们科学合理地使用能源，减少能源消费。例如，用户可以观察安装在自家的智能电表，了解使用了多少电，并因此培养自己良好的节能行为。同样，对于一个组织或者社区，对能源使用进行定期的监督和测评，形成能源使用报告，提醒人们提高自己的节能意识。随时了解能源使用情况，从而改变人们的用能行为，全社会就可以形成节能风气和习惯，就会产生很高的经济效益和社会效益。

（2）通过信息技术提高能源使用效率，就是利用智能技术，对建筑、工业和交通领域的能源使用进行监测和优化。在工业和建筑领域，能源监测系统可以起到优化能源使用的作用，可以预测能源需求，而人类所做的工作则只需将程序编好，把硬件设备调试好就可以了，其他都可以交给机器来完成。例如，具有预测功能的建筑管理系统具有自动进行气象预测的功能，可以根据外界温度、风力、采光、湿度等情况，自动调节空调的运行时间和温度，调节每一间房屋的制冷负荷，预测出总的电量需求。借助传感器、监视器和其他控制系统的自动协调配合，实现最佳运转能效，这些工作如果换成由人来完成，则是非常低效的。

在交通领域，以技术为中心提高能源使用效率，有两个主要途径：第一个途径是在车辆系统内；第二个途径是车与车之间，或者车辆与交通基础设施之间。在车辆系统内安装传感器和控制器，可以实现最佳的燃油效率。例如，美国最近提出的"公司平均燃油经济性指南"（CAFE）通过电子控制和系统集成等多项措施，以达到提高车辆能源使用效率的目的。这些措施包括：发动机喷气时间与燃烧时间自动正时，以减少燃油损失；通过不断评估所有可能的齿轮选项，使发动机和（或）传输控制模拟连续可变的变速箱，从而让发动机运行效率达到最佳。关于车与车之间，及车与交通信息基础设施之间的信息通信，可以借助"智能交通系统"（通过信息和通信技术的应用），达到提高安全性、效率和可靠性的目标。智能交通系统的其他核心技术还包括全球定位系统、无线通信、传感器。在未来，车辆之间以及车辆与路边的通信基础设施之间可以相互传递信息，司机可以根据获取的实时信息调整行驶速度，以及与其他车辆之间的距离，避免撞车以及交通拥堵等现象的发生。举例来说，"车辆等距离列队行驶"是一个新开发的软件系统，能提高车辆行驶安全和能效。"车辆等距离列队行驶"借助信息和通信技术，如无线电通信系统、雷达和磁铁，可以自动控制车辆之间的速度和车距。例如，一组密集排列行驶的军用车辆，利用"车辆等距离列队行驶"，可以使车与车之间自动保持车距6.4米。目前，"车辆等距离列队行驶"仍处于研发阶段，其作用是可以使密集排列行驶的车辆自动保持车距，节约能源，优化交通。由于可以减少空气阻力、提高燃油的性能，因而可以避免交通挤塞。

在发电领域，建设智能的现代化电网的目标是系统操作员、用电家庭可以随时掌握电力流和系统状态的详细信息，电网具备精确控制输配电的能力，可以给用户提供高品质、高可靠性的电能。

（3）推行"非物质化"行为方式，减低能源消耗量。例如，借助信息通信设备，采用电话会议或视频电话的方式，代替现场开会形式；或者用远程办公代替到办公室办公。这些能效提高方式可以被称为"替代"行为方式或"非物质化"行为方式。它与传统的工作方式或开会形式相比，在完成相同目标和任务的前提下，可以耗费较少的能源。

远程办公，又称工作转移，可以减少上下班出行的车辆数量，从而节省能源，缓解高峰时段的交通堵塞情况。电话会议或视频会议，不但可以节省差旅费和节约旅行能耗，对于组织机构而言，还可以在突发事件来临时，迅速传达有关领导的指示，统一指挥调度，快速处理突发事件。

（二）从行业角度出发，实现能源效率提高的路径

根据各行业的能源消费情况，确定重点提高能源使用效率的行业，这样才能根据能耗的情况，最大限度地发挥信息技术的优势，确定重点提高能源使用效率的领域。从世界能源消费的情况看，总量在不断增长，2010年全球一次能源消费总量是120亿吨标准油，同比增长了5.6%，是1973年以来增长最快的一年，其中中国增长了11.9%，远高于世界平均水平，超过美国成为世界最大的能源消费国。全球石油消费

量增长是3.1%，其中经济合作与发展组织成员的石油消费量增长了0.9%。也就是说，发达国家石油消费这些年来几乎没有增长。而非经济合作与发展组织成员则增长了5.5%，其中中国增长了10.4%。

据统计，在2002年人类活动的总排放量中，24%来自电力部门，23%来自工业部门，17%来自农业和废弃物管理，14%来自土地使用，14%来自交通运输，8%来自建筑业。另据国际能源机构（IEA）2008年发布的报告（*Worldwide Trends in Energy Use and Efficiency：Key Insights from IEA Indicator Analysis*）显示：2005年，制造业占终端能耗的33%，交通运输占26%，家庭占29%，其余是其他服务和建筑，占12%。

根据以上分析可以看出，电力、交通、建筑、家庭、工业等领域是需要重点节能的领域。根据中国能耗消费情况，需要通过建设智能电网、智能交通、智能建筑，以及推行远程办公和虚拟会议，全面提高能源使用效率。

七　基于信息技术应用的碳减排量和能源节约量

（一）世界

根据全球电子可持续性倡议组织和全球气候组织发布的报告提供的数据，如果世界各国在政策、法律、投资、科研等领域进行重点推进和支持的话，到2020年，全球通过信息技术应用提高能源使用效率，可实现78亿吨的二氧化碳减排量。其中，在发电、交通、建筑等领域，通过建设智能电网、智能交通、智能建筑，以及推行远程办公和视频会议，将会减排二氧化碳56.7亿吨（对该报告中的部分数据作出了调整，未包括工业领域、智能物流中的部分数据，以及非物质化中的部分数据），相当于减少发电量103089亿千瓦时（见表1-9）。每个领域具体

的提高能源使用效率的措施在后面的章节里将详细进行分析，这里不予
赘述。

表 1-9　2020 年全球基于信息技术应用的碳减排量和节电量预测

单位：亿吨，亿千瓦时

类　别	二氧化碳减排	相当于节省电力
智能电网	20.3	36909
智能交通	16.2	29454
智能建筑	16.8	30545
远程办公	2.6	4727
视频会议	0.8	1454
总　计	56.7	103089

　　注：按照全球电子可持续性倡议组织和全球气候组织发布报告的折算公式计算：发 1
千瓦时电平均产生 0.55 千克二氧化碳（将燃煤发电、核能发电、可再生能源发电综合考
虑计算所得值）。对该报告中的部分数据作了调整，未包括报告中的工业领域数据、智能
物流中的部分数据，以及非物质化中的部分数据。
　　资料来源：根据全球电子可持续性倡议组织和全球气候组织发布的报告（SMART
2020：*Enabling the Low Carbon Economy in the Information Age*）提供的资料整理。

　　要想实现这一目标，各国政府就必须大力发展智能电网、智能交
通、智能建筑，以及积极推行远程办公和视频会议，从政策方面进行鼓
励扶持，制定相关政策与规划；在资金方面进行大力投入，在税收方面
进行扶持和优惠，引导相关企业投入智能项目建设；必须开展一系列技
术创新活动，将信息技术的创新成果应用于这些领域；同时进行宣传工
作，提高公众认知程度。只有这样，才能实现能源增效和节能减排的目
标。

（二）中国

　　全球电子可持续性倡议组织和全球气候组织发布的报告中对碳排放
量减少预测值的估算是根据人口进行的。该报告估算的依据是，到

2050 年人均碳排放量减少 2 吨（总减排量是 200 亿吨）。该报告指出，这一预测结论是建立在广泛的信息技术应用的基础之上的，如果各国政府在政策、法律、投资、税收、技术研发等领域进行重点扶持，那么到 2020 年实现人均碳排放减少 1 吨是有可能的。

国家人口和计划生育委员会原主任李斌在 2008 年召开的"改革开放与人口发展论坛"上发言时曾指出，预计到 2020 年，中国人口总量将达到 14.5 亿人。如果中国大力推进信息技术应用的深度和广度，政府在政策制定、制度建设、科技研发以及金融税收等方面给予重点支持的话，那么人均碳排放减少 1 吨的目标是可以实现的。预计到 2020 年，通过信息技术应用，中国可以实现碳减排量总计 14.5 亿吨，其中在发电、交通、建筑、远程办公和视频会议方面的应用将实现减排量 10.52 亿吨，相当于减少用电量 19124 亿千瓦时（见表 1 - 10）。

表 1 - 10　2020 年中国基于信息技术应用的碳减排量和节电量预测

单位：亿吨，亿千瓦时

类　别	二氧化碳减排	相当于节省电力
智能电网	3.77	6854
智能交通	3.01	5472
智能建筑	3.12	5672
远程办公	0.48	872
视频会议	0.14	254
总　计	10.52	19124

注：按照全球电子可持续性倡议组织和全球气候组织发布报告的折算公式计算：发 1 千瓦时电平均产生 0.55 千克二氧化碳（将燃煤发电、核能发电、可再生能源发电综合考虑计算所得值）。

第二章

中国信息技术应用中的问题与对策

一 中国能源消费的特征

1. 中国能源消费呈快速增长趋势，能源生产量和消费量的差距有增大趋势

中国已经成为世界最大的能源消费国，能源消费远远高于世界平均水平。2010 年全球一次能源消费总量是 120 亿吨标准油，同比增长了 5.6%，是 1973 年以来增长最快的一年，其中中国增长了 11.9%，远远高于世界平均水平。全球石油消费量增长是 3.1%，其中经济合作与发展组织成员的石油消费量增长了 0.9%，也就是说发达国家石油消费这些年来几乎没有增长。而非经济合作与发展组织成员增长了 5.5%，其中中国增长了 10.4%。

回顾中国能源消费和生产的历史，表现出不同的特征。1980 年以前，能源消费和生产增长速率较慢，从 1994 年开始，成为能源进口国；1980~1997 年，是一种慢坡式增长，1980 年消费量为 60275 万吨标准煤，1997 年消费量为 137798 万吨标准煤，1997 年是 1980 年能源消费量的 2.29 倍。1997~2000 年基本持平，但 2000 年之后中国的能源消费呈快速增长趋势，2010 年能源消费总量为 324939 万吨标准煤。相比 2000 年的 132469 万吨标准煤，2010 年是其 2.45 倍，说明近 10 年中国能源消费增长速度加快。虽然能源生产也在同步增长，但还是不能满足消费的需求，并且生产量和消费量的差距有增大趋势。具体增长情况如图 2 - 1 所示。

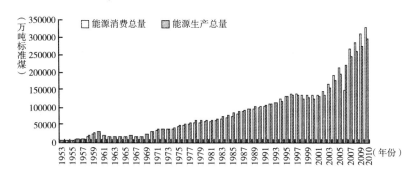

图 2 - 1　1953～2010 年中国能源消费总量和能源生产总量

中国能源消费的快速增长，主要缘于经济的粗放型快速增长。2007 年 9 月 8 日科技部部长万钢在中国科协年会上说："从 1980 年到 2006 年，中国国民经济年均 9.8% 的增长，是以能源消费年均 5.6% 的增长为支撑的。"不仅如此，由于实行粗放经营的经济增长方式，其效率低下，故而造成了能源的更大浪费。因此，中国必须在能源生产和消费方面进行全方位的布局：一方面，针对生产、流通、消费等领域制定相关措施以节约能源；另一方面，通过信息技术的应用推广提高能源使用效率。

2. 基础产业能源消费量逐年增加

虽然几大基础产业能源消费占总能源消费量的比值基本保持稳定，但从数量上看，消费量却呈逐年上升态势。从 2000 年开始，中国交通运输、仓储和邮政领域消耗的能源占总能耗的比值为 7.7% 左右；建筑业保持在 1.4% 左右；电力、煤气及水的生产和供应业有一些降低，从 8.2% 降到 6.8%；生活消费有所增长，从 10.7% 增长到 11%（见表2 -

1)。总体而言，2000～2009年各行业所占的比值变化不大，但是因为
中国总的能源消费量在快速增长，所以各行业的能源消费量也在快速增
长。2000年，中国交通运输、仓储和邮政业能源消费量为11241万吨
标准煤，到了2009年为23691万吨，前者是后者的2.1倍。从建筑业
来看，2009年消费量（4562万吨标准煤）是2000年（2178万吨标准
煤）的2.09倍；电力、煤气及水的生产和供应业，2009年消费量
（21016万吨）是2000年（12033万吨）的1.75倍；在生活消费方面，
2009年是2000年的2.16倍（见图2－2）。

表2－1   中国分行业能耗占全国总能耗的比例

单位：%

行业类别	1995年	2000年	2005年	2006年	2007年	2008年	2009年
交通运输、仓储和邮政业	4.4	7.7	7.7	7.8	7.8	7.8	7.7
建筑业	1	1.4	1.4	1.4	1.4	1.3	1.4
电力、煤气及水生产和供应业	6	8.2	7.4	7.5	7.2	6.9	6.8
生活消费	12	10.7	10.7	1.7	10.9	10.9	11

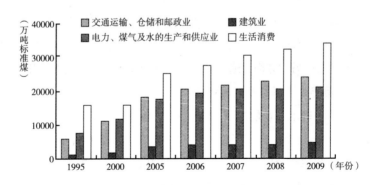

图2－2   中国分行业的能源消费量

发电、交通、建筑等产业都是中国的基础产业。在这些领域加强信息技术的应用，通过建设智能电网、智能交通、智能建筑，推行远程办公和视频会议等，可以提高中国的能源效率，降低能源强度，降低能源消耗。

二　中国信息产业的发展特征和能源消耗

（一）信息产业发展特征

1. 信息技术产品生产规模不断提高

目前，中国拥有世界上最大的电子元器件生产能力，总规模仅次于美国，居世界第二位，其中电脑、手机、彩电等电子产品的生产规模均位居全球第一。电脑、手机、彩电、空调、数码相机、电话等产品的产量分别占世界的46%、48%、45%、67%、57%和50%。2011年，规模以上电子信息制造业从业人员达940万人，比2010年新增60万人，占全国城镇新增就业人口的4.9%。上缴税金1245亿元，同比增长31.0%，增速高出全国工业平均水平6.2个百分点。电子信息产品进出口总额达11292.3亿美元，占全国外贸进出口总额的31.0%。中国电子信息产业实现销售收入9.3万亿元，同比增长超过20%。其中，规模以上制造业实现收入74909亿元，同比增长17.1%；软件业实现收入18468亿元（快报数据），比上年增长35.9%；规模以上电子信息制造业实现销售产值75445亿元，同比增长21.1%。手机、计算机、彩电、集成电路等主要产品产量分别达到11.3亿部、3.2亿台、1.2亿台和719.6亿块，同比增长13.5%、30.3%、3.4%和10.3%。

2. 信息产业在中国国民经济中所占的比重不断增加

信息技术在国民经济和社会发展中的地位日益重要，其应用效果日益显现。2010年，中国信息产业实现工业增加值19441亿元（不包括广播、电视、电影和音像业，新闻出版业，图书馆与档案馆），比2001年增长6.2倍。信息技术产业的地位不断提高。信息产业工业增加值占全国GDP比重由2001年的2.5%提高到4.9%；电子信息产品制造业规模占全球总量的30%以上，居世界第一；软件服务业规模占全球的比重由2000年的1.2%提高到2010年的15%。主要产品产量大幅增长，彩电、微机和手机产量分别达到1.18亿台、2.46亿台和9.98亿部，是2001年的2.9倍、25.6倍和12.5倍，占全球的比重达到47.8%、74.3%和73.4%，均位列全球第一。外贸规模不断扩大、结构明显改善。2010年，中国电子信息产品进出口总额达到10128亿美元，是2001年的8.2倍。其中，出口为5912亿美元，是2001年的9.1倍；占全国总出口额的34.1%，比2001年提高9.7个百分点。中国信息产业的工业增加值从2001年开始显示出快速增长趋势，可见中国信息技术产业对国民经济的贡献日益加大。

预计到2020年，中国信息产业工业增加值将占国内生产总值的7.2%（7.2%是美国目前信息产业工业增加值占国内生产总值的比重，预计到2020年中国信息产业工业增加值占国内生产总值的比重将会与目前美国的比值相同），将达到59537亿元（见图2-3）。

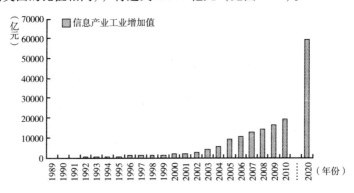

图2-3 1989~2010年中国信息产业工业增加值和2020年预测值

（二）中国信息产业的碳排放和能源消耗

与其他国家尤其是发达国家相比，中国信息产业的能源消耗相对较低。2007 年，中国信息产业排放量约为 1.9 亿吨，相当于耗费电能 3454 亿千瓦时（包括原材料隐含能耗，信息技术产品在生产过程、使用过程以及回收处理过程中的耗能），约占中国碳排放量的 2.4%。预计到 2020 年，中国将有 70% 的人口拥有电脑，达到发达国家的水平。同时，在考虑大部分台式电脑被笔记本电脑取代、数据中心和个人电脑的节能技术广泛应用的前提下，中国信息产业碳排放量将达到 4.15 亿吨，相当于耗费电能 7545 亿千瓦时，信息产业碳排放占总排放量的 3%。

三　中国信息技术应用的相关政策

在中国，信息技术得到快速发展和应用是在改革开放后，尤其是进入 20 世纪 90 年代，几个标志性事件推动了信息技术的发展。第一，1992 年中国将广泛使用的"情报"一词用"信息"一词代替，这样情报服务就改为信息服务，概念的外延随之扩大。第二，1994 年互联网进入中国，对经济和社会产生重大影响，"网络经济""网络社会"出现。第三，政府在官方文件和报告中提出"信息化"这一概念，意味着国家将从经济、产业、社会、文化、教育等全方位角度，推动信息化建设，由信息产业革命带动社会进步。第四，成立国务院信息化小组，政府统一协调推进信息化工作。第五，由政府组织，在全国实施信息技术推广应用（贴息贷款）项目。

从 20 世纪 80 年代开始，中国颁布了一系列政策措施，推动信息技术应用和信息化的推广普及，可以归纳为以下几个发展阶段。

第一个阶段（1984～1995 年）：起步阶段——制定国家信息、信息技术和信息产业发展的规划和政策的阶段。这一阶段以加快科技情报服务、信息服务业发展为主,同时国家"863"计划等国家级科研项目将信息技术列入高科技重点研发领域。

第二个阶段(1996~2005 年):发展阶段——制定国家信息化发展规划和信息产业相关法律政策的阶段。这一阶段的突出特点是:推进国民经济的信息化,将信息化上升至国家战略发展高度,信息化与工业化相互促进、相互带动。党的十四届五中全会作出了加快国民经济信息化进程的重大战略决策,1996 年国务院信息化小组成立,同年《国民经济和社会发展第九个五年计划和 2010 年远景目标纲要》颁布,在该纲要中首次将国民经济信息化列为重要议程。1997 年 4 月,召开首次全国信息化工作会议,1997 年党的十五大报告中提出"推进国民经济信息化"。从此以后,信息化成为一项重要的国家发展战略。2002 年,中国共产党第十六次全国代表大会召开,江泽民率先提出了"以信息化带动工业化,以工业化促进信息化"的新型工业化道路的指导思想。这一工业化与信息化相互带动和相互影响的指导思想,为中国工业产业升级和信息产业发展起到了很大的促进作用。

第三个阶段(2006 年至今):深化提高阶段——制定国家信息化发展战略和信息化工业化融合相关政策的阶段。2006 年颁布国家信息化中长期发展战略——《国家信息化发展战略(2006~2020 年)》,这是国家首次针对信息化颁布中长期的发展战略规划。这说明,中国信息化发展进入了一个新的阶段——深化提高阶段。2007 年,中国共产党第十七次全国代表大会召开,胡锦涛继续完善了"发展现代产业体系,大力推进信息化与工业化融合"这一新科学发展观,"两化融合"概念就此形成。同年,"2007 年中国信息化推进大会"提出,中国将以节能降耗减排为切入点,利用信息技术改造提升传统工业,尤其是要在高能耗、高物耗、高污染行业大力推广信息技术应用。

总之,中国在推进信息技术进步和信息化发展的过程中,颁布了一系列法律政策。从推进国民经济的信息化，到"信息化带动工业化，以工业化促进信息化"，以及"信息化与工业化融合"，显示出中国政府对信息产业发展的重视，对信息化发展的重视。当然，在这些政策中，比较重视信息技术的应用与推广、信息产业的振兴和发展，以及与工业化的融合，借助信息技术来提升传统产业。与这些政策配套的措施还包括信息技术应用"倍增计划"，它是全国电子信息系统推广办公室会同财政部、中国工商银行共同组织实施的推动信息技术应用（贴息贷款）项目计划。该计划从1982年一直延续到现在。1982年国家建立了包括国务院20多个部委（行业性总公司）、全国40个省（自治区、直辖市和计划单列市）的信息技术推广应用网络和工作体系，组织实施各类信息技术应用项目，推进信息技术应用"倍增计划"。其主要目的，是推动企业应用信息技术进行生产管理流程再造，降低成本，实现企业管理信息化；推动企业、政府建立网站，推动"上网工程"建设；支持信息技术在农业和农村社会管理中的应用。信息技术应用"倍增计划"的实施，有力地推动了计算机、网络、软件和多媒体等信息技术、产品及系统在国民经济各行业和社会生活各领域中的广泛应用，对传统产业的技术改造、结构调整与产业升级起到了明显的加速与倍增作用，在各地区和各行业的信息技术应用实践中起到了重要的引导和示范作用。

（1）信息技术应用立法工作。2007年，《信息技术应用促进条例（征求意见稿）》完成，该条例共分九个部分，包括总则、信息技术应用目标、信息技术应用体系、信息技术应用的推广示范、扶持与奖励、标准与规范、人才保障、法律责任和附则等内容。这是原信息产业部为促进信息技术应用、规范信息技术应用管理、推动信息技术应用法规建设而提出的重要举措。但是，该条例至今未正式出台公布。目前，北京、上海、山东、浙江等省市已颁布本地的信息化促进条例。

（2）深化信息技术应用，促进节能减排。从2006年开始，中国政府已经由集中力量支持信息技术的研发，调整为大力支持应用，政府和信息产业部门通过政策、环境和财税等手段推动信息技术的应用和节能降耗技术、产品的推广。2006 年，国家颁布《国家信息化发展战略（2006～2020 年）》，提出"深化应用信息技术，努力降低单位产品能耗、物耗"，这是从宏观角度提出深化信息技术应用、提高能源效率的论述。随后，在 2009 年 11 月 11 日工信部为了促进工业化和信息化融合，提高能源利用效率，减少污染排放，颁布了《工业领域节能减排电子信息应用技术导向目录（第一批）》，包括电子技术、计算机技术以及通信技术等 17 项促进工业领域节能减排的电子信息应用技术，这是以技术导向目录的形式推进节能减排信息技术应用。可以看出，中国从 2006 年以后，开始重视以节能减排为目标之一的信息技术应用。表 2 - 2、表 2 - 3 和表 2 - 4 大致列举了中国颁布的与信息技术应用相关的政策以及配套政策和节能政策。

表 2 - 2　信息技术应用相关政策

阶　　段	年份	政　　策
起步阶段(1984～1995 年)：国家信息、信息技术和信息产业发展的规划和政策	1984	《国家科委关于加强全国科技情报工作的意见》
	1986	《中国科学技术政策指南》
	1991	《我国信息系统"八五"和十年发展纲要》《关于今后十年信息服务业的发展方案》《国家科学技术情报发展政策》
	1992	《关于加快发展科技信息服务业的规划纲要和政策要点》
发展阶段(1996～2005 年)：国家信息化发展规划和信息产业相关法律政策	1996～1999	各省、各行业出台信息化"九五"计划和 2010 年远景目标纲要
	2000	修订发布《当前国家重点鼓励发展的产业、产品和技术目录》及《鼓励软件产业和集成电路产业发展的若干政策》
	2001	《信息产业"十五"计划纲要》
	2002	《"十五"计划信息化重点专项规划》《振兴软件产业行动纲要(2002～2005 年)》

续表

阶 段	年份	政 策
深化提高阶段 (2006年至今): 国家信息化发展 战略和信息化工 业化融合相关政 策	2006	《国家信息化发展战略(2006~2020年)》
	2007	《国务院国有资产监督管理委员会、国务院信息化工作办公室关于加强中央企业信息化工作的指导意见》
	2008	《关于印发强化服务促进中小企业信息化意见的通知》《中央企业信息化水平评价暂行办法》
	2009	《电子信息产业调整和振兴规划》
	2011	《关于加快推进信息化与工业化深度融合的若干意见》
	2012	《电子信息制造业"十二五"发展规划》(包含三个子规划:《电子基础材料和关键元器件"十二五"规划》《电子专用设备仪器"十二五"规划》《数字电视与数字家庭产业"十二五"规划》)、《软件和信息技术服务业"十二五"发展规划》

表2-3 信息技术应用的配套政策

年份	政 策
1982	信息技术应用"倍增计划"
2010	《财政部、国家税务总局关于软件产品增值税政策的通知》
2011	《国务院关于印发进一步鼓励软件产业和集成电路产业发展若干政策的通知》
2012	《财政部国家税务总局关于进一步鼓励软件产业和集成电路产业发展企业所得税政策的通知》
2013	《国务院关于修改〈计算机软件保护条例〉的决定》

表2-4 信息技术节能政策

年份	政策	内容摘选
2006	《国家信息化发展战略(2006~2020年)》	深化应用信息技术,努力降低单位产品能耗、物耗
2007	《国务院国有资产监督管理委员会、国务院信息化工作办公室关于加强中央企业信息化工作的指导意见》	要高度重视各种主营业务信息系统的推广应用,进一步提高主营业务自动化、智能化、网络化和自主创新水平,降低生产经营成本,节约资源能源消耗,快速响应市场需求,提升产品服务质量,提高生产效率和经济效益

续表

年份	政策	内容摘选
2011	《关于加快推进信息化与工业化深度融合的若干意见》	绿色发展,构建两型产业体系。把节能减排作为信息化与工业化融合的重要切入点,加快信息技术与环境友好技术、资源综合利用技术和能源资源节约技术的融合发展,促进形成低消耗、可循环、低排放、可持续的产业结构和生产方式。智能发展,建立现代生产体系。把智能发展作为信息化与工业化融合长期努力的方向,推动云计算、物联网等新一代信息技术应用,促进工业产品、基础设施、关键装备、流程管理的智能化和制造资源与能力协同共享,推动产业链向高端跃升

四 中国信息技术应用面临的问题

1. 中国信息技术整体应用水平较低

在工业领域的信息技术应用方面,工业和信息化部曾对首批钢铁、化肥、重型机械、轿车、造纸、棉纺织、肉制品加工7个重点行业的信息化与工业化融合发展水平进行过评估。结果显示,中国企业信息化和工业化(简称"两化")融合在整体上仍处于以局部应用为主的阶段,不同行业融合水平差异较大。有24.5%的评估企业"两化"融合还处于起步阶段,重点关注信息化基础设施建设。有43.0%的评估企业处于信息化局部覆盖阶段,各单项业务应用有一定成熟度,但协同集成基本尚未开展。有22.2%的评估企业处于集成阶段初期或向集成阶段过渡的时期,不同程度地开展了关键业务系统间的协同集成。有10.3%的评估企业处于深度创新阶段,在市场开拓创新、决策支持和综合节能减排等方面成效显著。其中,钢铁和轿车行业开展集成性应用较为普遍,重型机械和棉纺织行业总体处于由局部覆盖向集成过渡的阶段,化肥、造纸和肉制品加工行业基本上处于局部覆盖阶段。

在电力行业，信息化建设虽然在 20 世纪就开始进行，但是一直发展缓慢。"十五"期间，由于电力行业体制改革等原因，电力企业信息化发展有所滞后，与电信、金融、石油、石化等行业相比具有明显的差距。"九五""十五"期间电力信息化也作出了一个规划，但没有被列入原电力工业部、国家电力公司的整体规划体系之中，没有受到应有的重视，因此规划也就没有起到应有的作用。所以，中国电力企业是从"十一五"开始重视信息化的建设工作。目前，电力公司的单项信息系统已经建立，但是系统层次还是比较低的，造成了新的"信息孤岛"，信息资源共享困难。

在交通领域，在北京、上海、深圳等发达地区，虽然有一些智能交通系统的应用，比如智能停车系统、交通信息采集系统等，但大部分是局部应用。就整体而言，智能交通建设刚刚处于起步阶段。

在建筑领域，中国一些大城市虽然建设了一些智能建筑，但是运行效果并不理想，很多系统处于停用状态。这是由于没有有效的法律、法规约束：一方面建筑商不愿意在智能管理方面进行大量投入；另一方面，商用建筑出租方所推行的电费租金制度，阻碍着智能管理系统的应用，比如，电费按照面积，而不是按照实际用电量收取，出租方和租住户对电能管理缺乏动力，影响了建筑管理系统（BMS）的普及和应用。

在信息基础设施建设方面，从 1994 年互联网正式进入中国以来，中国的信息基础设施建设有着突飞猛进的发展。但是，总体而言，在宽带普及率、上网速度、上网资费等方面，在世界上排位都较为落后，与发达国家之间存在差距。2012 年 4 月初，世界经济论坛（WEF）与欧洲工商管理学院（INSEAD）共同发布了主题为"生活在高度连接的世界"的 2012 年《全球信息技术报告》（*Global Information Technology Report*，GITR），公布了最新的网络准备指数（Networked Readiness Index，NRI）评测结果，反映了各经济体目前的信息技术发展状况。中国居第 51 位，互联网建设落后，中国在基础设施和数字内容服务方面仅排第 87 位。互联网经济对中国产生的经济影响仍然有限，排在第 79 位。中国的政策和监管环境排在第 46 位，尤其是商业和创新环境排在第 105 位，非常落后。烦冗的行政管理程序、高额的税收、不健全的知识产权保护法律环境也限制和延缓了新技术的应用。

2. 信息技术应用中的能耗控制问题

目前，在信息技术应用中，信息设备、数据中心等存在能源消耗问题，如何减低信息技术应用中的能耗，现在仍然是一个难题。据统计，2010 年，中国数据中心的整体规模大概是 400 万平方米，截至 2011 年底有 53 万多个数据中心，每年以 6000～8000 个的增速在不断地增长。预计到 2015 年，数据中心的整体规模会接近 700 万平方米。在 50 多万个数据中心里，有 60% 以上的数据中心是属于行业的，其中包括了电信、证券、金融、保险和政府，还有一些信息技术行业的数据中心。企业数据中心虽然数量很多，但规模都不是很大。数据中心的能耗是一个世界性难题。目前，各国都在加紧突破数据中心的能源降耗问题。随着中国数据中心数量的不断增多，能耗也成为一个重要的问题。

3. 支持信息技术应用的法规体系不完善

在政策法规建设方面，中国虽然颁布了一系列促进信息化和工业化融合、信息技术推广应用和鼓励软件产业、集成电路产业发展的政策文件，极大地促进了信息技术的发展和应用，但是这些政策仍然停留在行政规章层面，尚未上升到法律层面。国家曾经在 2007 年完成了《信息技术应用促进条例（征求意见稿）》和《软件产业与集成电路产业发展条例》，但均未正式出台。所以，信息技术应用的立法保障尚不完善。虽然国家在《国家信息化发展战略（2006～2020 年）》，以及之后的一些指导意见中提出要加强信息技术应用，把智能发展作为信息化与工业化融合长期努力的方向，但是一方面缺乏更加细致的、可操作的措施方案，另一方面在政策落实过程中缺乏相应的监督、评估体系和奖惩措施，因此在具体的执行过程中缺乏驱动力。

以家电行业的信息技术应用为例。如前所述，2009 年中国生活能源消费相当于全国能源消费总量的11%，并且，在最近的 10 年中维持着快速增长的趋势。这主要是由于随着人们生活水平的提高，家用电器日益增多，耗电量在逐年增大。为了遏制继续增长的趋势，一方面要在全社会提倡节能意识，养成良好的用电行为；另一方面则需要通过改造电网，建设智能电网，在电网终端用户安装智能电表，同时推广使用智能家电产品，减少高峰时段的用电量，保障电网的稳定运行。也就是说，通过智能电表，可以自动控制智能家电的运行，比如冰箱、洗衣机等电器，控制其在低峰时段运行，而在高峰用电时段减少其运行时间，从而节省整个电网的储电成本，达到节能的效果。然而，中国家电生产行业与通信设备制造行业一直在信息技术标准上不统一，存在技术标准的"行业壁垒"，阻碍着智能家电的研发和应用。例如，在中国的家电制造行业，冰箱、电视、洗衣机、微波炉、空调，在家电的智能控制部分，每个行业的标准都不一样，没有统一的标准，以至于通信设备企业研发出来的智能家电，涉及电子通信的技术标准不被家电行业所接受，而各类家电厂家又自主研发各自的电子通信标准，造成财力、人力和物力的极大浪费，阻碍了智能家电的发展。

4. 信息技术领域的创新能力薄弱

虽然中国的信息技术产品生产量已居世界前列，但中国信息技术和产业的实力仍主要体现在中低端产品的加工与组装方面。缺乏最先进的加工制造技术，高端产品的竞争能力仍显不足。在研发能力上，由于起点低，市场体制对专利保护不够，导致大批企业对研发并不重视，"拿来主义"仍占据上风。在许多核心技术其他国家不愿意给的情况下，中国成为日本和韩国高端技术的重要销售市场。2011 年中国电子信息"百强企业"实现利润总额为 884 亿元，但加起来只有美国苹果公司的40% 左右。信息产业代工生产多年，一直没有突破技术壁垒，企业规模小，竞争能力弱。

几十年来，信息领域有数十项重大的技术发明，如集成电路、RISC 体系结构、互联网、Web 浏览器、UNIX 与 Linux 操作系统、图形界面、鼠标等，没有一项是中国人发明的。中国在信息领域的顶级国际学术会议上发表的重要论文还很少，申请的专利很少能形成技术跨越，多数是一些小的改进。以中国技术为主制定的国际技术标准还寥寥无几。这说明中国在信息技术领域还基本上处于模仿跟踪、在别人的核心技术和平台上"锦上添花"的阶段。无论是前 30 年的封闭式自力更生，还是后 30 年开放环境下的跟踪模仿，中国信息技术与产业的发展模式问题一直没有真正得到解决。目前，中国的信息产业与应用仍然受制于人，没有建立起自主可控的信息技术体系。虽然，最近几年国家开始重视信息领域的核心技术和共性关键技术的突破，但组织不得力，没有形成"集中兵力打歼灭战"的布局。在信息领域核心与共性关键技术方面，目前中国与国际上领先国家仍然有 3~4 年（2 代左右）的差距。

5. 知识产权保护尚待完善

国外企业在与中国进行信息技术合作的过程中，遇到的最大问题就是知识产权保护问题。在信息技术开发过程中，涉及的知识产权保护主要包括软件产品的保护、集成电路布图设计保护等。在软件产品的保护方面，由于软件产品的特殊性，决定了其很容易被复制、改编、盗版，而且整个过程快速、隐蔽，侵权行为极易发生。在过去十几年中，国内软件行业有许多优秀企业被盗版击溃，导致这些软件企业不得不转型甚至倒闭。因此，软件知识产权保护就显得非常重要。

近年来，国家相关部门在加强软件行业知识产权保护、打击侵权盗版等方面取得了很多成果，但仍然存在一些亟待解决的问题。例如，软件的源代码是否被复制，无论是从技术层面还是从法律层面都很难认定。一些人对软件行业不熟悉，对于源代码这类没有实体的东西被盗到底是怎么回事弄不太明白，这对于软件知识产权保护是很不利的。

虽然我们已初步建立了促进软件产业发展的产业政策体系，从投融资、税收、知识产权保护等方面对软件产业发展给予了支持，但是在实践领域保护的力度还不够。

6. 兼具信息技术与专业知识于一体的高级人才缺乏

目前中国的计算机应用水平与国外相比至少相差 10 年，高性能计算机的应用差距更大。既熟悉计算机技术又熟悉行业需求的学者太少，影响了信息技术的深入应用。

中国有大量专攻计算机技术、通信技术的人才，但是在工业领域、电力行业、交通行业、建筑行业，熟知专业知识的人才却比较缺乏；反过来，中国的每个领域的专业人才也不少，但是却不具备计算机编程能力和经验，只会一些基本的计算机系统的操作和应用。比如，在电力行业，有计算机知识背景的专业人才流失严重，对电力系统信息技术的开发和应用造成了一定的影响。

五　对策措施

虽然从 20 世纪 90 年代开始，中国的信息产业得到了迅猛发展，政府在国民经济信息化、工业化与信息化的融合，以及信息技术深入应用方面做了大量的工作，所取得的成就是举世公认的，但是我们也应该看到中国信息技术应用中的薄弱环节。中国在信息技术研发、技术应用等方面还很不足。在"十二五"规划中，中国政府提出了单位国内生产总值能源消耗量减少 16%，二氧化碳排放量减少 17%，二氧化硫及化学需氧量排放总量减少 8% 的目标，这需要通过各种减排途径实现。其中，通过在国家基础产业领域鼓励智能技术的推广应用，包括智能电网、智能交通、智能建筑，以及推广普及远程办公和视频会议，可以促进国家减排目标的实现。

而在基础行业推进信息技术的应用，则需要进行顶层设计，从政策体系建设方面通盘考虑，包括加强信息技术的研发、信息技术的推广应用、知识产权保护、人才培养、金融投资和税务等。

1. 建立信息技术创新鼓励政策

信息技术创新包括基础理论研发和应用技术研发两个方面。在信息技术发展的过程中，在基础领域一直没有研发优势，总是跟在别人的后面，没有话语权。总结过去几十年中国信息科学技术的发展历程，问题就在于急功近利，缺乏对技术发展进行前瞻性判断的战略眼光，因而没有抓住信息技术升级换代的机会。20 世纪后半叶是以信息技术发明和技术创新为标志的时代，预计 21 世纪上半叶将兴起一场以高性能计算和仿真、网络科学、智能科学、计算思维为特征的信息科学革命，信息科学的突破可能会使 21 世纪下半叶出现一场新的信息技术革命。2020 ~ 2030 年，芯片、计算机、互联网、存储器等都将发生革命性的变化，而换代技术取得突破的时间大概就在今后 10 ~ 15 年。这 10 ~ 15 年是中国信息技术发展千载难逢的机遇，错过这次机遇，可能就要再等几十年。

中国信息技术未来的出路是一定要走跨越发展的道路，敢于改天换地，打造自主可控的基础技术平台。在下一代平台技术上一定要有中国的发言权。一定要提前 5 ~ 10 年作出战略部署。所有的研究所、学校、企业不能都只进行"渐进创新"，要集中研究所和高校的优势，依照国家统一制定的基础研发方向，集中科研力量在信息基础理论研究方面进行重大技术突破，参与新的技术标准制定。

在信息技术应用领域，应该以企业为创新主体，出台相关政策，鼓励企业的创新热情和创新能力，为企业创造公平竞争的机会。特别是要针对企业的原始创新制定具体的鼓励措施，因为原始创新需要投入大量资金，必须建立相应的鼓励政策保护原始创新产品进入市场，目前，中国在原始创新方面的鼓励政策比较缺乏，因此要为企业创造一个良好的市场环境，鼓励企业不断推出原始创新技术产品。政府在这里应该发挥重要作用，尤其是在政府采购方面，优先采购企业的原始创新产品。

2. 完善信息技术应用的政策法律环境

目前，中国虽然有部分省份颁布了信息技术应用促进条例，但是在国家层面，2007 年完成的《信息技术应用促进条例（征求意见稿）》一直未正式公布。只有立法保障程度得到提高，才能有效地促进信息技术的发展和应用。因此，法律保障措施的完善非常关键。

3. 建立信息技术应用及能效评估制度

中国一般是重前期规划，轻后期评估。信息技术在行业中的应用和能源效率评估是非常重要的工作。目前，中国建立了国家信息化评测中心，这是对社会信息化程度的评测，包括网络普及程度、计算机、电话拥有量等指标，但是针对行业的信息技术评测工作目前还很薄弱，评估制度尚未建立。因此，中国迫切需要建立信息技术应用评估制度和评估体系，在体系建设中应包括信息技术应用普及程度，以及信息技术对生产率提高的贡献率、对能源效率提高的贡献率等指标。在评估制度建设中，还包括评估主体的确立，评估主体应该包括政府主管部门和第三方评估机构，比如行业协会等组织。同时，要建立评估结果公报制度，促进企业对信息技术应用的重视和提高。

4. 制定分行业信息技术应用发展规划和节能规划

（1）制定分行业信息技术应用发展规划。除了加强信息技术应用的立法保障之外，在具体的信息技术应用领域还应该制定相应的行业发展规划，使行业发展有政策可依，避免出现盲目建设、重复投入的局面。在电力、交通、建筑、远程办公等方面制定规划并形成发展政策的框架。目前，中国在智能电网、智能交通方面已颁布专项规划，在智能建筑、远程办公领域尚缺少相关规划和政策方案。2012 年，科技部颁布了《智能电网重大科技产业化工程"十二五"专项规划》。该专项规划的总体目标是突破大规模间歇式新能源电源并网与储能、智能配用电、大电网智能调度与控制、智能装备等智能电网的核心关键技术，形成具有自主知识产权的智能电网技术体系和标准体系，建立较为完善的智能电网产业链，基本建成以信息化、自动化、互动化为特征的智能电网。

（2）制定分行业节能规划。除了制定分行业发展规划，还应制定分行业节能规划，在电力、通信、交通、建筑、工业等领域制定行业节能规划，制定确定的节能目标和措施。同时，要推行行业节能自愿协议制度，主管部门要与企业签订节能自愿协议，企业根据协议的规定，通过节能技术和信息技术应用，改造和提升节能效果。

5. 加强信息技术标准体系的建设

由于信息技术应用领域涉及全社会的方方面面，尤其涉及一些制造类企业，比如通信设备生产企业、家电制造企业、电力设备企业、仪器仪表生产企业、计算机设备生产企业、软件企业等，行业之间在智能技术这一部分生产遵循的标准不统一，不具备通用性，在研发方面，行业割裂，没有形成联合研发的局面。针对这种情况，需要发挥政府的主导作用，政府相关部门应该组织不同行业的企业以及相关行业协会建立产学研联盟，在统一的技术标准框架下联合进行技术研发和技术创新，使生产出来的产品具有通用性和推广性。只有通过产学研联盟，集结各行业的高级专业人员，集中优势，联合开展原始创新，在信息技术领域自主创立技术标准，才能在世界范围推广中国的技术标准，提高中国在国际技术标准领域的话语权。

6. 提高知识产权保护力度

在信息技术领域，软件和集成电路知识产权保护是最重要的部分。一方面，要制定促进软件产业发展和保护软件知识产权方面的政策、措施，通过立法保障软件产业和集成电路产业的发展。在促进软件知识产权保护方面，除了需要完善相关法律、法规，也需要各部门在执法过程中加强合作，加大对知识产权侵权行为的惩处力度。这可能需要一个比较长的过程。另一方面，相关法律部门应该对软件行业一些比较典型的知识产权侵权案例进行深度剖析，把案件做通理顺，树立样板。这是因为，尽管软件行业知识产权侵权行为形形色色，但盗取、传播的很多过程都是相似的，树立了样板，有了可供借鉴的案例，有了具体实践的支撑，软件知识产权保护之路就可能会越走越顺。

7. 推进信息技术产品的节能建设

第一，通过提高整个社会的个人笔记本电脑普及率，可以收到节能的效果。如果到 2020 年，笔记本电脑占到个人电脑总量的 74%，同时淘汰所有 CRT 台式电脑，换成 LED 显示屏电脑，通过技术进步实现电脑待机耗电量 15 瓦的水平，那么就可以实现减排量控制在 6.42 亿吨的目标。

第二，要采取必要的措施，降低数据中心的能耗。要通过提高服务器的能源使用效率、优化冷却（包括自然通风）、数据中心虚拟化和数据处理共享等措施，降低数据中心的能耗。

第三，要推进信息通信设备的技术研发工作，降低设备使用能耗。以手机为例，可以通过技术进步生产出利用太阳能充电的智能充电器；自动设置手机待机低能耗；通过相关服务和软件升级，延长手机的使用寿命，减少频繁更换手机的现象。

8. 重视人才培养与建设

要加强复合应用型高级工程技术人才的建设。一方面，根据大学的专业设置特点，可在有条件的大学中，在硕士研究生和博士研究生的培养上设置智能电网、智能交通、智能建筑等研究方向。另一方面，要加强大学与研究所、企业的合作，共同培养既懂专业知识，又具备系统设计、系统集成知识的专业人才。

同时，对行业内的在职人员，应当进行在职教育和技能培训，更新其专业知识和信息技术应用知识，提高在职人员的技能水平和专业知识水平，使之适应信息技术在行业应用中的发展需要。

第三章

智能电网

进入信息时代以来，人们一直在关注一个问题，即什么样的能源系统将与新时代相匹配，能将能源资源开发、输送、储存、转换（发电）、输电、配电、供电、售电、服务以及蓄能与能源终端用户的各种电气设备和其他用能设施，通过数字化信息网络系统连接在一起，通过智能化控制使整个系统得以优化。这一设想最初体现在美国电力科学研究院的一个研究项目中，即复杂交互式网络系统，该系统试图为电网开发一个中央神经系统，以提高调度员对网络故障的判断能力。这一研究构想开启了"电网革命"的新篇章。经过十几年的发展，智能电网已从一个概念发展至一项庞大的工程建设，各国政府纷纷制定政策，投入资金推进建设步伐。智能电网可以实现的功能不单单是提高电网的供电可靠性、降低故障的发生、提高电力资源的有效配置，它还可以降低电能传输损耗、促进新能源的利用、推动节能减排；智能电网还可以带动如电动汽车等一系列行业的发展。因此，在环境压力和能源短缺问题日益紧迫的今天，智能电网为人类找到了一条节约能源和低碳发展之路。

一　信息技术在智能电网中的应用

（一）智能电网概念及相关技术

1. 智能电网的概念及特征

2001 年，美国电力科学研究院（EPRI）提出了"智能电网"（Intelligrid）的概念，其他类似的词语还有"Smart Grid""Self-Healing Grid""Modern Grid"等。随着研究的不断深入，逐渐统一为"Smart Grid"这个称谓。在国内，有学者亦称之为"智能化网络"等，但较为统一的称谓是"智能电网"。

目前关于智能电网的定义尚未统一，较有代表性的有以下几种。

在美国电力科学研究院的《智能电网成本与收益评估报告》中，"智能电网"被定义为：一种能够进行自我监测与保护的现代化电力传输系统，它能将各个相互关联的环节进行自动优化——通过高压输电网络和配电系统，把中央电源和分布电源与工业用户、楼宇自动化系统、能量储备装置以及终端用户的温控器、电动汽车、家用电器及其他家用设备串联在一起。

欧洲技术论坛对其的定义是：集创新工具和技术、产品与服务于一体，利用高级感应、通信和控制技术，为客服的终端装置及设备提供发电、输电和配电一条龙服务，它实现了与客户的双向交换，从而能够提供更多信息选择、更大的能量输出、更高的需求参与率及能源效率。

国际商业机器公司（IBM）中国公司高级电力专家马丁·豪斯克（Martin Hauske）认为，智能电网有三个层面的含义：首先，利用传感器对发电、输电、配电、供电等关键设备的运行状况进行实时监控；然后，把获得的数据通过网络系统进行收集、整合；最后，通过对数据的分析、挖掘，达到对整个电力系统运行的优化管理。

埃森哲咨询公司认为，智能电网是利用传感、嵌入式处理、数字化通信和信息技术，将电网信息集成到电力公司的流程和系统，使电网可观测（能够监测电网所有元件的状态）、可控制（能够控制电网所有元件的状态）和自动化（可自适应并实现自愈），从而打造更加清洁、高效、安全、可靠的电力系统。

美国太平洋西北国家实验室负责该项目的主管罗伯特·普拉特认为："所谓电网智能化，就是要将信息技术应用于电网，实现电力使用的根本性变革。"①

天津大学余贻鑫院士给出了如下定义：智能电网是指一个完全自动化的供电网络，其中的每一个用户和节点都得到实时监控，并保证从发电厂到用户端电器之间的每一点上的电流和信息的双向流动。智能电网通过广泛应用的分布式智能和宽带通信，以及自动控制系统的集成，能保证市场交易的实时进行和电网上各成员之间的无缝连接及实时互动②。

邬贺铨院士认为，智能电网建立在集成的、高速双向通信网络的基础上，通过先进的传感、测量技术和控制方法等系统技术的应用，实现电网安全、经济、高效、环境友好的目标，能满足不同用户的电能需求，容许各种不同电力形式的接入。

中国电力企业联合会电力工业"十二五"规划研究工作组给出的定义是：智能电网是将现代先进的传感测量技术、通信技术、信息技术和控制技术等深度应用于电网，形成先进技术与物理电网高度集成的现代化电网，实现电力行业的大变革。

总之，智能电网就是利用高级量测、高效控制、高速通信、快速储

---

① 《美国研究提高电网智能化水平》，《广西电力建设科技信息》2006 年第 2 期。
② 陈树勇、宋书芳、李兰欣、沈杰：《智能电网技术综述》，《电网技术》2009 年第 4 期。

能等技术，实现市场响应迅速、计量公正准确、数据采集实时、收费方式多样、服务高效便捷，构建电网与客户电力流、信息流、业务流实时互动的新型供用电关系。

智能电网的目标是在现代电网中应用信息通信技术实现电能从电源到用户的传输、分配、管理和控制，以达到节约能源和成本的目标。

智能电网的本质就是能源替代和兼容利用。它主要是通过终端传感器将用户之间、用户和电网公司之间形成即时连接的网络互动，从而实现数据读取的实时、高速、双向的效果，在整体上提高电网的综合效率，实现节能减排的目标。

智能电网具备的特征如下。

（1）具有自愈能力。智能电网可以在故障发生后的短时间内及时发现并自动隔离故障，防止电网大规模崩溃，这是其最重要的特征。自愈电网不断对电网设备运行状态进行监控，及时发现运行中的异常信号并进行纠正和控制，以减少因设备故障导致供电中断的现象。当然，智能电网不能完全取代调度员的作用，在电网执行元件设备自动作出处理动作后，会及时向调度员告警，以便调度员确认动作效果，并判断是否需要作出进一步处理，随后根据事故追忆系统分析故障原因以进行完善。

（2）具有高可靠性。这是电网建设持之以恒追求的目标之一。这一方面需要提高电网内关键设备的制造水平和工艺，提高设备质量，延长使用寿命；另一方面，随着通信、计算机技术的发展，对设备的实时状态监测成为可能，便于及早发现事故隐患。

（3）资产优化管理。电力系统是一个高科技、资产密集型的庞大系统，电网运行设备种类繁多，数量巨大。智能电网采用数字化处理手段达到对设备的信息化管理，从而延长设备正常运行时间，提高设备资源利用效率。

（4）经济高效。智能电网可以提高电力设备的利用效率，使电网运行更加经济和高效。

（5）与用户友好互动。目前用户获得用电消费信息的手段单一，信息量有限，借助于通信技术的发展，用户可以实时了解电价状况和计划停电信息，以合理安排电器使用；电力公司可以获取用户的详细用电信息，以提供更多的增值服务供用户选择。

（6）兼容大量分布式电源的接入。储能设备、太阳能电池板等小型发电设备广泛分布于用户侧，储能设备可以在用电低谷时接纳电网的富余电能，并可以与小型发电装置一起在用电高峰时向电网输送电能，以达到削峰填谷、减小发电装机的效果。这必然要求电网具备双向测量和能量管理系统，以便电能计量计费及可靠接入。

2. 智能电网的技术组成

智能电网主要由四个部分组成：①高级量测体系（Advanced Metering Infrastructure，AMI）；②高级配电运行（Advanced Distribution Operation，ADO）；③高级输电运行（Advanced Transmission Operation，ATO）；④高级资产管理（Advanced Asset Management，AAM）。

（1）高级量测体系。高级量测体系是智能电网的基础，它是一个用来测量、收集、储存、分析和运用用户用电信息的完整的网络处理系统，由安装在用户端的智能电表，位于电力公司内的量测数据管理系统，连接它们的通信系统以及用户户内网络（Home Area Network，HAN）组成。除此之外，为了充分利用高级量测体系取得的数据，需要为许多现有的应用系统建立应用接口，如负荷预测、故障响应、客户支持和系统运行等。在智能电网中，高级量测体系所发挥的作用是：电力公司利用高级量测体系的历史数据和实时数据来帮助优化电网运行，降低成本及提升用户服务。例如，通过高级量测体系提供的实时用户停电信息和电能值信息，电力公司能快速分析电网的不足。高级量测体系的双向通信能力支撑电网在变电站级和电路级的自动化。通过高级量测体系获得大量数据有利于企业资产的改进或者更好地进行资产维护、增加或者替换，使电网更加高效和稳定。

智能电表主要具备以下功能：

——双向电能计量功能，能够记录从电网上获取的电能，以及用户分布式能源（Distributed Energy Resources，DER）发电送到电网上的电能，能够根据电价的变化计算出累计电费；

——用电数据采集功能，采集并根据预先设定的时间间隔（15分钟、30分钟等）储存有功、无功、电压、电流等反映负荷运行情况的数据，在主站召唤时上传数据；

——支持即时读取（可随时读取和验证用户的用电信息）、远程接通和开断、装置干扰和窃电检测、电压越界检测，也支持分时电价或实时电价和需求侧管理，另外在检测到失去供电时电表能发回断电报警信息（许多是利用内置电容器的蓄电来实现），这给故障检测和响应提供了很大的方便；

——可以作为电力公司与用户户内网络进行通信的网关，使得用户可以实时查看其用电信息和从电力公司接收电价信号。当系统处于紧急状态或需求侧响应并得到用户许可时，电表可以中继电力公司对用户户内电器的负荷控制命令。

通信网络的功能是：高级量测体系通信网络由主干广域通信网（WAN）与分支局域通信网（LAN）两个部分组成。用户智能电表接在分支网中，采用数据集中器或通信处理机向高级量测体系主站转发智能电表的数据。

量测数据管理系统的功能是：用于收集、处理、保存智能电表量测数据并向智能电表发送分布式能源控制信息；通过人机界面与分析工具，对量测数据进行编辑、确认、纠错、补缺并实现数据查询、检索、浏览、统计分析、制表打印等功能；提供系统集成接口，对外共享负荷数据。

用户户内网络的作用是：通过网关或用户入口把智能电表和用户户内可控的电器或装置（如智能温控器）连接起来，使得用户能根据电力公司的需要，积极参与需求侧响应或电力市场。用户户内网络的用户接口设备可以是智能电表，也可以是相邻的集中器、由电力公司提供的独立的网关或用户的设备（比如用户自己的互联网网关）。

（2）高级配电运行。其技术组成和功能主要包括：

——高级配电自动化；

——高级保护与控制；

——配电快速仿真与模拟；

——新型电力电子装置；

——分布式能源接入；

——交流或直流微网运行；

——运行管理系统（带有高级传感器）。

高级配电运行的主要功能是使系统自愈。为了实现自愈，电网应具有灵活的可重构的配电网络拓扑和实时监视、分析系统目前状态的能力。后者既包括识别故障早期征兆的预测能力，也包括对已经发生的扰动作出响应的能力。而在系统中安放大量的监视传感器并把它们连接到一个安全的通信网上去，是作出快速预测和响应的关键。其功能大致如下：

——监测并控制配电网络，监测网络的电力状态，处理超限和其他警报，准备并应对突发事件，根据需要实施控制措施，以确保配电网可靠安全地运行；

——管理正常和极端气候条件下的故障恢复流程，接收故障通知，检查并应对停电事件，管理恢复流程，预计恢复时间，确保完成必需的信息；

——定位、隔离故障，并恢复服务，接收和处理来自故障设备和定位应用程序的故障信息，实现故障定位，制定电网开关切换方案以隔离故障，恢复非故障地区的服务；

——管理开关计划性切换，接收和处理开关切换请求，制订并验证实施方案，确定并通知受影响的客户，发布并管理授权和撤销，执行开关工单；

——当系统拓扑结构发生变化时继保再整定。

快速仿真与模拟（Fast Simulation and Modeling，FSM）是高级配电运行的核心软件，其中包括风险评估、自愈控制与优化等高级软件系统，为智能电网提供数学支持和预测能力，以期达到改善电网的稳定性、安全性、可靠性和运行效率的目的。配电快速仿真与模拟（DFSM）需要支持四个主要的自愈功能：网络重构，电压与无功控制，故障定位、隔离和恢复供电，当系统拓扑结构发生变化时继保再整定。

上述主要功能相互联系，致使配电快速仿真与模拟变得很复杂。例如，电网的任一重构要求一个新的继电保护配合和新的电压调节方案，还包含恢复供电功能。配电快速仿真与模拟通过分布式的智能网络代理（Intelligent Network Agents，INAs）来实现跨地理边界和组织边界的智能控制，从而实现系统的自愈功能。这些智能网络代理，能收集和交流系统信息并对（诸如继电保护操作这样的）局部控制作出决策，同时根据整个系统要求协调这些决策。高级配电运行中的高级配电自动化（ADA）是智能电网实现自愈的基础。与传统配电自动化相比，高级配电自动化是革命性的，因为高级配电自动化是用于电力交换系统的（由于分布式电源上网运行，而使配电网支路上的潮流可能是双向的），其中将使用电力电子、信息、分布式计算与仿真方面的新技术；同时，高级配电自动化可为用户提供新的服务。

（3）高级输电运行。它强调阻塞管理和降低大规模停运的风险。高级输电运行同高级量测体系、高级配电运行和高级资产管理的密切配合，可以实现输电系统的（运行和资产管理）优化。

输电网是电网的骨干，高级输电运行在智能电网中的重要性毋庸置疑，其技术组成和功能如下：变电站自动化；输电的地理信息系统；广域量测系统；高速信息处理；高级保护与控制；模拟、仿真和可视化工具；高级的输电网络元件，如电力电子（灵活交流输电、固态开关等）、先进的导体和超导装置；先进的区域电网运行，如提高系统安全性，适应市场化和改善电力规划和设计的规范与标准（特别注意电网模型的改进，如集中式的发电模型以及受配电网络和有源电力用户影响的负荷模型）。

（4）高级资产管理。高级量测体系、高级配电运行、高级输电运行和高级资产管理的集成将大大改进电网的运行和效率。

实现高级资产管理需要在系统中装设大量可以提供系统参数和设备（资产）运行状况的高级传感器，并把所收集到的实时信息同以下过程集成：优化资产使用的运行，输、配电网规划，基于条件（如可靠性水平）的维修，工程设计与建造，顾客服务，工作与资源管理，模拟与仿真。

（二）信息技术在智能电网中的应用

智能电网是在物理的电网之上，建立基础的信息沟通平台，使相关的设备、装置、系统、用户、员工、电能等互动起来。它通过对用户侧和需求侧的随需访问和智能分析，从而实现更智慧、更科学、更优化的电网运营管理，以实现更高的安全保障、更可控的节能减排和可持续发展的目标。为达到这一目标，需要越来越先进的现代信息通信技术的支持。使用先进信息通信技术所带来的好处是，使电网从放射状系统——点对电网节点（point-to-node）——转变为互联网络（点对点或网状），不同的发电段与最终用户处于互联状态；使用分布式智能系统，使整个发电、输电、配电自动化；能够为客户和供应商之间的双向沟通创造一个实时市场的能源消耗。

信息技术在发电、输电、变电、配电、用电、调度六个环节都有应用，归纳起来可以分为四大类：基于电力流的监测控制类应用、基于业务流的流程作业类应用、基于信息流的数据分析类应用以及公共基础支撑应用。

基于电力流的监测控制类应用的作用是：对电网相关设备、线路状态进行在线数字化采集，时刻感知智能电网各环节的各种状态，实现各环节重要运行参数的在线监测和控制。采集的信息主要有配电网信息、变电站计量信息、关口计量信息、停电信息、大容量储能计量信息、电能质量信息、台变监测信息、线损信息、用户用电信息、分布式电源接入信息等，同时也包括传感器、控制仪表等数据采集和控制设备相关信息。这类应用完成了智能电网最初始的数据采集工作，为之后的分析决策和管理控制打下了基础。虽然监测控制类应用在电力系统很早就已经开始，如输电线路状态检测、电网广域监测分析保护、电网频率检测、电网稳态暂态安全分析防御、自动电压控制等，但是智能电网的提出，尤其是智能电表以及微网发电的大量出现，用户与电力公司之间的通信由单向变为双向，使得这一监测过程更加复杂，规模更加庞大，对电力监测的技术要求也就更高，信息技术在信息采集、监测环节的作用也就显得更为突出和重要。

基于业务流的流程作业类应用的作用是：在基本的作业和流程层面，对从智能电网各个环节采集的初始数据进行处理、加工和反馈，实现对系统或设备的管理、控制。这类应用涵盖了电力生产、管理、运营全过程，包括了一线操作人员和管理者对电网运行生产的直接处理和反馈，比如生产管理系统、设备管理系统、电网调度自动化系统等。这些交错实现的业务和作业控制流程构成了智能电网复杂庞大的数字化和信息化应用。其主要技术涉及业务处理、数据交换、数据库、流程集成、数据集成等。流程作业类应用体现了数字化的信息系统对实体电网的支撑作用，可以说是电网信息化的具体体现。

基于信息流的数据分析类应用的作用是：对海量的初始采集数据、深入加工后的数据、历史分析数据等，进行压缩、存储、加工、共享，通过建立模型、数据挖掘、在线分析等，以可视化的形式显示出来，为电网管理人员和操作人员提供决策支持。其主要技术涉及数据建模、数据存储、数据仓库、数据挖掘、网络分布处理、虚拟化、云计算等。在国际商业机器公司的智能电网解决方案中，根据信息集成程度将数据分析分为四个层面：实时事件、阈值、通知、屏幕显示、邮件、传呼，指标计算、趋势分析，数据分析、事件的实时或事后诊断处理、数据挖掘，高级优化、业务建模和规划、决策支持。目前，中国电力系统应用数据分析类信息技术尚处于初级阶段，在智能电网时代还需要不断发展，它是信息化与电力生产深度融合、智能化的具体表现。

公共基础支撑应用，包括实现各类数据在智能电网中安全传输的电网企业一体化的信息网络、数据中心以及实现数据展现的企业门户等。没有这些公共基础设施的支持，智能电网的各个环节就不能有效沟通，信息流就不会畅通流转和共享，智能化的目标就不会实现。

总之，所有信息系统都统一在一体化的信息集成平台上，实现数据的共享和贯通，使电网管理人员能够了解智能电网各个环节、各个终端、各个末梢的具体变化，实现对电网的有效控制和监控。

二　智能电网的节能效果

信息技术在智能电网中的广泛应用，实现了电力流、业务流、信息流的有效融合，从而大大提高了电网的运行效率和运行安全性，降低了输配电电力损失，提高了可再生能源并网发电能力，提高了用户侧管理，由此带来了巨大的减排效果。据美国电力科学研究院的分析，如果美国目前的电网运行效率提高5%，所节省下来的能源，相当于5300万辆汽车所需的燃油量。邬贺铨院士说，智能电网使用双向通信、高级传感器和分布式计算机，可改善交换和使用的效率，提升电网输送能力和运行控制的灵活性，提高发电设备的综合利用效率和可靠性。保守估计，智能电网可使能源效率提高 15%，由此带来巨大的减排效果。

智能电网所带来的节能效果是非常明显的。全球电子可持续性战略合作联盟预计，到 2020 年，通过智能电网建设，在降低输配电损耗、需求侧管理、需求侧响应、可再生能源发电四个方面，全球预计共减排约 20.3 亿吨二氧化碳当量（见表 3-1），中国将实现减排 4.81 亿吨二氧化碳当量。

表 3-1 2020 年全球智能电网二氧化碳减排量预测

单位：亿吨

减排途径	减排量	目标
降低输配电损耗	9.00	发达国家的输配电损耗减少 30%（从输配电损耗占总发电量的 14% 降到 10%）；发展中国家的输配电损耗减少 38%（从输配电损耗占总发电量的 24% 降到 15%）
需求侧管理	0.20	循环储能（每年 10 天）减少 3%
需求侧响应	2.80	用电减少 5%；适用于新住宅建筑的 75% 和住宅改造项目的 50%；适用于新商业建筑的 60% 和商业改造项目的 50%
可再生能源发电	8.30	发达国家发电企业降低碳强度 10%；发展中国家发电企业降低碳强度 5%

资料来源：全球电子可持续性战略合作联盟。

1. 降低输配电损耗

据全球电子可持续性倡议组织开展的研究预测，如果从现在到 2020 年，一直维持现有电网的运行状态，输配电平均损失量将是总发电量的 18%，即全球输配电损耗将会达到 4400 太瓦时（TW·h），但是如果通过建设智能电网，将信息技术和其他技术应用于电网，就可大大提高电网的运行效率。预计到 2020 年，全球平均输配电损耗将会减少 35%，即减少电力损失 1540 太瓦时，如果发电成本按每千瓦时 0.04 英镑计算，则节约 616 亿英镑（约合 971.56 亿美元），相当于减排 9 亿吨二氧化碳当量。

信息技术应用于电网的输配电环节，减少电力损耗的主要途径有：

（1）自动预检测电网故障。通过安装传感器，可以将电网运行的数据信息实时（数据传输延迟时间达到秒级或毫秒级）传送至电网监控中心，从而能够及时作出判断是否会出现故障，进而采取隔离处理措施，避免出现断电现象，减少能量消耗。

（2）提高电网远程控制能力。例如，应用"数据采集和监测控制系统"（Supervisory Control and Data Acquisition，SCADA），提高电网的信息采集和监控能力。

（3）自动控制电压，最大限度地减少无功功率。

（4）实现电网双向通信和智能化。

（5）自动远程抄表，减少人工维护和人工抄表作业时间。

2. 需求侧管理

对于智能电网，在需求侧管理方面，通过提高电网储能技术水平，到 2020 年减少 3% 的循环储能，可以节电 34.22 太瓦时，相当于减排 0.2 亿吨二氧化碳当量。

3. 需求侧响应

需求侧响应是指电力用户对市场价格信号或控制指令作出响应，并改变常规电力消费模式的市场参与行为。它强调电力用户根据调度指令或市场信号，主动进行负荷调整，从而作为一种资源，对市场的稳定和电网的可靠性起到促进作用。需求侧响应的实施与智能电网建设密切相关。

预计到 2020 年，通过智能电网建设，全面提高电力终端用户的需求侧响应实施效果，实现 75% 的新住宅建筑和 50% 的住宅改造建筑，以及 60% 的新商业建筑和 50% 的商业改造建筑用电减少 5%，则可以节电 479.11 太瓦时，相当于减排 2.8 亿吨二氧化碳当量。

需求侧响应实现的途径有：

（1）针对居民用户，可以通过安装智能电表，提供实时电量耗费和电费价格，能有效地提高用户节电意识，减少用电量。特别是在推行峰谷分时电价制度的地区，客户可看到不同时间段电价的变化及耗电量的多少，从而作出相应调整，关闭一些不必要的家电（例如洗衣机），自觉把高峰时段的部分负荷转移到非高峰时段，减少电费开支，降低电网高峰负荷，提高发输电设备的运营效率。

所谓峰谷分时电价制度，是指根据电力系统负荷曲线的变化将一天分成多个时间段，对不同时间段的负荷或电量，按不同价格计费的电价制度。在国外，一些国家已推行峰谷分时电价，目前在中国，有个别省份也在推行峰谷分时电价制度。这一电价制度，可以有效地培养用户的节电行为，既可降低每个家庭的用电成本，又可缓解高峰时段总的电力需求。在用户节电行为方面，国外一些研究成果表明，当电的平均价格以分钟为时间单位不断计量和显示出来时，用户往往会在高峰负荷时段节制自己的行为，自觉减少用电，通常减少高峰用电 5% ~ 15%。电表显示的电价变化，对习惯于多用电的用户，其影响力要大于平时有较好节电行为的用户。

2003 ~ 2004 年，美国在加利福尼亚开展了智能电表试验项目。该项目通过给参与试验的家庭安装不同类型的电表，测试他们用电的敏感性，即分析智能电表对使用者行为的影响。第一组家庭使用的智能电表，是每一小时显示一次用电量；第二组，加装一个智能控制器，可以自动显示所耗电费；第三组安装了一个"门户"智能电表，它可以控制所有家用电器的工作，与智能控制器相似，可以显示全部家电耗电量。结果显示，高峰期用电量第一组家庭减少了 13%，第二组家庭减少了 27%，第三组家庭减少了 43%。由于试验结果非常理想，因此各电力公司都开始实施智能电表安装计划。美国太平洋天然气电力公司（PG&E）计划从当时开始到 2012 年陆续为服务区内的用户安装 1030 万个智能电表。其他电力公司也纷纷效仿。布拉特尔（Brattle）咨询公司认为，只要全美高峰用电量降低 5%，就可以少建 625 个高峰应急发电车间，每年为电力公司节省 30 亿美元。

另一项关于用户节能的试验是美国西北太平洋国家实验室于 2007 年进行的。他们经过调查推算出,如果美国每个用户每年少用 10% 的电,每年的用电高峰负荷就会下降 15%,相当于节省 100 千兆瓦的电量。如果不这样做,美国在未来 20 年就需要再建 100 座大型燃煤发电厂。此举将节省新电厂和电网投资达 2000 亿美元,相当于减少了 3000 万辆汽车。

(2)通过智能电表控制家中的电器设备,从而减少用电量。智能电表作为家庭内部网络的网关,将各类家电连接起来,形成一个家庭内网,实现智能电网对家用电器的控制。这些电器通过智能电表接收来自本地电力公司的信号,按照指令执行通电或断电的操作。例如,在非高峰负荷时段,冰箱接受由智能电网发出的操作指令,超低温制冷,在电力高峰时段,冰箱暂时停止工作或者减少制冷次数,使冰箱温度上升几度。这就大大缓解了总的用电高峰负荷。当然,用户拥有最终控制权,可以根据具体情况决定是否接受智能电网的指令。

美国预计,到 2020 年,通过智能电网的建设,减少输配电电力损失,可能会减少 0.6 亿~1.2 亿吨的二氧化碳排放量,相当于节省 100 亿~200 亿美元。通过信息技术的应用,使电力公司能够远程监控电网,通过电压的优化实现降低损失的目的。为电力公司提供更好的信息,在较低的允差带输配电,而不是采取当前的做法,在高允差带输配电。

针对企业用户,可以通过远程传输手段,对企业用户主要设备的用电数据进行采集和实时检测,并将采集的数据与设定的阈值或是同类客户数据进行比对,分析客户能耗情况,通过能效智能诊断,自动编制能效诊断报告,为客户节能改造提供参考和建议,为能效项目实施效果提供验证,从而实现能效市场潜力分析、客户能效项目在线预评估及能效信息发布和交流等功能。

4. 可再生能源发电

2011 年,由 194 个国家组成的政府间气候变化专门委员会(IPCC)

在阿拉伯联合酋长国的阿布扎比发布了《可再生能源特别报告》。该报告强调，可再生能源在减少温室气体排放以及改善全球人类生活方面的潜能是不可替代的。

目前，可再生能源占了全球能源供应的 12.9%，主要是生物能源、水电、风能、地热、太阳能和海洋能。其中风能和太阳能光伏的发展尤其迅速。2009 年，在全球可再生能源的装机容量中，风能增加 30%，水电增加 3%，光伏并网增加 50%，太阳能供热增加 20%。截至 2009 年底，乙醇年产量增长至 760 亿升，生物柴油增长至 170 亿升。根据对现有案例的深入分析，全球可再生能源现有的技术潜力仅使用了不到 2.5%。换句话说，在可再生能源资源作为非限定因素的情况下，还有 97% 以上的潜力尚待开发。

智能电网区别于传统电网的一个根本特征是支持可再生能源发电的大量接入。目前，可再生能源接入技术的研究与开发，是智能电网的一个重要建设环节。当大量分布式的可再生能源接入时，需要解决电压调整问题、继电保护问题，以及对短路电流水平的影响、对配电网供电质量的影响。目前，一些技术还处在研发阶段，不过，可再生能源接入离不开信息技术的支持，信息技术在其中发挥着重要作用：

——自动控制新能源发电企业，如远程监控风力发电厂；

——可以实现短期气候预测，即提前预测出什么时候以及在什么地方可能会出现电力负荷过度或电力不足；

——集中控制分布式发电所产生的电力，形成一个"虚拟电厂"（亦称能效电厂），并且分布式发电随时可以入网或脱网；

——全部电力系统的监测和保护，可以监控实际、实时的状况，并使系统按照实际的电力需求情况发电、配电；

——通过自动监测提高可再生能源发电设备本身的可控性、可靠性和寿命。

随着可再生能源接入关键技术得到不断突破，智能电网接纳可再生能源发电的能力将会不断提高，在全球范围内，可再生能源发电占总发电量的比重会不断升高。据预测，到 2020 年，如果发达国家减少发电部门碳强度 10%，发展中国家减少发电部门碳强度 5%，则可以节电1420.22 太瓦时，相当于减排 8.3 亿吨二氧化碳当量。

三　国外智能电网的发展现状及启示

（一）美国

1. 美国智能电网发展阶段与相关政策

为升级日益老化的电网，并在提升电网可靠性和安全性的同时提高用电侧的用电效率、降低用电成本，自 20 世纪 80 年代起，美国便着手研究一个自动化、安全可靠的电网系统。1998 年，美国电力科学研究院进行的研发项目"复杂交互式网络系统"可以说是智能电网的一个雏形。1998～2007 年这 9 年间，美国主要做的是智能电网的试验研究和战略规划工作，主要研究项目有"复杂交互式网络系统""电力基础设施战略防护系统""智能电网项目""智慧电网项目""电网工程项目"等。在这些项目中，前三个项目是美国电力科学研究院进行的探索性研究工作，特别是"智能电网项目"，催生出了一系列成果，包括《智能电网用户指南与建议》《智能电网功能需求》《智能电网模型》以及《智能电网技术分析》。这些研究工作为后期的规划制定和进一步研发打下了坚实的基础。2003 年，在总结前期研究成果和相关会议讨论的基础上，美国政府推出了《电网 2030——美国电力系统的下一个百年国家发展愿景》（*GRID 2030—A National Vision for Electricity's Second 100 Years*）、《国家电力传输技术路线图》（*National Electric Delivery Technologies Roadmap*）、《现代电网计划》（*Modern Grid Initiative*）、《电力输送系统升级战略规划》（*Strategic Plan: Transforming Electricity*

Delivery)、《现代电网的愿景》（A Vision for the Modern Grid）（1.0 版）等远景目标和战略规划。尤其是《电网 2030——美国电力系统的下一个百年国家发展愿景》，首次从国家战略高度对美国电网的远景进行了全面系统的规划和阐述，为美国后来的"智慧电网项目""电网工程项目"两个项目的研发以及后续的规划制定、立法工作奠定了基础。在奥巴马上台后，智能电网建设进入了一个新的阶段，就是立法保障阶段，颁布了《能源独立与安全法案》（Energy Independence and Security Act，EISA），专设第 13 章"智能电网"，从法律上确立了美国国家电网现代化政策并提出了多项措施。该法案要求美国能源部在全国范围内加快智能电网技术、服务与实践的开发、示范与部署工作。在时隔两年后的 2009 年，美国政府又颁布了《美国复苏与再投资法案》（The American Reinvestment and Recovery Act，ARRA），扩大了智能电网技术示范范围和资助对象范围，提高了政府对智能电网投资补贴的力度。在上述两个法案的支撑下，美国智能电网建设进入了战略实施阶段。2009 年，美国能源部实施"智能电网投资工程"（Smart Grid Investment Grand，SGIG）和"智能电网示范项目工程"（The Smart Grid Demonstration Program，SGDP）两项大型工程，其中"智能电网投资工程"主要是利用现有技术进行电网改造，升级传统设备，包括 99 个子项目。"智能电网示范项目工程"主要用于演示新能源技术，为未来相关技术的应用进行评估，包括 16 个区域性示范项目和 16 个能源存储项目（电池、太阳能等）。在实施项目的同时，智能电网的技术研究工作也在同步进行中，2010 ~ 2011 年，美国能源部继续颁布技术标准和政策框架，如《智能电网互操作标准框架和技术路线图》《21 世纪电网政策框架：确保我们未来的能源安全》。这表明，美国政府对智能电网建设始终坚持起主导作用，也显示出国家强劲推进的决心和力度。表 3 - 2 大致列出了美国智能电网在各个发展阶段的内容。

表 3 - 2　美国智能电网发展阶段

发展阶段	年份	研发项目	政策、法律或标准	试点项目	内容
研究与战略规划阶段(2001～2007 年)	1998	复杂交互式网络系统	—	—	目的是打造高可靠、完全自动化的美国电网,这是美国智能电网的最初原型
	1999	电力基础设施战略防护系统	—	—	设计的防护系统采用多代理技术的三层结构:底层为反应层,包括发电和保护;中层为协作层,包括事件或警报过滤、模型更新、故障隔离、频率稳定和命令翻译;高层为认知层,包括事件预测、脆弱性评估、隐藏故障监视、网络重构、恢复、规划和通信。主要功能有电力和通信系统的快速在线评估、故障分析、自愈战略、信息和传感等。用于防护自然灾害、人为错误、电力市场竞争、信息和通信系统故障、蓄意破坏等对电力设施的威胁。项目前期工作历时五年,整个项目将于 2025 年完成
	2002	"智能电网项目"	—	—	开展电能和通信系统框架整合项目研究(Integrated Energy and Communications Systems Architecture,IECSA)。其目的是创建一个将电力与通信、计算机控制系统集成起来的架构。18 个月后,项目被正式命名为"智能电网框架"(Intelligrid Architecture)。在世界范围内,第一次制定了智能电网框架,从而使得美国在智能电网领域研发迈出了坚实的一步
	2002	—	《国家输电网研究报告》	—	提出建设美国现代电网的 51 条建议

发展阶段	年份	研发项目	政策、法律或标准	试点项目	内容
研究与战略规划阶段(2001～2007年)	2003	—	《电网2030——美国电力系统的下一个百年国家发展愿景》	—	首次从国家战略高度对美国电网的远景进行了全面系统的规划和阐述。其目标是将美国电网建设成为由全国性骨干网、区域电网、地方配电网和分布式微型电网构成的综合性电网
	2004	"智慧电网项目"		—	针对"软件"研究信息系统集成技术和数字技术等在电力系统中的应用
	2004	"电网工程项目"		—	针对"硬件"研究电缆导线、变电站、保护系统和电力电子等领域
	2004	—	《国家电力传输技术路线图》	—	提出通过五种途径和三个发展阶段来实现《电网2030——美国电力系统的下一个百年国家发展愿景》。五种途径包括:设计"电网2030"体系结构、关键技术研发、先进技术推广、加强电力市场运作、建立更强有力的公共和私营之间的合作关系。三个发展阶段分别是2010年(设计和试验阶段)、2020年(技术研发和市场推广阶段)和2030年(大规模生产和应用阶段)
	2005	—	《现代电网计划》	—	目标是"加快美国电网现代化",包括制定现代电网的定义和愿景、分析技术和研究差距、确定技术和工艺需要、引导先进的技术项目、评估项目结果、激励部署。该计划成为后来美国许多智能电网规划和试点项目的制定依据
	2007	—	《电力输送系统升级战略规划》	—	进一步规划了未来电网技术的发展路线,着重针对高温超导、可视化和控制、可再生能源和分布式电源并网、储能和电力电子四个方面关键技术制定了阶段性发展目标和技术指标

发展阶段	年份	研发项目	政策、法律或标准	试点项目	内容
	2007	—	《现代电网的愿景》(1.0 版)	—	描述了现代化电网所需要具备的基本功能和特征、关键技术领域等内容
	2007	—	《智能电网发展框架》(1.0 版)	—	该报告围绕智能电网的建设工作,分别从战略、管理和监督(SMR)、组织和结构(OS)、电网运行(GO)、工作与资产管理(WAM)、技术(TECH)、电力终端用户(CUST)、价值链整合(VCI)、社会和环境(SE)八个方面进行定义和描述,并将每个方面的发展分为五个阶段:起步阶段、投资阶段、整合阶段、完善阶段、创新阶段。其目的是为电力公司和电子仪器设备公司进行智能电网投资和建设提供一个操作指南
立法阶段(2007 ~ 2009 年)	2007	—	《能源独立与安全法案》	—	专设第 13 章"智能电网",首次从法律上确立了国家电网现代化政策并提出了多项措施。该法案要求美国能源部在全国范围内加快智能电网技术、服务与实践的开发、示范与部署并起到核心作用
	2009	—	《美国复苏与再投资法案》	—	对《能源独立与安全法案》中与智能电网相关的内容进行了修订:扩大智能电网技术示范范围和资助对象范围,提高政府对智能电网投资补贴的力度,强调信息公开和采用开放的标准与协议,不再一味强调技术的创新性和前沿性
战略实施阶段(2009 年至今)	2009	—	《复苏计划尺度报告》	—	将铺设或更新 3000 英里输电线路,并为 4000 万个美国家庭安装智能电表——美国计划推动电网的智能化改造

续表

发展阶段	年份	研发项目	政策、法律或标准	试点项目	内容
战略实施阶段（2009年至今）	2009	—	《智能电网的愿景》（2.0版）	—	为未来的智能电网建设描述了一些关键性问题，包括智能电网的七个特征，智能电网包含的四个关键技术领域，智能电网具备的六个主要功能
	2009	—	—	"智能电网投资工程""智能电网示范项目工程"	实施最大的两个工程："智能电网投资工程"投资领域项目类型包括远程抄表设备、用户端电网改造、本地配送电网改造、骨干传输电网改造、智能电网设备生产或采购以及用户行为研究，一共包括99个项目。"智能电网示范项目工程"主要用于演示新能源技术，为未来相关技术的应用进行评估，在智能电网政府投资中所占比重为14%，包括16个区域性示范项目和16个能源存储项目（电池、太阳能等）
战略实施阶段（2009年至今）	2010	—	《智能电网互操作标准框架和技术路线图》	—	绘制了智能电网的概念模型，涵盖发电、输电、配电、用电、调度、市场和服务提供商七个领域，在现有技术标准中确定了25个重要标准以及16个需要优先制定的标准。智能电网应该优先考虑的标准包括八个领域，即需求响应及用能效率、广域状态感知、电能储存、电动汽车、高级量测基础设施、配电网管理、信息安全与网络通信
	2010	—	《智能电网发展框架》（1.1版）	—	该报告是加深人们对1.0版的《智能电网发展框架》的理解和认识，为电力设备供应商、服务商、电力协会、公共事业管理机构、地方政府以及民众提供一个可以参考的智能电网建设发展评价指南。该报告为各国的智能电网发展提供了一个很好的操作指南

发展阶段	年份	研发项目	政策、法律或标准	试点项目	内容
战略实施阶段（2009年至今）	2011	—	《21世纪电网政策框架：确保我们未来的能源安全》	—	论述了美国未来智能电网发展政策性框架的四个支柱，包括促进智能电网投资、促进电力部门创新、增加消费者自主权并促进知情决策、电网安全

2. 组织机构

（1）研究机构。

为推进智能电网的建设，美国政府授权一些机构进行智能电网的技术标准等研究工作。根据美国《能源独立与安全法案》，授权商务部国家标准与技术研究所（National Institute of Standards and Technology, NIST）负责协调、组织研究智能电网发展框架，包括制定智能电网系统协议和标准。国家标准与技术研究所有大约2900名科学家、工程师、科技工作者，以及后勤和管理人员，有大约1800名辅助工作人员（来自美国的公司和国外的工程师和研究员），另外还有1400名专家分布在国内约350个附属研究中心。

美国《能源独立与安全法案》还授权电力科学研究院开展有关发电、输配电等研究和开发活动。电力科学研究院是美国最早进行智能电网研究的机构，开展了"复杂交互式网络系统""电力基础设施战略防护系统"等项目的研究。该研究院成立于1973年，是一个非营利性机构，主要承接工业领域的委托项目，现包括6个研究所。另外，美国能源部下属的国家能源技术实验室也是智能电网的主要研究机构，它是多个直属美国能源部国家实验室中的一个，在美国5个州设有实验室，有1200多名研究人员，其中一半是联邦雇员，另外一半则是承包商。国家能源技术实验室由美国能源部运行和管理，主要承接能源部下达的工

作任务。2005 年 1 月，国家能源技术实验室成立了智能电网实施战略
（Smart Grid Implementation Strategy，SGIS）（以前称为现代电网计划）
小组，专门从事智能电网相关领域的研究，发表了大量的报告、白皮书
和文章。

2007 年，国际商业机器公司成立了全球智能公共事业网络联盟
（Global Intelligent Utility Network Coalition，GIUNC），该联盟于当年发表
了《智能电网发展框架》（1.0 版），该报告围绕智能电网的建设工作，
分别从战略、管理和监督，组织和结构，电网运行，工作与资产管理，
技术，电力终端用户，价值链整合，社会和环境八个方面进行分析，并
将每个方面的发展分为五个阶段：起步阶段、投资阶段、整合阶段、完
善阶段、创新阶段。后来，国际商业机器公司将此报告的撰写和发表权
移交给了卡耐基梅隆大学软件工程研究所（Software Engineering
Institute，SEI）。2010 年，该所发表了《智能电网发展框架》（1.1 版）。
该报告是加深人们对 1.0 版《智能电网发展框架》的理解和认识，为
电力设备供应商、服务商、电力协会、公共事业管理机构、地方政府以
及民众提供一个可以参考的智能电网建设发展评价指南。该报告为各国
的智能电网发展提供了一个很好的操作指南。

除此之外，美国能源部建立了一个专门致力于智能电网领域研究的
咨询委员会（Smart Grid-Advisory Committee），用于为政策制定提供咨
询建议。另外，还建立了一个智能电网特别行动小组（Smart Grid Task
Force），其主要任务是确保、协调和整合联邦政府内各机构在智能电网
技术、实践和服务方面的各项活动。该小组在 2008～2020 年通过政府
的资金资助维持有效运转。

此外，信息技术企业与电子设备供应商纷纷参与智能电网的建设。
智能电网建设项目主要倡导者是电力能源公司以及地方政府，但是，在
世界各地拥有众多分支机构的大型信息技术企业以及电子仪表仪器设备
供应商也是其中的重要成员，其分支机构遍布世界各地。这些企业包括

思科、英特尔、谷歌、微软等。智能电网是加快电动汽车和充电式混合动力电动汽车应用部署过程中的必要基础设施,具有巨大的市场潜力和空间,据估计全球市值有 100 万亿美元,因此,这些企业都希望从中获得巨大的商机。

(2)联盟和协会。

第一,美国智能电网联盟(Grid Wise Alliance)。该联盟最初由 7 家电力公司组成,目前已经发展成为拥有 100 多家会员,涵盖整个能源供应链的行业组织。这使得该组织在智能电网领域有了举足轻重的发言权,从而成为现今北美地区最具影响力的智能电网行业联盟。在该联盟中,大型科技公司如思科、谷歌、通用电气等占 24%,小型科技公司与软件公司分别占会员比例的 21% 与 11%,而传统的电力公司只占 19%。

该联盟要实现的目标有四个:统筹、合作、教育和政策影响。目标之一——统筹,就是实现联盟成员的利益最大化,以及保持会员人数和会费的稳定和充足,为履行该联盟的使命和目标提供足够多样的机会和选择。目标之二——合作,就是通过积极协作模式确保工作组、紧急行动小组,以及其他成员的参与;加强和支持联邦政策制定者与利益相关者的关系;在美国国内和国外广泛推介联盟的影响力,培养能够持续发展的合作机构。目标之三——教育,就是积极发布与智能电网相关的宣传材料,包括原始创新研发成果;通过积极的沟通与宣传,建立和维护联盟的领导地位,使公众和政府认识到该联盟是智能电网建设中不可缺少的组成部分;为智能电网立法者、政府监管机构和媒体制定评价标准。目标之四——政策影响,就是在联邦、州和地方合理倡导智能电网政策,从而在联邦政府制定智能电网的战略规划过程中发挥作用;在政府向公众推行智能电网政策过程中发挥重要作用。总之,联盟的日常工作一是与政府决策层及行业监管机构沟通,为智能电网发展提供建议和反馈意见,二是教育并提高公众对智能电网的认知。

第二,智能电网消费者协会(Smart Grid Consumer Collaborative),

成立于2010年3月17日，是一个非营利性组织，包括主任及常任委员共有18位，分别来自美国公共事业部门、电力能源公司、电力设备公司、研究所等机构。例如，委员中有来自电力公司的，包括佛罗里达电力公司、圣迭戈天然气与电力公司、西蒙波尔（Simple）能源公司、杜克（Duke）能源公司等；有来自电力设备公司的，如西门子公司、科穆威戈（Comverge）电力设备公司、南加利福尼亚爱迪生公司、国际商业机器公司等；有来自公共事业部门的，如俄勒冈州公民公用事业委员会和得克萨斯公共事业委员会等；有来自研究所的，如国家标准与技术研究所；还有代表消费者利益的律师。这些委员知识背景各有不同，有负责电力部门客户营销工作的，有负责电力公共政策研究的，有负责智能电网技术开发工作的，都是主管或高级执行官，具有丰富的管理经验。智能电网消费者协会的工作目标是：对终端消费者进行调查，倾听消费者的呼声和反馈意见；与利益相关者共享最佳实践成果；利用媒体、网络等手段，通过开展智能电网相关知识的宣传活动，加强消费者对智能电网的认识。

智能电网消费者协会开展的主要研究工作有：对美国各州的消费者进行定性调查和定量调查。定性调查主要是广泛了解消费者的家庭用电情况和用电习惯；定量调查的内容是分析消费者对安装智能电表、进行智能电网建设的接纳度。其目的是了解不同收入群体对智能电网（包括安装智能电表）建设的接受程度，以此帮助电力公司、政府做好细致全面的政策规划。

3. 智能电网投资与成本估算

（1）投资。2009年2月，美国国会颁布了《美国复苏与再投资法案》。美国政府将在其后两三年向电力传输部门投资110亿美元，其中能源部电力提供和能源可靠性办公室（OE）获得45亿美元，规定此资金必须用在与电力现代化建设紧密相关的活动与项目上，即电网现代化建设，能源基础设施安全性和可靠性建设，能源储备研究、开发、示范和部署活动，能源供应中断后的修复，以及依据《能源独立与安全法案》所批准的立项项目。该法案规定，将智能电网项目配套资金的资助力度由 2007 年的 20% 提高到 50%。能源部的邦维尔电力局（BPA）和西部电力局（WAPA）各获得 32.5 亿美元的国库借款权，主要用于加强电网基础设施，尤其是新建线路，以适应清洁能源并网的要求。

在电力提供和能源可靠性办公室 45 亿美元的拨款中，有 34 亿美元用于资助智能电网计划，6.15 亿美元用于示范工程建设。奥巴马总统于 2009 年 10 月底正式批准了获得资助的项目，共有 100 个机构获得政府资助，带动的私有机构投资将超过 47 亿美元。在示范工程方面，共有 32 项示范工程入选，带动的私有机构投资超过 10 亿美元。总体来看，美国政府的投资有效地带动了相关行业的参与和投资，已经确立了一大批智能电网待建项目，预计总投资将超过 100 亿美元。

（2）估算智能电网建设的成本和所获收益。2011 年 4 月 7 日，美国电力科学研究院在对其 2007 年的报告进行修订的基础上，形成了《智能电网成本与收益评估报告》。该报告对建设功能完备的智能电网所需投资和收益进行了估算。该报告称，如果美国全面落实现代化电力系统和智能电网工程，将需要 3377 亿 ~ 4761 亿美元的资金投入，收益则会达到 13000 亿 ~ 20000 亿美元（见表 3 - 3）。但是，这只是对基本框架的测算，并不是对包括增强输电系统属性和成本的明确分析。

表 3 - 3　建设功能完备的智能电网所需总成本预测

单位：百万美元

项目	低	高
输电与变电	82046	90413
配电	231960	339409
用电	23672	46368
总额	337678	476190

资料来源：国家电网公司（http：//www.sgcc.com.cn）。

关于表3-3中所说的用电环节，美国电力科学研究院对用电成本从以下几个方面进行估算：①每个领域用户数量划分的智能电网总成本（一次性支付代理）；②10年内每位用户每年分摊的智能电网总成本（名义价格，并非现行价格和约期）；③10年内每月平均分摊当年的总成本。同时，还预测了用户月电费年增比率（见表3-4）。不过，该报告同时指出，由于用户之间的成本会出现很大区别，因此在某些区域智能电网的总体成本可能更加集中，与此相应，这些区域每位用户成本则有所增加，而别的区域则相应有所减少。与智能电网将要带来的可观利益相比，这些成本花费就显得微不足道了。

表3-4　智能电网用户用电成本分摊预测

单位：美元，%

领域	每户总成本[a]		10年内每年每户平均分摊成本[b]		10年内每月每户平均分摊成本[c]		月电费每年增长率[d]	
	低[e]	高[f]	低	高	低	高	低	高
民用	1033	1455	103	145	9	12	8.4	11.8
商用	7146	10064	715	1006	60	84	9.1	12.8
工业	107845	151877	10785	15188	899	1266	0.01	1.6

a. 分领域智能电网总成本。

b. 10年内每年每户平均分摊智能电网总成本（票面价值）。

c. 10年内每月每户平均分摊智能电网总成本（票面价值）。

d. 月电费每年增长的百分比（根据c栏数据计算所得）。

e. 智能电网总成本预测最低值。

f. 智能电网总成本预测最高值。

注：不同领域的用户数据（民用、商用、工业）取自2009年电子工业协会（EIA）统计数据。基于2009年售电比例（38%为民用、37%为商用、25%为工业）对智能电网分领域分摊成本进行预测。

资料来源：国家电网公司（http://www.sgcc.com.cn）。

该报告还对美国智能电网建设可能取得的经济效益和社会效益进行了预测（见表3-5）。

表 3 - 5 美国智能电网经济收益预测

单位：10 亿美元

获益面	净现值（2010 年）		备注
	低	高	
GDP	1	1	一方面电能损耗减少,另一方面用户理性用电,带来 GDP 增长
用电安全	13	13	由电器设备、电网基础设施引发的火灾数量减少,居民用电更安全
环境质量	102	390	为可再生能源分布式发电提供了条件,从而减少二氧化硫、二氧化碳、氮氧化物的排放,环境质量得以提高
发电和存储容量	299	393	分布式储能技术应用到变电站,建造低成本、高密度和分散式的储能装置;另外,储能技术的应用会使越来越多的用户用上电动汽车
运营成本	330	475	自动读表代替人工抄表、故障排除速度提高等,使得运营成本降低
供电质量	42	86	技术故障停运现象减少,电流波动频率降低,供电质量提高
生活品质	74	74	电力供应商提供增值的电力服务,居民生活更舒适、便利
电网安全性	152	152	电网运行更安全
电网可靠性	281	444	电网运行更可靠
总计	1294	2028	—

资料来源：美国电力科学研究院。

另外，电力科学研究院计算了美国未来智能电网建设成本收益率（见表 3 - 6）。

表 3 - 6 智能电网建设成本收益率

单位：10 亿美元，%

项　目	20 年总计
净投资额	338 ~ 476
净收益额	1294 ~ 2028
成本收益率	2.8 ~ 6.0

资料来源：国家电网公司（http://www.sgcc.com.cn）。

4. 美国的智能电网项目

美国能源部电力提供和能源可靠性办公室已经将投资用于智能电网相关的各项工程，其中最大的两个工程是"智能电网投资工程"和"智能电网示范项目工程"。这两项工程也由《能源独立与安全法案》最初建立，并通过《美国复苏与再投资法案》进一步修订，都是为期五年的工程。其中"智能电网投资工程"主要是利用现有技术进行电网改造，升级传统电网设备，包含99个工程项目，在智能电网的政府投资比重中达到80%。"智能电网示范项目工程"主要用于演示新能源技术，为未来相关技术的应用进行评估，在智能电网政府投资中所占比重为14%。

这两项工程都是2010年初开始建设的，预计2015年完成。2012年，美国能源部电力提供和能源可靠性办公室对"智能电网投资工程"作出了评估。调查显示，截至2012年3月31日，该工程已用去电力提供和能源可靠性办公室下拨的34亿美元的2/3。

"智能电网投资工程"为鼓励智能电网技术和系统的可持续投资奠定了基础。该工程有三个主要目标：

——加快部署智能电网传输系统和配电系统相关技术设备，使用户获得用电信息，使他们能够更好地管理自己的用电；

——对智能电网所带来的经济效益和社会效益进行评估，以消除各机构决策者的疑虑，进一步吸引更多的资本，进一步推动电网现代化；

——加快发展和部署有效的电网安全防护措施，使智能电网系统运转平稳安全。

"智能电网投资工程"工程包括四个建设领域：电力传输系统建设（Electric Transmission Systems，ETS）、配电系统建设（Electric Distribution Systems，EDS）、高级量测体系建设（Advanced Metering Infrastructure，AMI）、用户系统建设（Customer Systems，CS）。

电力传输系统建设：旨在提高智能电网大功率、长距离跨州输电能力，即特高压输电。

配电系统建设：旨在实现电压无功补偿设备的优化调节与控制，最大限度地减小故障引起的供电中断时间和影响范围，提高系统自动识别、诊断和自愈能力。

高级量测体系建设：旨在安装智能电表、通信设备、后台信息处理系统，实现实时数据传输、远程连接或断开、断电检测和管理等功能。

用户系统建设：旨在安装家用智能电表、可编程通信温控器、智能家电、能源管理软件，并建立门户网站，让更多用户参与其中。

电力传输系统建设包含了 19 个项目，涉及美国 5 个州的地区输电公司、独立系统运营商，涉及 60 多个承包商和子承包商。其中 11 个项目是部署同步相角测量装置，8 个项目是安装在线监测器和其他设备，用以升级现有的传输和通信网络。电力传输系统建设的重点就是安装相角测量装置（PMU），因为它可以提供电力系统动态运营的实时信息，即它能以每秒 30 次的频度在关键位置对电波（电压和电流）进行测量。因此，广泛安装相角测量装置可以提升对电网的监控和管理能力，提高电网运行的可靠性和安全性。在"智能电网投资工程"建设之前，全美国已安装了 166 个相角测量装置。电力传输系统建设的目标是要再安装 800 个相角测量装置。最终，全美国要安装 966 个。截至 2012 年 3 月 31 日，安装相角测量装置已花费 2269 万美元。目前，该项工作已取得很大进展。但是，同步相角测量技术尚处于初期发展阶段，传输、存储、处理和管理数据尚待完善。

配电系统建设包含了 57 个项目，其中大部分是小规模的线路安装和变电站建设，小部分是服务区内的广泛安装和建设。57 个项目共计需要经费 19.6 亿美元（既包括拨款，也包括私人企业的投资）。需要安装电力设备（如自动电容器、自动开关、继电器、稳压器以及设备监控器等）、通信设备以及信息管理软件。截至 2012 年 3 月 31 日，已经花费 10.4 亿美元，占总项目费用的 53% 左右，其中安装电力设备花费 7.50 亿美元，安装通信设备花费 1.40 亿美元，信息管理软件花费

1.50 亿美元。

高级量测体系建设主要涉及安装智能电表,配置通信网络——按照设定的 15 分钟、30 分钟、60 分钟时间间隔向中心上传数据,以及安装用于收集、处理、保存数据的后台信息处理系统(如量测数据管理系统)。所有这些项目都使用智能电表定时采集数据,也可以使用智能电表收集用户的电压值和电能质量,采集来的数据可用于配电系统的电压管理。此外,智能电表可以用于配电系统的停电管理,因为断电的时候它们会自动发送信号给主控制中心,地理信息系统根据传来的断电信号判断停电位置。高级量测体系建设有 65 个项目,相比"智能电网投资工程"中需要安装的其他设备,智能电表安装数量是更多的,高级量测体系建设项目总的目标是至少安装 1550 万个智能电表,这是实施"智能电网投资工程"前已装智能电表数的 2 倍以上。截至 2012 年 3 月31 日,高级量测体系建设项目已花费 2.92 亿美元。安装了 1080 万个智能电表,占项目总安装量 1550 万个的 70%,智能电表的费用最大,已经用了 1.97 亿美元,通信设备费花费 0.535 亿美元,后台信息处理系统花费 0.415 亿美元。

5. 人力资源培训

2010 年,美国能源部推出智能电网"1 亿美元培训计划",培训人员达 3 万多人。这笔资金被分为两个部分:4160 万美元用于大学、社区学院和技术学校开展智能电网相关知识的培训,5770 万美元用于员工(包括电力公司员工和电力设备制造企业员工)的培训,剩余约 70万美元为管理费用。美国能源局局长史蒂芬·楚(Steven Chu)认为:"智能电网建设与经营将涉及人数上万,培训有利于智能电网的建设。"

(二)欧洲地区

1. 欧盟

与全球其他区域主要由单一国家为主体推进智能电网建设的特点不

同，欧洲智能电网的发展主要以欧盟为主导，由其制定整体目标和方向，并提供政策及资金支撑。由于欧洲化石能源短缺，风电和太阳能发电等可再生能源发电是其主要的发展方向，因此，解决风电等可再生能源的并网发电、减少能源消耗及温室气体排放，是欧洲智能电网发展的最根本出发点。围绕该出发点，欧洲的智能电网目标是支撑可再生能源以及分布式能源的灵活接入，以及向用户提供双向互动的信息交流等功能。欧盟计划在2020年实现清洁能源及可再生能源占其能源总消费20%的目标，并完成欧洲电网互通整合等核心变革内容。

欧洲智能电网的主要推进者有欧盟委员会、欧洲输电及配电运营公司以及一些科研机构和设备制造商，分别从政策、资金、技术、运营模式等方面推进研究试点工作，预计在2010~2018年，欧盟对智能电网的总投资额约为20亿欧元。

（1）欧盟智能电网技术研究工作。"欧盟科技框架计划"是欧盟成员国共同参与的重大科技研发计划，以研究国际前沿和科技难点为主要内容。欧盟在第五、第六和第七科技框架计划"能源、环境与可持续发展"主题下，支持了一系列与电力电网技术有关的研究项目。①欧盟第五科技框架计划（FP5，1998~2002年）中的"欧洲电网中的可再生能源和分布式发电整合"专题下包含了50多个项目，分为分布式发电、输电、储能、高温超导体和其他整合项目5大类，其中多数项目于2001年开始实施并达到了预期目的，被认为是发展互动电网第一代构成元件和新结构的起点。②欧盟第六科技框架计划（FP6，2002~2006年）有超过100家机构（包括电力公司、设备制造商、高校和研究机构等）参与了电网项目，其间总预算达到3400万欧元。③第七科技框架计划（FP7，2007~2013年）中的部分项目，已经在智能电网的框架下开展了一些初步研究工作（包括主动配电系统、微电网和虚拟能源市场等）。

除了以上所说的"欧盟科技框架计划"，目前，欧盟国家在对传统输电网进行智能化改造过程中，还重点推进信息通信技术在输电网中的应用及相关技术研发，例如传感器、数字仪器设备、自动控制技术和信息传输网络技术等。通过对新兴交叉技术进行大量的研发创新活动，和一系列复杂的适应电力供需市场的设计、组织、调整和技术工程，来促进输电网和配电网的更稳定、更可靠和智能化。

目前的研发项目主要集中在以下三大领域：

——电力消费用户与输电网的双向连接技术，满足电力用户对输电网电力供需双向选择的需求，加强输电网对间接电力生产的管理技术的研究，对电能储存用户进行补偿和奖励技术的开发；

——提高输电网能效技术，可再生能源接入输电网技术，更大范围输电网联网技术，输电网优先可再生能源跨境交换技术等；

——信息通信输电网应用技术，新型电能储存技术，清洁煤炭技术和碳捕获及储存技术，城市、建筑、交通智能技术，电动汽车充电设施和燃料电池技术等。

（2）欧盟智能电网发展的政策保障。2005 年，欧盟成立了智能电网技术平台小组（Smart Grids European Technology Platform），先后发布了《欧洲未来电网愿景与战略》（2006 年）、《欧洲未来电网战略研究议程》（2007 年）、《欧洲未来电网战略部署方案》（2008 年）三份报告。这些报告提出，应加强在电网智能配电结构、电网智能运行、智能电网管理、智能电网的欧洲互用性、智能电网的断面潮流问题方面的研究和部署。

欧盟委员会是智能电网建设的积极推动者，它号召成员国利用信息技术提高能效，应对气候变化，促进经济恢复，并强调智能电网技术是帮助欧盟完成 2020 年减排目标的关键。2005 年，欧盟出台了《欧洲智能电网技术纲要：欧盟未来电网发展战略规划》，这是一个具有战略意义的纲要，计划到 2020 年建立起横跨欧洲的智能电网。其最终目标，是在欧洲范围内实现交互式发电和输配电，通过分布式发电、可再生能源发电、需求侧响应、需求侧管理和电能储存等方式，替代发电厂的部分燃油、燃煤发电。

2006 年，欧盟理事会颁布能源绿皮书《欧洲可持续性、竞争性和安全性的能源战略》(A European Strategy for Sustainable, Competitive and Secure Energy)。该绿皮书明确指出，欧洲已经进入一个新能源时代，智能电网技术是保证欧盟电网电能质量的一个关键技术和发展方向。

2009 年初，欧盟在有关圆桌会议中进一步明确要依靠智能电网技术将北海和大西洋的海上风电、欧洲南部和北非的太阳能融入欧洲电网，以实现可再生能源大规模并网发电的跳跃式发展。

2009 年 10 月，欧盟公布了战略能源技术计划（SET-Plan）路线图，旨在加速低碳技术发展和大规模应用，其中将智能电网作为第一批启动的六个重点研发投资方向之一，从电网的技术、规划架构、需求侧参与和市场设计四个方面，提出了 2010～2020 年智能电网技术发展路线。其战略目标是：到 2020 年实现 35% 的电力输配来自可再生能源，到 2050 年实现完全除碳化；将各国电网纳入一个基于市场的泛欧大电网中；保障为所有消费者提供高质量电力，并使其主动参与提高能源效率；发展电气化交通等新领域。为此，公共和私营部门应投入经费 20 亿欧元。

以英、法、德为代表的欧洲北海国家，2010 年 1 月正式推出了联手打造可再生能源超级电网的宏伟计划。该工程将把苏格兰和比利时以及丹麦的风力发电、德国的太阳能电池板与挪威的水力发电站连成一片。包括德国、法国、比利时、荷兰、卢森堡、丹麦、瑞典、爱尔兰和英国在内的欧洲 9 国，还希望在 2010 年 9 月前制定新一轮规划，在未来 10 年内建立一套横贯欧洲大陆的高压直流电网。这是实现欧盟承诺的关键步骤之一——到 2020 年为止，可再生能源在欧盟能源供应系统中的比例将达到 20%。

2011 年 10 月 19 日，欧盟委员会正式向欧盟议会、欧盟理事会等相关机构递交了欧盟 2020 年智能电网技术发展及应用报告。其优先目标和政策措施如下：

第一，积极创造和制定扩大智能电网资金投入的法规政策环境。完善法律、法规、制度建设，建立政策可持续机制，制定智能电网发展的激励措施，明确新能源上网和销售价格等，创造全社会投资智能电网的良好环境。法规政策应有利于：①充满竞争活力的市场机制；②经济上有效运行、合理回报的能源服务市场；③优先满足可再生能源的入网和销售；④充分满足电动汽车、节能增效等新型需求。

第二，重新评估和完善促进智能电网技术应用的标准政策措施。评估和重新梳理欧盟输电网和配电网的政策规定，规范促进智能电网技术应用、智能设施及设备、智能电表等的标准化建设，明确市场机制的调节范围，优化智能电网对消费者、生产商、运营商和投资者在节能增效基础上的利益平衡，完善智能电网技术应用推广的政策措施。2011 年底之前出台具体的评估结果和新的政策措施。

第三，大力扶持和建设支撑智能电网技术发展的技术咨询平台。通过智能电网研发计划加大对智能电网技术的研发投入力度和研发创新活动，制定优惠政策鼓励智能电网技术类创新集群、科技创新型中小企业等的发展，建立欧盟统一的集法律法规、政策措施、咨询透明、经验做法等于一体的智能电网技术服务平台，优化资源配置，加速智能电网技术的广泛应用和全面部署。

（3）智能电网标准体系的建设。为推动智能电网从创新示范阶段转向部署阶段，欧盟委员会将采取以下行动推进完善标准体系的建立：制定欧盟层面的通用技术标准，保证不同系统的兼容性（任何连接到电网的用户都可以交换和说明可用数据，以优化电力消费或生产）；向欧洲标准化组织提出了一项指令，要求其制定并发布欧洲和国际市场快速发展智能电网所需的标准体系，首套智能电网标准体系应在 2012 年底前完成。

（4）欧盟智能电网的发展现状。欧盟委员会指出，2012 年 9 月前欧盟各成员国需要制定一份大范围安装智能电表的计划表。在过去 10 年，欧洲地区开展了约 300 个智能电网项目，总投入超过 55 亿欧元，其中来自欧盟预算的约为 3 亿欧元。

总体而言，欧盟仍处于智能电网实际部署的初期阶段，仅有约 10% 的欧盟家庭安装了智能电表，且大部分还不能提供完整服务。

2011 年，欧盟委员会联合研究中心（Joint Research Centre，JRC）发布了题为《欧洲智能电网项目：经验和发展现状》的报告，对欧洲范围内 219 个智能电网项目进行了调查评估。这些项目投资额达到了 39.39 亿欧元，占到欧洲智能电网项目总投资额（55 亿欧元）的 70% 以上。该报告显示，绝大部分投资都发生在原欧盟 15 国，新欧盟成员国投资力度小，为了避免产生贸易和跨境合作的障碍，该报告建议新欧盟成员国应加大投资力度，缩小互相之间的差距。

欧洲的智能电网建设以英、法、德等北海国家为主要代表，其他国家起辅助作用。各国都是在充分考虑本国实际情况的基础上，积极按照欧盟委员会的统筹和部署开展智能电网相关工作。以下将从具体国家角度详细阐述。

2. 英国

（1）英国政府对智能电网的政策支持。为落实 2009 年出台的《英国低碳转型计划》国家战略，2009 年 12 月初，英国政府首次提出要大力推进智能电网的建设，同期发布名为《智能电网：机遇》的报告，并于 2010 年初出台详细智能电网建设计划。英国煤气电力市场办公室计划从 2010 年 4 月起在 5 年内共动用 5 亿英镑进行加大规模的实验。英国政府也正在支持一些领域的匹配性发展，其中包括投资 3000 万英镑的"插入场"框架，支持电动汽车充电基础设施建设。

（2）英国智能电网的发展现状。目前已经或即将开展的工作如下：①加大力度安装智能电表。英国政府于 2009 年 5 月 11 日宣布启动世界上最大规模的智能仪表计划，于 2020 年之前让每家每户都安装上智能电力和天然气仪表以节约能耗。也就是说，目前使用的 4700 万个普通电表将被智能电表全面替代，同时还要求数以百万计的企业到 2020 年之前安装高科技的智能仪表。这一工程预计耗资 86 亿英镑，所获经济效益将达 146 亿英镑。②筹建智能电网示范基金。英国在 2009 年 10 月和 2010 年 11 月分别为智能电表技术投入 600 万英镑科研资金，资助比例最高可达项目总成本的 25%。此外，英国煤气电力市场办公室还将提供 5 亿英镑，协助相关机构开展智能电网试点工作。③规范智能电网产业运作模式。智能电网将由政府全权负责，智能电表则按市场化经营，但所有供应商必须取得政府颁发的营业执照。

（3）英国智能电网的发展趋势。英国已制定了"2050 年智能电网线路图"，并开始加大投资力度，支持智能电网技术的研究和示范。之后的工作将严格按照路线图执行。

在第一阶段（2010~2020 年），英国准备大规模投资以满足近期需要，并建立未来可选方案。具体内容就是进一步加强智能电表的研究和部署工作，通过智能计量系统对各地区的需求进行积极响应，以达到促进需求侧发展、系统优化、资金规划和固定资产管理的目的。

近期英国准备扩大现有的基础设施和继续推进试点工程建设，争取早日完善智能电表的部署工作，为以后大规模的研发提供方案和数据支持。

第二阶段（2020~2050 年），目的是要提供到 2050 年以后各种电力系统选择方案的基本依据。具体内容就是大量发展分布式能源和清洁能源，同时增加智能家居、智能家庭、嵌入式储存和分布发电以及虚拟电池的应用，并通过智能设计和强化电压设计等提高整个电网的自动化、智能化和控制力。

3. 法国

（1）法国对智能电网的政策支持。法国是能源资源相对匮乏的国家，石油和天然气储量有限，煤炭资源已趋于枯竭。鼓励发展可再生能源及智能电网、提高可再生能源在能源消耗总量中的比例，已成为法国政府在制定相关政策时优先考虑的问题。同时，法国政府还通过征收二氧化碳排放税以及承诺投入 4 亿欧元资金用于研发清洁能源汽车等措施，来促进其智能电网建设工作的开展。

（2）法国智能电网的发展现状。截至 2009 年底，法国发电总装机容量为 12043.4 万千瓦，其中核电占 52.4%，火电占 21.7%，水电占 21.1%，风电占 3.8%，其他占 1.0%。法国计划到 2020 年风能发电量达到 2000 万千瓦时。因此，推进智能电网建设以更好地消纳清洁能源是其未来的工作重点。

首先，加强企业合作。法国输电公司（RTE）选择和阿海珐（AREVA）旗下的输配电公司合作发展智能电网。根据法国《能源监管条例》要求，用户每周或每月可向法国电网公司了解用电数量，也可通过远程访问的方式直接读取计量数据。为此，法国输电公司开展了广泛的表计及相关业务处理工作，开发了 T2000 系统，设立了 7 个远程读表中心，主要包括表计、结算及出单（发票）等功能。远程读表中心将数据汇总到总部表计及结算系统（ISU Metering），进行相关结算以及出单处理。随着 T2000 系统的应用，错误率逐年下降，实时出单的比例逐年上升，提高了效率，减少了纠纷。2008 年法国输电公司实时出单率已经达到 99.0%。

其次，更换智能电表。法国配电公司（ERDF）将逐步把居民目前使用的普通电表全部更换成智能电表。这种节能型的智能电表可供用户跟踪自己的用电情况，并能远程控制电能消耗量，更换工程的总投资为 40 亿欧元。

（3）法国智能电网的发展趋势。法国继续推进以智能电表为核心的用户端技术服务，按照欧盟委员会的要求积极推进智能电表的普及工作，加强储能技术的研究，并通过法国电力公司（EDF）注重与中国的合作，在谨慎发展核电的基础上大力发展清洁能源。

4. 德国

（1）德国政府对智能电网的政策支持。在德国，很少使用"智能电网"这个名词，而是使用"E-Energy"，翻译过来就是"信息化能源"。为推进"信息化能源"的顺利发展，德国联邦政府经济和技术部专门开设了一个网站，用来公布"信息化能源"建设的进度，向公众宣传"信息化能源"建设的益处。

2008 年 12 月以来，德国投资 1.4 亿欧元实施了"信息化能源"计划，在六个试点地区开发和测试智能电网的核心要素。2011 年，自日本核危机以来，德国毅然加入"弃核"队伍，转向新能源和电动汽车，尤其是后者。据《德国商报》在线报道，2011 年 5 月 16 日，德国政府拟投入 10 亿欧元补贴，以扶持电动汽车，特别是电池技术的研发。

（2）德国智能电网的发展现状。

针对"信息化能源"计划，德国启动了不同的示范工程，对智能电网的不同层面进行展示和研究。在曼海姆，200 家电力用户对未来的能源供应状况进行了测试，并于 2010 年底开始使用"能源管家"，对电力消耗进行调控，以实现省钱和环保两大目标。在库克斯港，生产型企业和地方上的用电大户积极参与示范项目。例如，大型冷库和游泳场如果通过风力涡轮机发电，将会节省大量电力，减轻电网负担。在哈尔茨，新型的太阳能和风能预测系统得到应用，能对分散的可再生能源发电设备与抽水蓄能式水电站进行协调，使其效果达到最优。项目参与者认为，尽管风力发电站的数量在不断上升，但预计到 2020 年，该地区都不需要继续建新的电网。在莱茵—鲁尔区，安装了 20 个微型热电联产机组。在必要的时候这些热电联产机组可用作为分散的小型发电厂，并形成赢利能力。借助信息通信技术，参与实地测试的消费者可以积极参与市场活动。在卡尔斯鲁尔和斯图加特，减少排放是示范项目的重点。1000 个用户参与了实地试验，在小范围内（工厂或家庭）对电力生产与消耗进行调控。在亚琛,地区性的供电公司积极参与示范项目。借助智能电表,500多个用户能够获悉他们所用电力的来源和价格,从而进行最优选择。

(3)德国智能电网的发展趋势。

第一,确立发展清洁能源的长远目标。自2011年日本核危机以来,德国积极响应并成功"弃核",决定2022年前关闭所有核电站,成为首个"弃核"的先进工业国家。2011年,德国政府永久关闭装机容量总计850万千瓦的8座核反应堆,其发电量占全年发电总量的8%。

这个欧洲最大的经济体计划在10年中加倍扩大可再生能源比例至35%。德国的应对办法就是大力发展清洁能源。德国从20世纪90年代开始大力开拓可再生能源,取得了骄人的成绩。截至2012年末,德国太阳能发电、风力发电、生物质能发电、地热发电、水力发电五项可再生能源的开发利用已经为全德国贡献总电力消耗的16.8%。

第二,利用先进的储能技术大力发展太阳能和电动汽车产业。德国在太阳能热利用和光伏发电领域处于世界领先地位。截至2010年底,德国的太阳光伏(PV)电池板装机总量达到17300兆瓦。据相关资料表明,天气理想时全德国的太阳能和风能发电总量相当于28座核电站的发电总量。目前德国已有约0.9%的家庭使用太阳能发电装置,居民白天把屋顶的太阳能光伏电(或风能发电)以较高价卖给电网,晚上平价买电使用。可以预见,未来越来越多的居民将既是电能的生产者又是电能的消费者。

另外,德国利用其在传统汽车行业的技术优势大力发展电动汽车产业。德国政府已明确表示要在未来10年内成为世界电动汽车产业的引领者。

第三,积极推进信息技术与能源产业的结合工作。德国当前正在利用计算机技术调配各种可再生能源的供给,从调峰效果来看是非常理想的。德国全境到处都建设了风力发电机组,当一个局部地区的风力不足导致风电生产下降时，电网或者自动调度其他风力充足地区的风电，或者自动增大太阳能光伏电的比例，如果遇到阴雨天气光伏电不足或夜间没有太阳能光伏电时，电网的计算机监控软件会立即自动启动当地的生物质能发电，确保居民随时有电可用。

第四，德国电信（Deutsche Telekom）积极加入智能电网的建设。德国电信认为，未来的能源市场将是实时互动的市场，信息的重要性在电网中越来越明显，用户借由智能电表与电网实现实时互动，甚至包括与互联网、电器之间直接建立联系。到2020年，德国全联邦每家每户的地下室都将安装智能电表。智能电表把家庭所需电量以及屋顶太阳能发电装置向电网输送电量的信息持续传递给电网运营商。不持续供电的单个电器也受智能电表控制。以冷柜为例，电价高时，智能电表可让其停止运行一小时，并保证冰柜内升温不至过高。供应商可通过从无数家庭统计出的数据合理地调配发电站发电。

德国电信在腓特烈港（Friedrichshafen）对智能电表的可行性进行了一个模拟测试。RWE电力公司在鲁尔河河畔米尔海姆投资3000万欧元，截至2011年底可为10万个家庭安装新型智能电表。

5. 意大利

意大利是较早实践智能电网的国家。为改善国内的电力设施，达到节能减排的目标，意大利电力运输管理局于2004年提出相关计划，在3年的时间内斥资4.5亿欧元，更新和建设发电、输电设备，同时部署智能电表的安装计划。目前，意大利已经将智能电表的全国覆盖率提升至85%以上，成为目前全球智能表计覆盖比率最高的国家。

2011年意大利国家电力公司开始建设欧洲首批智能电网试点项目。

（1）意大利政府对智能电网的政策支持及发展现状。为了达到在2020年总能源消耗量减少20%的目标，意大利特别重视节能应用以及智能电网的相关建设，通过历时五年（自2005年起）的持续建设，为了满足电动汽车、太阳能接入的要求，意大利在智能电网方面还积极开展了互动式配电能源网络及自动抄表管理系统的研究与应用工作,有多国参加的"输电网、配电网、需求侧一体化建设项目"是其重点研究项目之一,其目的是开发互动式配电能源网络。

(2)意大利智能电网的发展趋势是:继续开发互动式配电能源网络,放弃核能,重点推进电动汽车和太阳能接入并网的相关工作和用户侧的数据利用工作。

6. 西班牙

(1)西班牙政府对智能电网的政策支持。2007年8月,西班牙政府出台法律,要求到2014年所有电网运营商都必须采用自动抄表管理系统,到2018年国内所有电表都要更换为智能电表。

(2)西班牙智能电网的发展现状。

首先,智能电表。西班牙电力公司(ENDESA)负责开展自动抄表工作,目前电表更换计划已启动,已有1万个智能电表进行示范安装。

其次,智能城市建设。在西班牙南部城市雷亚尔港,西班牙电力公司与当地政府合作开展智能城市项目试点,主要包含智能发电(分布式发电)、智能化电力交易、智能化电网、智能化计量、智能化家庭。该项目投资为3150万欧元,当地政府出资25%,于2009年4月启动,计划用4年时间完成智能城市建设。该项目涉及9000个用户、1个变电站以及5条中压线路、65个传输线中心。

(3)西班牙智能电网的发展趋势是:继续推进智能电表的安装工作,为智能城市的建设提供保障;清洁能源的发展重点是风电,具体是通过实行"双轨制",即固定电价和溢价机制相结合的方式,在保证基本收益的前提下,继续鼓励风电场积极参与电力市场竞争,保证风电在西班牙电力中30%的比重。

7. 丹麦

(1)丹麦政府对智能电网的政策支持及发展现状。丹麦是世界上可再生能源发展最快的国家之一,可再生能源的比重从1980年的3%

跃升到如今的 70%。丹麦根据本国特点，主要推行风力发电以及风电设备的制造，其中风力发电占全国总发电量的近 20%，预计到 2025 年可达到 50%。因此，将电网打造成为世界最先进的、能够适应大规模可再生能源的电网成为丹麦的重要目标，为此丹麦已经开展一系列工作。

第一，安装智能电表。2009 年 5 月，丹麦电力公司开始为洛兰岛家庭安装智能电表，计划到 2011 年为该岛所有家庭（约 35 万户）安装完毕。

第二，开展智能电网实证实验。2009 年 12 月，丹麦电力公司与松下共同启动了智能电网实证实验。该实验使用丹麦电力公司的智能电表和松下的住宅网络系统"Lifinity"，分两个阶段进行：第一阶段实现用电量的"可视化"及照明器具的远距离控制；第二阶段对暖气设备进行控制，并使用燃料电池及蓄电池等。

第三，成立研究集团。考虑到未来几年丹麦电动或混合动力汽车比例将超过 10%，电动汽车需要智能技术以控制充电与计费，并保障整个能源系统的稳定，丹麦石油和天然气公司（DONG）、丹麦地方能源公司（Oestkraft）、丹麦技术大学、西门子、丹麦电子设备公司（Eurisco）和丹麦能源协会（Danish Energy Association）共同发起成立了埃迪森（EDISON）研究集团，以发展大规模电动汽车智能基础设施，其部分经费由丹麦政府资助。埃迪森研究集团计划第一步研发智能技术，并在丹麦博恩霍尔姆岛（Bornholm）运行。该岛上有 4 万名居民，风能占很大比例。实验将研究当电动车辆数量增加时电网如何发挥作用，该研究以模拟为基础，不会影响岛上的供应安全，研发的智能电网技术也可应用于其他分布式电源。

（2）丹麦智能电网的发展趋势：将继续推进以智能电表为重要内容的用户侧研究，并以此为基础积极推进智能电网在发输变配等环节的应用；发展重点是电动汽车的充电站相关研究，继续发挥丹麦的风电优势，推进风电的并网研究。

总之，以欧盟为代表的欧洲发展智能电网的考虑不同于美国的"利益"考量，其更多的是出于对新能源、低碳和可持续发展的考虑，以分布式能源和可再生能源的大规模利用为主要目标，同时注重能源效率的改善和提高。欧盟作为欧洲各国部署智能电网的一个重要机构，其在从标准制定到技术研发等诸多领域扮演着追赶美国的"后发者"角色。

欧洲各国，以英、法、德为重要代表，在基于本国实际情况的基础之上，灵活地按照欧盟委员会的安排积极部署智能电网建设。各国的情况各不相同，但各国技术优势的潜在"聚合"发展，将很有可能完成"后发而先至"的华丽转身。

（三）亚太国家

日本和韩国作为亚洲智能电网的领先者，各自的发展具有强烈的个性色彩。就日本而言，迫于 2011 年的核危机，日本不得不"弃核"，这或许是其智能电网发展的一个重要机遇，日本立足于其在储能方面的技术优势，致力于与美国的项目合作，大力发展太阳能并网和电动汽车相关产业。就韩国而言，智能电网的发展是建立在其信息技术优势之上的，对外加强试点工作，推进智能电表等用电侧的发展；对内则积极研发新的信息技术，促进输配电技术的发展。

1. 日本

（1）日本政府对智能电网的政策支持。日本政府主导该国智能电网的整体规划、对外合作和制定标准等，为智能电网的持续发展奠定基础。

具体工作如下：由日本政府主导，日、美之间已合作开展了"智能电网"试验；日本政府于 2010 年开始了在孤岛的大规模构建智能电网试验，主要验证在大规模利用太阳能发电的情况下，如何统一控制剩余电力、频率波动以及蓄电池等问题；日本经产省设立了"智能电网国际标准学习会"，为谋取"智能电网国际标准"话语权做准备；日本经产省还在 2010 年的年度预算申请中列入 55 亿日元（约合人民币 4 亿元）用于支持研发智能电表和蓄电池技术，并进行新一代智能电网系统的实证试验。

（2）日本智能电网的发展现状。日本电网基础设施相对完善，从发电站到各配电网都具有现成的传感器网络与通信网络，可以监控电力情况，已经具备很高的通信功能，且一直在维护并增强这方面的功能。日本国内各方面的发展情况如下：

第一，企业层面。日本的 10 大电力企业正在共同实施太阳能发电数据测算与分析工作，开展蓄电池与太阳能相组合的小规模电源试验。例如，日本九州电力与冲绳电力将在九州及冲绳的岛屿地区，对利用太阳能等可再生能源的"岛屿微电网"进行验证试验。这两家公司将利用日本能源厅的"孤立岛屿电力系统引入新能源补助金"，导入太阳能发电以及使用锂离子充电电池的蓄电池设备，对电力系统与可再生能源的联动进行验证。

日本日立制铁所与东芝公司等设备制造企业已经进军美国智能电网市场，与美国国内 10 多家企业联手，在美国南部研发太阳能发电高效控制系统。

第二，行业层面。日本电气事业联合会发表了日本版《智能电网开发计划》，以 2020 年为目标，着重开发太阳能发电输出预测与蓄电池系统。在该机构的敦促下，日本的 10 大电力企业正在共同实施太阳能发电数据测算与分析工作，开展蓄电池与太阳能相组合的小规模电源试验。

第三，研究机构层面。2009 年 3 月，东京工业大学成立"综合研究院"，智能电网是其主要研究任务之一；2009 年 7 月，日本电力中央研究所设立了"智能电网研究会"；从 2010 年开始，日本东京电力、东京工业大学、东芝公司和日立制铁所等单位将在东京工业大学校园内联合开展日本智能电网示范工程试验，试验期为三年，一方面利用家用太阳能电池板供电，另一方面将剩余的电量储存在蓄电池中并转卖给电力企业。

（3）日本智能电网的发展趋势是继续围绕太阳能发电建设智能电网。日本智能电网开发计划的核心是开发"与太阳能发电时代相应的输电网"，包括太阳能发电输出功率预测系统、高性能蓄电池系统和火力发电与蓄电池相组合的供需控制系统。

蓄电池技术是智能电网的发展重点。因为日本单门独户的建筑比较多，以家庭为单位的太阳能发电的模式因此也成为重要选择。在这种背景下，日本计划在各建筑物内分别设置蓄电池，这样就可以在建筑物内部完成负荷控制，从而实现能源利用最优化。同时，起源于汽车行业的储能技术发展也使得这种做法具有了现实可能性。

2. 韩国

（1）韩国政府对智能电网的政策支持。2009 年 3 月，韩国政府计划在 2011 年前建立一个智能电网综合性试点项目，届时将提高该国利用可再生能源的能力。

韩国知识经济部决定 2009~2012 年投入 2547 亿韩元开发智能电网商用化技术，在发电站、输电设备和家电产品上安装传感器，称为"绿色电力信息技术"项目。其主要技术包括智能型能源管理系统、基于信息技术的大容量电力输送控制系统、智能型输电网络监视及运营系统、能动型远程信息处理和电力设备状态监视系统和电缆通信技术等。

韩国知识经济部已与韩国凯迪恩公司（KDN）签署了绿色电力信息商用化技术开发协议。

2009 年 8 月 3 日，韩国政府拟推行浮动电费收取制度，即依据电力需求情况，各时间段电费的收费标准不同。现行电费收取制度对经济发展和搞活市场形成了一定的阻碍。浮动收费制度虽增加了电费的不确定性，但可以促使广大消费者合理使用，并可为供电商和消费者双方提供诸多便利。当电力需求上涨时，电费随之提高，在节电省耗的同时，减轻供电商对新发电设备的投资。

2010 年 1 月，韩国知识经济部为推动低碳能源发展进程，制定了"智能电网路线图"。该路线图计划至 2030 年投资 27.5 万亿韩元（合人民币 1656 亿元）用于智能电网建设，其中政府和企业各投资 2.7 万亿韩元和 24.8 万亿韩元。政府投资用于支持智能电网核心技术研发、开拓市场。其内容包括：至 2011 年在示范城市建设 200 个电动汽车充电站，至 2030 年在机关、大型超市、停车场和加油站设立 27000 个电动汽车充电站。上述目标完成后，可减少排放温室气体 2.3 亿吨，拉动 74 万亿韩元内需，每年创造 5 万个就业岗位。

（2）韩国智能电网的发展现状。目前，韩国的电力结构分配为 38% 的煤电、37% 的核电、18% 的天然气发电和 6% 的石油发电，只有 1% 为可再生资源发电（绝大多数为水电）。

韩国在济州岛开展了大规模的智能电网实验。实验设施的建设始于 2009 年 8 月，2011 年 5 月结束，6 月正式进入实验阶段，预定在 2013 年完成实验。之所以选择在济州岛进行智能电网实验，是因为济州岛自古以来以"强风"著称。为此，这里建有许多巨大的风力发电机。同时，被称为"韩国夏威夷"的济州岛日照也非常强，适合发展太阳能发电。

智能住宅实验计划向济州岛南部地区的普通家庭扩展，计划最终将增加到 6000 多个家庭。参与实验的普通家庭屋顶设有太阳能面板，能够进行家庭发电，同时韩国电力公司的电力供给基本上来自风力发电。该实验计划持续到 2013 年，这一时期内，通过获得设备的性能、居民的反映等各种反馈，来研究解决商用化过程中的各项课题。可以说，济州岛实验的成败对于韩国智能电网产业的未来有着非常重要的意义。

开展智能电网领域国际合作，在菲律宾建设智能电网。2009 年 9 月，韩国电力公司（KEPCO）菲律宾子公司在菲律宾建设智能电网。韩国电力公司菲律宾子公司现经营 150 万千瓦的燃气电厂，计划在其规划建设的风电厂和水电厂项目使用智能电网，韩国电力公司总部负责提供智能电网相关技术。韩国电力公司是韩国唯一一家电力提供商。

2010年3月，在澳大利亚举行的第25届韩澳资源合作委员会上，双方就进一步扩大资源和能源领域的合作达成了共识。双方商定，在资源开发领域进行专业人才的培养和交流，并在研发清洁能源和智能电网领域缔结战略合作关系。

（3）韩国智能电网的发展趋势：充分利用韩国的信息技术优势，发展可再生能源，建设智能电网。具体而言就是：继续推进各种试点建设，并大力发展电力信息技术，主要包括智能型能源管理系统、基于信息的大容量电力输送控制系统、智能型送电网络监视及运营系统、能动型远程信息处理和电力设备状态监视系统、电线通信普及技术等；继续注重太阳能和风电的并网技术研究，为韩国的智能电网建设奠定基础。

（四）启示

智能电网已经为国际上众多国家能源决策部门及电力企业所认可。但是，基于不同的国情、出发点和认知，它们在发展和实施内容方面各具特色。综合以上讨论的各国建设智能电网的情况，可以得出其经验有以下几点。

1. 注重可再生能源发电和需求侧管理

在环境保护和清洁能源利用方面，欧盟一直引领发展潮流，欧盟各国对智能电网技术的发展普遍表现出很高的积极性。2006年，欧盟理事会能源绿皮书《欧洲可持续性、竞争性和安全性的电能策略》明确指出，欧洲已经进入新能源时代，智能电网技术是保证电能质量的关键技术和发展方向。保证供电的持续性、竞争性和安全性是欧洲能源政策最重要的目标，也是欧洲电力市场和电网必须面对的新挑战。未来整个欧洲的电网必须向用户提供高度可靠、经济有效的电能，并充分开发利用大型集中发电机和小型分布式电源。目前，欧盟多个国家都在加快推动智能电网的应用和变革。与美国不同，欧洲智能电网主要侧重于清洁能源的利用，特别是将大西洋的海上风电、欧洲南部和北非的太阳能电融入欧洲电网。同时，欧洲电网还将接入大量分布式微型发电装置——住宅太阳能光伏发电装置、家用燃气热电联产装置等，以实现可再生能源大规模集成性跳跃式发展。

20 世纪的两次能源危机给美国经济带来了沉重的打击，同时也大大促进了可再生能源产业的发展。从 70 年代开始，可再生能源发电已经逐渐成为常规火力发电的一种替代方式，在美国电力产业中占据了一定的地位。据统计，2002 年美国可再生能源发电量为 1135 亿千瓦时，占全部电力能源的 8.9%，其中小水电发电占 6.6%。到 2025 年，美国可再生能源的比例将达到 15%，是 2002 年全部电力能源的 5 倍。

2. 注重政策引导

美国可再生能源产业的迅速发展得益于美国政府、美国联邦能源管理委员会（Federal Energy Regulatory Commission，FERC）、各州公共事业委员会制定了一系列产业政策。美国政府采用提供研发经费、示范补贴、减免税款、贷款等方式激励发电企业利用风能、太阳能、地热发电。

1992 年颁布的《能源政策法案》明确规定对具有资格提供可再生能源的新发电企业实行激励政策，在企业开始生产的 10 年内，对其提供的全部电能给予每千瓦时 1.5 美分的补贴。这种生产激励政策在风能发展的过程中起到了重要的作用。

同时，联邦政府允许投资太阳能、风能、地热等发电设备的公司采用加速折旧法。1978 年、1992 年颁布的《公共事业管理政策法案》《能源政策法案》要求输电公司从小规模发电企业购买可再生能源等规定，对可再生能源的开发起到了重要的促进作用。美国各州政府也为发展可再生能源产业制定了多种产业政策，可以归纳为财政激励政策、管制政策和自愿措施三个方面。

财政激励政策主要包括各种对可再生能源项目的直接补贴、税款激励和备付低息或免息贷款等。除了缅因州和南卡罗来纳州外，其他州至少采用一种财政激励政策，而加利福尼亚州、蒙大拿州、俄勒冈州更是采用多种财政激励政策来推进可再生能源产业的发展。有 14 个州采用个人税款减免的方式鼓励个人购买、安装绿色电力设备系统。

有 16 个州规定，企业投资风能、太阳能发电设备生产或在新建筑物中使用可再生能源发生的费用可以从公司收入税中免除。有 26 个州采用了从财产税中完全扣除可再生能源费用的方法。另外，还有 46 个州实施了产业激励政策，向建设符合标准的住宅区、商业设施的企业提供转移支付。转移支付主要采用税款扣除、低息贷款和现金等形式。有 11 个州采用税款扣除、补贴以及政府机构承诺购买设备等产业补充计划吸引可再生能源电力设备生产企业在区域内投资。加利福尼亚州、得克萨斯州、怀俄明州则实施租赁计划鼓励偏远地区的消费者使用可再生能源。

欧盟国家在发展可再生能源产业的过程中，多数采用激励性的管理手段，目前普遍采用的四种政策均是从价格和数量的角度进行鼓励。

德国、西班牙等国采用的供电收费制规定，具有资格的电力生产企业向输电网提供可再生能源会获得一定补偿。这种政策采用了固定价格和转移支付的形式向投资者作出长期承诺，从而有效地激励了电力企业利用可再生能源发电。作为新生事物的配额义务政策在欧盟成员国中逐渐受到了重视，目前已经有四个国家采用。

与其他政策不同，配额义务是从需求的角度来发展可再生能源产业，要求消费者使用的电能中必须有一部分来自可再生能源，如果没有达到特定的比例，就要受到处罚。在实施配额义务政策的四个国家中，只有意大利从供给角度设计政策。爱尔兰采用了公开招标政策。

这种政策促进了可再生能源生产者之间的竞争，既降低了价格又提高了效率。但是，与其他政策相比，促进可再生能源产业发展的效果不显著，其中的主要原因是市场的不确定性和程序的复杂性。荷兰则采用激励性的政策，通过提供价格补贴鼓励消费者使用可再生能源。

同时，美国和欧洲各国通过立法，确立了可再生能源在能源系统中的重要地位，既激励了可再生能源的合理开发和利用，又在法律上予以保证。

实践证明，这是最有效的途径。例如，美国联邦政府1978年颁布的《公共事业管理政策法案》以及1992年颁布的《能源政策法案》、欧盟的白皮书法令、英国的《非化石燃料公约》、荷兰新的《电力法》、丹麦的《电力公司供应法令》等都将利用可再生能源发电的量化发展目标及相应的激励政策写入其中，在法律的约束和保护下促进可再生能源产业的发展。美国15个州及丹麦等国实施的可再生能源配额制以法律形式规定了绿色电力在生产和消费中所占的比例。

3. 注重智能电网的研究开发活动

如前文所述，为了加速推动智能电网技术和工具，美国开展了智能电网投资补助计划。该投资补助计划包括先进计量基础设施31项、客户系统5项、电力分布系统13项、电力传输系统10项、设备制造业2项、集成和交叉系统39项，共100个项目。智能电网的投资补助项目来自《能源独立与安全法案》和《美国复苏与再投资法案》的授权，由美国能源部电力提供和能源可靠性办公室负责监督管理。在得到联邦批准的项目中，高达50%符合资格的项目费用由财政援助。这笔财政援助的目的是建立一个现代化的电力传输和配电系统。

另外，基础研究方面也有来自美国政府的强有力扶持。例如，美国国家可再生能源实验室与俄亥俄州的巴特尔研究院等都在美国政府的支持下对智能电网项目进行着大规模研发。

在智能电网的研究方面，欧盟也投入巨大。2002年4月，欧盟委员会提出了"欧洲智能能源"计划；并在2003～2006年投资2.15亿欧元，支持欧盟各国和各地区开展旨在节约能源、发展可再生能源和提高能源使用效率的行动，更好地保护环境，实现可持续发展。2011年8月，欧盟委员会联合研究中心（JRC）发布了题为《欧洲智能电网项

目：经验和发展现状》的报告，对欧洲范围内 219 个智能电网项目进行
了调查评估，这些项目投资额达到了 39.39 亿欧元，占到欧洲智能电网
项目总投资额（55 亿欧元）的 70% 以上。该报告通过展示到目前为止
完整的项目清单，举例说明了智能电网能够怎样帮助并入更多的可再生
能源、适应电动汽车的接入、帮助消费者更好地控制其能耗情况、避免
停电及迅速恢复供电。

　　亚洲方面，日本根据自身国情，围绕大规模开发太阳能等新能源、
确保电网系统稳定、构建智能电网，东京工业大学于 2009 年 3 月初成
立智能电网专门研究机构，日本政府、电力公司于 2010 年开始在孤岛
地区进行智能电网试验。2009 年 5 月，韩国成立了智能电网协会，11
月前出台了计划草案，确定了智能电网的建造地点，推行浮动电费收取
制度。计划在 2011 年 6 月前建立一个智能电网综合性试点项目，在
2030 年建成智能电网。

4. 注重技术标准的制定

　　各国对智能电网的技术标准都有大致的标准和框架。表 3 - 7 列举
了美国发布的一系列国家标准。

表 3 - 7　美国发布的智能电网行业标准

序号	内容	序号	内容
1	先进的量测基础设施和智能电网端到端安全性	9	相角测量通信
2	收益量测信息模型	10	电力公司与分布式发电之间的物理与电气互联
3	建筑自动化	11	智能电子设备的安全
4	变电和馈电设备自动化	12	大型电力系统的网络安全标准
5	内部控制中心通信	13	联邦信息系统的网络安全标准与指南（包括大型电力系统）
6	变电自动化与保护	14	价格反应灵敏和直接负载控制
7	应用层面能源管理系统界面	15	家庭区域网设备通信、测量和控制
8	电力系统控制操作的信息安全	16	家庭区域网设备通信和信息模型

四　中国智能电网的发展现状

(一) 中国的电力消耗情况

随着中国经济的快速发展，全社会用电量在快速增长。2011 年，全社会用电量达到 46928 亿千瓦时，是 2000 年用电量的 3.48 倍，是 1990 年的 7.53 倍，是 1980 年的 15.61 倍。30 多年间，中国的用电量增长了近 15 倍。同时，表现出来的另一个特征是，用电增长率也在逐年增大，如果暂不考虑 2011 年，将 1980～2010 年这一时间段每隔 10 年分成一个阶段，1980 年全社会用电量是 3006 亿千瓦时，1990 年是 6230.4 亿千瓦时，2000 年是 13472.4 亿千瓦时，2010 年是 41934.5 亿千瓦时，那么经过计算可以发现，1990 年的用电量是 1980 年的 2.07 倍，2000 年是 1990 年的 2.16 倍，2010 年是 2000 年的 3.11 倍。可以看出，三个时间段用电量在翻倍递增。这说明，在改革开放后的 30 多年中，全社会用电量呈加速度增长趋势 (见图 3-1)。

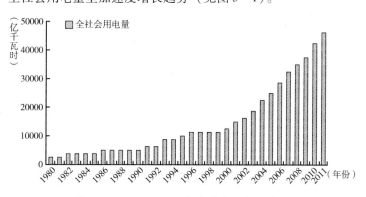

图 3-1　1980～2011 年全社会用电量统计

未来，中国电力需求仍将长期保持快速增长势头。"十二五"期间，全国全社会用电量增长速度略有提高。预计 2015 年全社会用电量将达到 6.02 万亿~6.61 万亿千瓦时，"十二五"期间年均增长 7.5%~9.5%，为 6.4 万亿千瓦时，年均增长 8.8%；最大负荷达到 9.66 亿~10.64 亿千瓦时，"十二五"期间年均增长 7.9%~10.0%，为 10.26 亿千瓦时，年均增长 9.2%。预计 2020 年全社会用电量将达到 8 万亿~8.81 万亿千瓦时，"十三五"期间年均增长 4.6%~6.6%，为 8.4 万亿千瓦时，年均增长 5.6%；最大负荷达到 13.03 亿~14.32 亿千瓦时，"十三五"期间年均增速为 4.9%~6.9%，为 13.66 亿千瓦时，年均增长 5.9%。预计 2030 年全社会用电量将达到 11.3 万亿~12.67 万亿千瓦时，最大负荷达到 18.54 亿~20.82 亿千瓦时。

巨大的用电需求，迫使中国必须加快电网建设的步伐。在未来 10 年，新建电网规模相当于新中国成立以后 60 多年来的电网建设规模，由此实现电力的大规模、远距离、高效率输送，以及电网建设量的扩张和质的跨越。综观世界发达国家电力发展的趋势，发展智能电网成为解决电力需求的重要途径。其原因如下：

第一，智能电网支持清洁能源机组大规模入网，加快清洁能源发展，推动中国能源结构的优化调整。发展清洁能源是目前全球能源生产的一个重要方向。近年来，中国风电快速发展，2011 年中国新增风电装机容量接近 1800 万千瓦，总装机容量达到 6500 万千瓦，中国已经是世界上风电设备制造大国和风电装机容量最多的国家。但是，与风电发展不相适应的是，中国电网建设的速度跟不上风电的扩张。中国风能专业委员会最新发布的统计数据显示，在其调查的 10 个省（市、自治区）内，被调查的风电场由于电网调度限电原因被限发的电量高达 59.8 亿千瓦时。据此估算，2011 年全国约有 100 亿千瓦时的风电电量由于被限发而损失。2011 年，在夏季面临电力缺口的同时，却有 1700 万千瓦风电装机闲置。因此，加快智能电网建设、保障清洁能源并网发电，成为未来的发展重点。

第二，从中国能源供给及电力安全的角度来看，发展智能电网有利于保障国家的能源安全。

第三，智能电网建设可促进特高压、柔性输电、经济调度等先进技术的推广和应用，为中国传统电力设备产业、战略性新兴产业提高自身核心竞争力提供了一个重要机遇。

第四，智能电网建设对于推动电动汽车的大规模应用、促进国民经济的发展、带动就业以及提高整个社会的经济水平具有重要作用。

第五，智能电网对于促进节能减排具有重要意义。通过引导用户合理安排用电时段，可以实现电网与用户的有效互动，降低高峰负荷，稳定火电机组出力，提高用电效率，降低发电煤耗。

（二）中国智能电网发展历程

1. 发展阶段

（1）概念的提出。1999 年，在"我国电力大系统灾变防治和经济运行的重大科学问题研究"项目中，曾提出过"数字电力系统"的概念。2007 年 10 月，华东电网正式启动了智能电网可行性研究项目，计划建成具有自愈能力的智能电网。

（2）战略部署。从 2009 年开始，中国进入智能电网的战略部署阶段。国家电网公司在"2009 年特高压输电技术国际会议"上，正式发布了《坚强智能电网规划》，并提出了"坚强智能电网"的概念。所谓"坚强智能电网"，就是以特高压电网为骨干网架，以各级电网协调发展的电网为基础，以通信信息平台为支撑，具有信息化、自动化、互动化的特征，包含电力系统的发电、输电、变电、配电、用电和调度各个环节，覆盖所有电压等级，实现"电力流、信息流、业务流"高度一体化融合的现代电网。其中，"坚强"和"智能"是现代电网不可或缺的两大特征。"坚强"是指电网的结构合理、运行安全，具有强大的资源配置能力和抵御风险的能力。"智能"是指电网的运行控制更高效、更灵活，具有高度的自动化水平和自适应能力。"坚强"是智能电网的基础，"智能"是"坚强电网"充分发挥作用的关键，两者相辅相成、有机统一。

之所以提出建设坚强智能电网，与中国能源生产与消费需求状况以及电网未来的发展方向密不可分。随着国民经济的持续快速发展和人民生活水平的不断提高，中国电力需求较快增长的趋势在较长时间内不会改变。同时，中国能源与生产力布局呈逆向分布，能源运输形势长期紧张。但是，目前中国电网发展相对滞后，在能源综合运输体系中的作用还不明显。这些在客观上要求加快转变电力发展方式，提升电网大范围优化配置能源的能力，建设以特高压电网为骨干网架的坚强智能电网是满足这一要求的必然选择。特高压输电具有远距离、大容量、低损耗、高效率的优势，建设以特高压电网为骨干网架的坚强智能电网，能够促进大煤电、大水电、大核电、大型可再生能源基地的集约化开发利用。同时，特高压电网可以提升电网抵御突发性事件和严重故障的能力，进一步提高电力系统运行的可靠性和稳定性，使坚强智能电网建设具备坚实的网架基础。因此，在建设坚强智能电网的过程中，必须以特高压电网为骨干网架，连接大型能源基地及主要负荷中心，以更好地保障国家能源供应和能源安全，满足经济社会快速发展的需要。

与传统电网相比，坚强智能电网可以带来定量评估的环境效益、用电环节效益、电网环节效益、发电环节效益和其他社会效益，合计约为2000亿元。坚强智能电网建设的目标、框架、发展阶段如下。

第一，坚强智能电网的总体战略框架。坚强智能电网的发展战略总体框架呈"金字塔"形。其目标是形成坚强智能电网的两条主线，即技术主线和管理主线。在技术上体现信息化、自动化、互动化，在管理上体现集团化、集约化、精益化、标准化。坚强智能电网建设分为三个阶段：第一个阶段至2010年结束，是规划试点阶段；第二个阶段至2015年结束，是全面建设阶段；第三个阶段是全面提升阶段。坚强智能电网建设包括四个体系：电网的基础体系、技术的支撑体系、智能的应用体系、标准规范体系。坚强智能电网建设的五个内涵是坚强可靠、经济高效、清洁环保、透明开放、友好互动。其六个环节分别为发电、输电、变电、配电、用电、调度。

第二，坚强智能电网的建设重点是发电、输电、变电、配电、用电和调度六个环节的智能化。

发电智能化：研究先进的发电厂控制、监测、状态诊断和优化运行控制技术，强化厂网协调和机网协调，提高电力系统的安全经济运行水平，开展"数字化电厂"技术研究与示范，加快专家管理系统的应用，全面提升发电厂的运行管理水平。加快清洁能源发电及其并网运行控制技术研究，开展风光储输联合示范工程，为清洁能源大规模并网运行提供技术保障；推动大容量储能技术研究，适应间歇性电源快速发展的需要。

输电智能化：在各级电网协调发展的坚强电网基础上，逐步实现输电环节勘测数字化、设计模块化、运行状态化、信息标准化和应用网络化，全面实施输电线路状态检修和全寿命周期管理，建设输电设备状态监测系统，广泛采用柔性交流输电技术。

变电智能化：变电环节逐步实现全站信息数字化、通信平台网络化、信息共享标准化、高级应用互动化，电网运行数据全面采集和实时共享，支撑电网实时控制、智能调节和各类高级应用，贯彻全寿命周期管理理念，加快对枢纽及中心变电站进行智能化改造。

配电智能化：采用先进的计算机技术、电力电子技术、数字系统控制技术以及灵活高效的通信技术和传感器技术，实现配电网电力流、信息流、业务流的双向运作与高度整合，构建具备集成、互动、自愈、兼容、优化等特征的智能配电系统，提高配电网灵活重构、潮流优化和接纳可再生能源的能力。加快微网技术的示范推广，满足分布式发电接入的要求，提高配电网的可靠性。

用电智能化：构建智能用电服务体系，实现营销管理的现代化运行和营销业务的智能化应用；开展基于分时电价等的双向互动用电服务，实现电网与用户的双向互动，提升为用户服务的质量，满足用户的多元化需求。推动智能家电、智能用电小区和电动汽车等领域的技术创新和应用，改善终端用户的用能模式，提升用电效率，提高电能在终端能源消费中的比重。到 2015 年，在全国建成电动汽车充换电站 1000 座以上、充电桩 50 万个以上。

调度智能化：适应智能电力系统运行安全可靠、灵活协调、优质高效、经济环保的要求，构建涵盖电网年月方式分析、日前计划校核、实时调度运行三大环节的调度安全防线，实现数据传输网络化、运行监视全景化、安全评估动态化、调度决策精细化、运行控制自动化、网厂协调最优化，研发和建设具有国际领先水平、自主创新的一体化智能调度技术支持系统，形成一体化的智能调度体系。

第三，坚强智能电网的发展阶段。坚强智能电网的发展分为三个阶段，2009～2010 年为规划试点阶段，重点开展规划、制定技术和管理标准、开展关键技术研发和设备研制，及各环节试点工作，目前中国第一批试点项目已经完成。2011～2015 年（即"十二五"阶段）是全面建设阶段，到 2015 年，初步形成坚强智能电网运行控制和双向互动服务体系；基本实现风电、太阳能发电等可再生能源的友好接入和协调控制；电网优化配置资源能力、安全运行水平和用户多样化服务能力显著提升，供电可靠性和资产利用率明显提高；智能电网技术标准体系基本建成，关键技术和关键设备实现重大突破和广泛应用；智能电网效益初步显现，国家电网智能化达到国际先进水平。2016～2020 年为建成统一"坚强智能电网"的阶段，形成"五纵六横"的特高压骨干网架，实现电网的实时状态监测和智能调度控制，形成覆盖公司经营区域的电动汽车充换电服务网络。届时，电网将综合集成特高压等先进输电技术、物联网等现代信息技术以及云计算等高性能计算与控制技术，与电信网、广播电视网、互联网等紧密融合，成为功能强大、连接广泛的智能服务体系。

（3）国家战略部署。2010 年智能电网建设首次被写入《政府工作报告》，标志着智能电网建设部署已上升到国家战略层面。2011 年，智能电网被正式列入《中华人民共和国国民经济和社会发展第十二个五年规划纲要》。该纲要明确指出：适应大规模跨区输电和新能源发电并网的要求，加快现代电网体系建设，进一步扩大"西电东送"的规模，完善区域主干电网，发展特高压等大容量、高效率、远距离先进输电技术，依托信息、控制和储能等方面的先进技术，推进智能电网建设，切实加强城乡电网的建设与改造，增强电网优化配置电力的能力和供电可靠性。

同时，各省份也纷纷将智能电网建设列入本地区"十二五"规划中。

2010 年 5 月初，江苏省公布《江苏省智能电网产业发展专项规划纲要（2009～2012 年)》。该文件明确以"高端化、集聚化、特色化"为思路，通过智能电网建设带动输配电装备制造、通信自动化、信息技术等产业的规模发展，以达到降低温室气体排放、改善生态环境、提高能源供应安全性和经济性的目的。该文件分工明确、特色鲜明：南京的重点任务是自动化监控设备研发和生产，常州以输变电装备研发和生产为主，扬州的重点在于线缆的研发和生产，镇江着重开展智能配电设备的研发和生产，无锡主要从事智能电网通信设施研发和生产，南通突出复合电器材料的研发和生产，苏州集中精力进行智能电表和智能用电管理终端的研发和生产。

2010 年 5 月 12 日，上海推出了《上海推进智能电网产业发展行动方案（2010～2012 年)》。该方案锁定了 5 个重点发展方向：新能源接入与控制、智能变电站及智能设备、电力储能、智能配电网与智能用户端、高温超导。根据该方案，到 2012 年上海将力争培育 3～5 家智能电网行业的龙头企业，形成有竞争力的智能电网产业集群，产业规模达到

500 亿元左右。为达到以上目标，该方案设立了 8 项具体推进措施：①完善智能电网产业发展推进机制；②推进智能电网产业基地建设；③加快示范项目和示范工程建设；④推动智能电网与通信、检测、网络安全、软件及信息服务业融合发展；⑤推动首台（套）业绩突破；⑥形成开放发展产业格局；⑦加快引进和培养领军人才；⑧积极拓展海外市场。

2010 年 12 月，镇江市政府正式出台了《镇江市智能电网产业发展规划纲要》，计划以智能化中低压配电设备为核心，重点发展新能源并网及控制设备、电力设备在线监测设备、柔性输电及智能变电设备、新型储能设备、电动汽车配件与智能用电设备、量测与通信设备及器件、智能电网应用软件 7 大系列产品。扬中市与清华大学合作编制了产业发展规划，以建立智能电网应用示范区；与清华大学共建智能电网研究中心，以全面展开产学研合作。东南大学镇江工业技术研究院下设的智能电网研究院已经开始运行，在智能电网发电、线路、变电、配电、用电服务、调度等诸多环节，开展关键性、基础性、共用性技术研究和应用试点。同时，镇江市一批骨干企业开始进军智能电网产业，大全集团参加了国家能源局有关智能电网 8 大系列标准的制定。江苏南自通华电力自动化有限公司依托自控领域的龙头企业（国电南京自动化股份有限公司），其智能电网综自系统已经投入市场。到 2015 年，镇江市智能电网产业销售收入争取超过 1200 亿元，力争在这一领域打造又一个"千亿新兴产业"。

（4）专项规划。2011 年国家电网公司编制并出台了《国家电网"十二五"智能充换电服务网络发展规划》。其目标是，在"十二五"期间国家电网公司将首先在环渤海地区和长三角地区开展充换电服务网络城际互联示范建设，2015 年前国家电网公司将建成运行充换电站 2351 座、充电桩 22 万个；南方电网公司在广东、广西、云南、贵州和海南 5 个省区建成能够满足电动汽车发展需要的充换电基础设施网络，最终实现充换电服务网络的全面互联。

2012 年 5 月 4 日，科技部发布了《智能电网重大科技产业化工程"十二五"专项规划》，智能电网建设将进入全面实施阶段。专项规划的总体目标是突破大规模间歇式新能源电源并网与储能、智能配用电、大电网智能调度与控制、智能装备等智能电网核心关键技术，形成具有自主知识产权的智能电网技术体系和标准体系，建立较为完善的智能电网产业链，基本建成以信息化、自动化、互动化为特征的智能电网，推动中国电网从传统电网向高效、经济、清洁、互动的现代电网升级和跨越。在示范工程和产业培育方面，建成 20～30 项智能电网技术专项示范工程和 3～5 项智能电网综合示范工程，建设 5～10 个智能电网示范城市、50 个智能电网示范园区。"十二五"智能电网技术的重点任务包括大规模间歇式新能源并网技术、支撑电动汽车发展的电网技术、大规模储能系统、智能配用电技术、大电网智能运行与控制、智能输变电技术与装备、电网信息与通信技术、柔性输变电技术与装备以及智能电网集成综合示范。

2. 智能电网建设现状

（1）特高压输电网建设。由于中国经济快速增长，电力需求旺盛，国家制定了发展特高压骨干网架的坚强智能电网战略规划，预计到 2015 年，将建成华北、华东、华中特高压电网，形成"三纵三横一环网"。目前的建设情况是，2011 年 12 月 16 日，晋东南—南阳—荆门特高压交流工程扩建开始正式运营，经过扩建提升，该工程单回线路输送能力达到 500 万千瓦，成为世界上运行电压最高、输送能力最强、技术水平最先进的交流输电工程。2012 年 12 月 12 日，四川锦屏—江苏苏南 ±800 千伏特高压直流输电工程正式投入商业运行，特高压直流输送容量从 640 万千瓦提升到 720 万千瓦，输电距离首次突破 2000 千米，跨越四川、云南、重庆、湖南、湖北、安徽、浙江、江苏 8 个省市，是目前世界上输送容量最大、送电距离最远、电压等级最高的直流输电工程。

（2）智能配电建设。智能配电是智能电网的终端一级，它可以提高供电的可靠性，缩短故障处理的时间，减轻供电一线检修故障人员的压力，提升管控能力和服务水平。因此，从2009年开始，国家电网公司开展配电自动化试点项目建设，确定的第一批4个试点城市是北京、杭州、厦门、银川，随后又公布了第二批19个试点城市，共计23个城市。在这23个城市中，杭州市的配电自动化试点工程于2011年10月26日通过国家电网公司实用化验收。至此，杭州告别了配电网人工管理阶段，经测试，配电自动化大大缩短了故障处理时间，提高了运行的可靠性和稳定性，从故障发生、故障隔离到故障恢复，平均耗时14.8分钟，最快的一次在6分钟以内恢复供电，而在人工管理阶段，从故障发生到隔离恢复送电需要一个半小时左右。

（3）电动汽车智能充换电站建设。在《国家电网"十二五"智能充换电服务网络发展规划》的政策引导，以及"十城千辆示范推广试点工程"和"节能与新能源汽车示范推广试点城市"项目的带动下，中国电动汽车充换电智能服务网络建设进入快速发展时期。目前，中国已经成为建成运行充换电站及充电桩数量最多的国家。截至2011年底，全国已经建成并投入运行243座充换电站、13283个交流充电桩，遍及几十座城市以及部分行政县。

山东省在青岛、济南、临沂3个城市试点建设充换电服务网络，为电动汽车提供充电、换电、储电、放电服务。建设项目包括：青岛薛家岛充换储放一体化示范电站、薛家岛集中充电站，服务于4条途经青黄海底隧道、2条黄岛城区内的公交线路；济南英贤充电站、英雄充换电站、西客站充换电站，主要服务于市区内电动出租车和物流、环卫等专用车；临沂焦庄、沂南充换电站，主要服务于城际电动公交汽车。2011年8月投入运营的青岛薛家岛电动汽车充换储放一体化示范电站，是世界上首座集公交车充换电、乘用车电池集中充电、配送以及储能应用于一体的电动汽车充换电站，截至 2011 年底，青岛薛家岛电动汽车充换储放一体化示范电站服务车辆累计行驶 83 万千米，累计使用电量为 90.82 万千瓦时，累计换电 8405 次。2011 年 6 月，向阳电动汽车充换电站已经在山东省沂南县竣工投入运行，这是全国首座县域城际电动公交车充换电站。

国家电网公司了启动新能源汽车"十城千辆示范推广试点工程"，在上海、长春、杭州、合肥、北京、天津、重庆、大连、济南、武汉、长沙、南昌、郑州、厦门、苏州、唐山、沈阳、成都、南通、襄阳 20 个试点城市建设电动汽车充换电基础设施。截至 2011 年底，在上述 20 个城市累计建成投入运行充换电站 167 座、充电桩 6375 个。

浙江省：截至 2011 年 12 月 31 日，已在全省累计建成充换电站 78 座、充电桩 1026 个，从杭州到苏州以及从杭州到上海的高速公路已具备充换电条件。

北京市：2010 年北京市电力公司启动建设 19 座电动汽车充换电站，计划到 2015 年将建数十座大型集中充电站、256 座充换电站、210 座小型配送站，将形成电动汽车充换电三级服务网络。目前，北京正在加紧建设之中，2012 年 3 月 16 日，全国最大的电动汽车充换电示范站——高安屯站投入运营，站内安有充电机 1044 台，能同时为 1104 块电池充电。目前主要是针对电动环卫车、电动公交车、电动出租车提供服务，每天可满足 400 辆纯电动车充换电。

上海市：2011 年 1 月，嘉定区被国家确定为电动汽车国际示范区，到 2012 年底，嘉定区将建设电动汽车充电桩 770 个，1～2 个充换电站投入运营。

天津市：于 2010 年开始规划建设充电设施，主要包括充电桩和大型充电站。充电站内主要为直流充电设备，为大型客车、电动公交车提供服务，而充电桩提供交流电，服务于家庭型的轿车、出租车。截至 2011 年底，天津共建成电动汽车充电桩 327 个，遍布全市 16 个行政区县，此外还建有普济河道充电站、华明镇充电站、中新天津生态城充电站等 5 座大型充电站。天津各充电站充电 2418 次，共计充电 45.87 万千瓦时。目前，天津市电动汽车主要用于公益性单位，居民私家车市场普及尚处于起步阶段。

重庆市：2012 年 4 月 27 日，渝北空港电动客车专用充换电站投入运行。该充换电站占地面积为 2065 平方米，采用 750 伏电压等级、双枪 600 安大电流充电专利技术，每辆车充电时间仅需要 10 分钟左右，可满足 200 个班次电动大巴的运营需求。

（4）分布式发电或储能及微网接入示范项目建设。目前，全国多个地区启动了分布式光伏发电及微网运行控制项目，研究分布式光伏电源对配网的影响。这些项目包括：

第一，城网系统微网控制试点项目包括河南省、杭州市、西安市的城网系统微网控制试点项目。河南的分布式光伏发电及微网运行控制试点工程，是国内首个包含光伏发电、电力储能，并具有微网特性的试点工程。该项目主要结合河南财政税务高等专科学校校园屋顶的太阳能光电建筑应用项目开展研究和试点，现已进入运行阶段。杭州的城网系统项目共接入 5 个分布式发电储能及微电网系统，分别为浙江中试所微电网系统、杭州能源与环境产业园并网光伏发电站、电动汽车储能站、浙江省电力公司屋顶光伏发电系统以及浙江日报大楼用户光伏发电系统。西安的微网控制项目主要是在 2011 年召开的西安世界园艺博览会的园区内，建设风光储微网一体化电动汽车充电站，以及风光储微网展示项目。

第二，农网系统微网试点项目包括：陈巴尔虎旗赫尔洪得移民村微网试点工程，该项目的目标是建设满足不同需求的农网并网型微网模式；额尔古纳市太平林场微网试点工程，该项目的目标是建设满足不同需求的农网离网型微网模式。

第三，海岛微网试点项目。2010 年 12 月，国内首个兆瓦级海岛智能微电网东澳岛智能微电网投入运营，2011 年 9 月完成子网扩容。至此，智能微电网太阳能发电单元装机容量达 1 兆瓦。国家电网浙江公司电力试验研究院在南麂岛建设风能、太阳能、海洋能、柴油发电和蓄电池储能相结合的风光柴储"分布式发电"综合系统。这一系统与海岛电网输配系统集成为一个以新能源为主的微电网系统。

（5）智能电网标准化建设。

首先，成立制定标准的管理组织。2010 年 12 月，国家能源局、国家标准化管理委员会联合成立了国家标准智能电网总体工作组，其工作重点是制定规划，建设标准体系，并指导国家标准、行业标准制定。为配合这项工作的开展，国家标准化管理委员会还成立了另外三个工作组：智能电网标准化工作组、智能电网设备标准化工作组和智能电网标准化国际合作组。

国家标准智能电网总体工作组的工作，可以分成三个层次：第一层次，是由国家能源局和国家标准化管理委员会总体负责中国智能电网标准化建设工作，国家标准化管理委员会还负责国家电网公司相关国际标准的制定。第二层次，是中国电力企业联合会和中国电器工业协会作为电网组和设备组的组长单位，分别负责相关领域的标准化工作。第三层次，是由中国电力企业联合会和中国电器工业协会分别管理并进行相关技术领域的标准制定工作。

其次，进行智能电网标准体系建设。2009 年，国家电网公司启动坚强智能电网标准体系研究，2010 年 6 月 29 日，发布了《智能电网技术标准体系规划》和《智能电网关键设备（系统）研制规划》，该标准体系由 8 个专业分支、26 个技术领域、92 个标准系列组成，设计的标准体系中一些是已有的，一些还需要研究制定。国家电网公司计划在2011～2015 年修订补充所需的技术标准，基本建成智能电网技术标准体系。

同时，国家电网公司还积极参与美国国家标准与技术研究院

（National Institute of Standards and Technology，NIST）、国际电工技术委员会（International Electrotechnical Commission，IEC）、美国电气和电子工程师协会（Institute of Electrical and Electronics Engineers，IEEE）等国际组织和机构的智能电网标准工作。2009 年 10 月至 2010 年 9 月，国际电工技术委员会中国国家委员会在其有关新工作的提案中排名第二，提案数为 23 个，其中 8 个提案来自国家电网公司，而且国家电网公司的专家提出的多项建议被国际电工技术委员会智能电网技术路线图（1.0 版）采用，正在参与 2.0 版的修订工作。

2011 年，国家电网公司提出的在国际电工技术委员会成立智能用电领域技术委员会的提案正式获得批准。国际电工技术委员会成立智能电网用户接口项目委员会，其秘书处设在中国。该秘书处挂靠在中国电力科学研究院，中心研究人员包括国际电工技术委员会第三战略工作组（SG3）中国代表、国家电网公司智能电网标准体系研究课题的主要研究人员。该秘书处下设 18 个工作组，研究方向覆盖智能电网的各个领域。

国家电网公司同时推动在国际电工技术委员会市场战略局（IEC MSB）成立"大规模新能源及储能接入电网"项目组。目前正在开展工作的智能电网国际标准有 8 项，包括 4 项国际电工技术委员会标准和 4 项美国电气和电子工程师协会标准。

（三）智能电网相关组织和资金投入

1. 研究机构

中国智能电网研究机构的主力主要涉及四大领域：企业所属研究院（所）、高等学校、科研机构、研发中心。企业所属研究院（所）以以下机构为代表：国家电网公司直属的中国电力科学研究院、国家电网电力科学研究院、国家电网智能电网研究院，南方电网公司直属的南方电网科学研究院有限责任公司，中国能源建设集团所属研究院。另外，各省电力公司也分别有电力研究院进行智能电网技术研究工作。高等学校主要是指设立电力、能源等专业的大学，如华北电力大学、清华大学、上海交通大学、浙江大学等。科研机构包括国家级研究院，以中国科学院电工研究所为代表。研发中心是指由国家能源局组建的一些能源研发（实验）基地，如国家能源智能电网（上海）研发中心。

中国智能电网技术研究机构的发展特点是：第一，从 2009 年开始，在原有研究机构（研究院、大学专业院系）的基础上建立智能电网研究所（中心），如中国科学院电工研究所智能电网中心、南方电网科学研究院有限责任公司智能电网研究所、浙江大学智能电网研究所等。第二，单独建立智能电网研究院。例如，2011 年国家电网公司出资兴建智能电网研究院，地点设在北京市昌平区未来科技城，该研究院初期将设立变压器、开关、智能输变电技术、保护及自动化、新能源新材料 5 个研究所和 1 个标准化检测中心，重点开展大功率电力电子器件、智能组件、新型光学互感器等 7 大类产品研究。第三，依托已有研究机构，由政府设立智能电网研究中心。例如，2010 年国家能源局组建了国家能源智能电网（上海）研发中心。该中心由国家能源局、教育部、上海市政府、国家电网公司联合投资建设，主要依托上海交通大学电子信息与电气工程学院，属于国家级智能电网技术研发中心，它不但承担国家发展和改革委员会、科技部、国家自然科学基金、地方政府、国家电网公司、南方电网公司及其他众多企业的相关科研项目，而且中心还建立了一个物理模型与数字实时仿真在能量流与信息流两个层面上相连接的包含全部电网环节的智能电网动态模拟系统，可以为智能电网技术实验、检测提供研发平台。总之，中国智能电网技术研究的突出特点是政府引导，企业、科研院所、高校的积极参与，对智能电网关键技术进行研究，同时在实验、检测环节建立研发合作平台，推动智能电网技术的研究和标准的制定。

2. 产业联盟

智能电网产业联盟对智能电网产业的发展具有很大作用，它在加强联盟成员之间的产学研合作与交流，提高前沿领域共同攻关与协同创新能力；整合区域内行业的相关优势资源，聚集产业链竞争优势，推进智能电网产业化、本土化发展；加强联盟成员单位科技成果转化，促进联盟成员单位共同发展等方面可以起到积极的促进作用。从 2010 年开始，在政府科技主管部门的主导下，中国部分省份建立了智能电网产业联盟（见表 3-8）。

表 3-8   中国智能电网联盟一览

联盟名称	创立时间	说明
中关村智能电网产业技术创新战略联盟	2010 年 3 月 12 日	由中国电力科学研究院、中国科学院北京分院、北京电力公司、清华大学等多家产学研单位单位组成
江苏智能电网产业联盟	2010 年 7 月 12 日	目前拥有成员单位 63 家，南京南瑞集团公司为联盟的秘书长单位，创办了《智能电网产业》杂志，开通了联盟网站（http://www.jsgia.org）
南京智能电网产业联盟	2010 年 9 月 4 日	由国家电网电力科学研究院、东南大学、南京供电公司、华能金陵电厂、国电南京自动化股份有限公司、大全集团等 10 多家单位共同倡议成立，国家电网电力科学研究院为理事长单位，江宁开发区管委会为秘书长单位
深圳市智能电网产业创新联盟	2010 年 11 月 19 日	由深圳市科陆电子科技股份有限公司等 10 家深圳上市企业，联合清华大学、华中科技大学、西安交通大学、东南大学、哈尔滨理工大学、中国科学院电工所等 27 家单位，按照"政、产、学、研、用"的合作模式发起组建
河南省智能电网产业创新联盟	2011 年 1 月 15 日	由许继集团有限公司、平高集团有限公司、河南森源集团公司等 16 家单位共同倡议发起，目前拥有成员单位 37 家，许继集团有限公司为联盟理事长单位，秘书处设在河南省技术进步和管理现代化研究会

联盟名称	创立时间	说明
珠海市新能源智能电网产业联盟	2011 年 3 月 11 日	现有会员单位 57 家,包括珠海市新能源智能电网领域不同所有制企业和部分外地企业,是一个自律性、非营利性的市级经济类行业性社团组织,具有独立社会团体法人地位
武汉智能电网产业技术创新战略联盟	2011 年 4 月 16 日	由武汉华电南瑞电气有限公司联合其他 7 家单位共同倡议发起,目前已有 35 家单位加盟,囊括了武汉市东湖高新区智能电网上下游产业链上的所有精英企业和科研院所,产品结构完备,产业布局合理,兼具广泛性和代表性
中国智能电网产业技术创新战略联盟	2012 年 12 月 13 日	由国内致力于智能电网产业发展的 11 家企业、9 家高校院(所)、1 家国家级经济技术开发区组成,涵盖了智能电网产业的产学研与应用的完整产业链。南瑞集团(国家电网电力科学研究院)为理事长单位
江苏省输变电装备产业技术创新战略联盟	2010 年 12 月 21 日	由常州博瑞电力自动化设备有限公司、常州宏大电气有限公司和常州科能电器有限公司、河海大学等单位组成
智能配电网关键设备技术创新战略联盟	2011 年 5 月 26 日	由陕西省地方电力(集团)有限公司联合国内 5 家电力设备制造尖端企业共同发起组建,第一届理事会理事长单位为陕西省地方电力(集团)有限公司
安徽省智能配电网产业技术创新战略联盟	2012 年 1 月	由安徽中兴继远信息技术有限公司、安徽省电力科学研究院、安徽电气工程职业技术学院、合肥工业大学、安徽大学等 12 家单位组成
上海智能电网终端用户设备产业技术创新战略联盟	2010 年 4 月	由上海电器科学研究所(集团)有限公司、上海电器科学研究院、上海电科电器科技有限公司等 16 家科研院所、生产企业、大用户等组成,联盟设立了联盟理事长单位、理事会、专家委员会和秘书处,上海电器科学研究所(集团)有限公司为理事长单位
西安智能电网设备产业技术创新战略联盟	2012 年 5 月 30 日	首批成员单位有 33 个,涉及发电、输变电、通信等领域的多家企业,西安高新区创业园为联盟秘书处单位

联盟名称	创立时间	说明
洛阳市储能技术材料及智能电网产业技术创新战略联盟	2012 年 8 月 9 日	由中航锂电（洛阳）有限公司、河南省电力公司洛阳供电公司、凯迈嘉华（洛阳）新能源有限公司、河南科技大学、洛阳理工学院、洛阳师范学院、洛阳月星新能源科技有限公司、洛阳市冠奇工贸有限责任公司等 29 家洛阳市储能技术材料及智能电网产业相关企业、高校及科研院所自愿组成

3. 投资

在资源压力、节能减排和发展低碳经济的大背景下，智能电网是满足中国日益增长的电力需求、日益丰富的多种能源接入需求以及提升能源效率的必然选择。国家电网公司《关于加快推进坚强智能电网建设的意见》指出，2009～2020 年，中国"坚强智能电网"将分为三个阶段发展，从初期的规划试点阶段到"十二五"期间的全面建设阶段，再到"十三五"时期的引领提升阶段，智能电网建设总投资规模约为 4 万亿元。2011～2015 年为规划的全面建设阶段，此阶段投资约为 2 万亿元，2016～2020 年为智能电网基本建成阶段，投资为 1.7 万亿元。

另据专家预测，在未来 30 年，中国拟投资 2 万亿美元（约合人民币 12.44 亿元）大力发展中国电力行业，行业设备购买率将占全球总购买率的 32%，将会产生 40 万亿元的产值。

五　智能电网建设面临的问题

（一）世界

对于世界各国而言，智能电网终归是一个全新的技术领域和新兴行业，在建设过程中，大家都面临着一些相同的问题和障碍，归纳起来，主要表现在以下几个方面。

1. 公众对智能电网认识不足

据美国的市场调研公司派克咨询公司（Pike Research）估测，全球大约已经部署了 2 亿个智能电表，其中 4000 万个电表被安装在北美地区。尽管智能电网的建设和发展工作正在如火如荼地进行，尽管数以千万计的用户安装了智能电表，但我们应该注意到，在这些繁荣背后，公众对智能电网的认识不足正在成为阻碍智能电网发展的重要因素。根据美国的一项调查报告显示，有 78% 的公众并不了解智能电网的概念和作用，即便是对智能电网有所了解的用户也并不清楚智能电网所能带来的价值。这一现象在 2010 年"夏季达沃斯论坛"上发布的一份题为《加快智能电网试点的成功步伐》的研究报告中得到了印证。这份报告对世界各地正在实施的近 90 个智能电网试点项目进行了评估，共有 60 家行业利益相关者参与了调查。该报告称，一些用户不清楚智能电表会给他们带来什么明显的益处，对智能电网表现出抵制情绪，数个智能电网试点项目已经被监管机构要求暂停运行。另据派克咨询公司在 2012 年第一季度公布的报告《智能电网：2012 年及未来十大趋势展望》称，美国某些州已经放缓智能电网安装的进度。用户对智能电表的使用存有一些疑虑和困惑：

——智能电表项目运行中出现的问题，在美国某些地区出现了用户因安装智能电表后电费异常升高向监管机构投诉的现象，从而影响了用户使用智能电表的积极性；

——对智能电表这一新事物存有疑惑，一些用户担心智能电表具有辐射性，会对人体带来伤害，尽管智能电表的辐射影响远远低于普通消费类电子产品（如手机），但人们还是担心无线电频辐射会给人体造成伤害；

——个人隐私和电网安全问题，一些用户担心电网系统不够安全强大，个人数据可能会被黑客攻击，遭受窃取，个人隐私遭受侵害。

种种迹象表明，用户的不理解成为影响智能电表普及的重要因素，改变这一现象需要较长时间的努力。

2. 智能电网技术发展不成熟

目前，智能电网技术的应用虽然呈增长趋势，但是从技术角度来看，智能电网建设不但在通信系统、数据管理、智能设备、软件应用等诸多方面存在技术不成熟的问题，同时还面临技术成本高、技术标准不全以及技术集成差、配套政策不健全等多方面的问题。因此，智能电网的发展还需要很长一段路要走。

（1）技术集成问题。虽然一些核心技术已经存在并通过了实践检验，但真正的挑战在于将各种技术集成为一个有效运行的解决方案。将不同设备、机构和电信协议无缝连接形成系统集成是一项严峻的挑战。没有一家公司有能力单独建设智能电网，多个行业参与才能构建完整解决方案，这些行业包括信息技术企业、电子电工设备制造企业、电力服务运营商等，因此，信息技术公司、电子电工设备制造企业不能再"孤岛"式地运行，它们需要建立联盟和合作伙伴关系，以确保其技术适用于智能电网整个行业体系中。

（2）通信系统问题。通信系统包括通信器件和通信协议的发展。这些技术还处于不同的发展阶段。通信行业不断制造出新的器件，智能电网必须适应新的通信器件的出现，同时必须具有互操作性，保障系统的安全稳定。

（3）通信容量问题。目前，在世界许多地区已经大范围安装智能电表，电力公司也在逐步建设高级量测系统（包括通信网络），但是这些为信息采集建设的通信网络不符合智能配电的要求。高级量测系统一般对通信容量和数据反馈延迟没有太高的要求，智能电表每15分钟采集一次数据，然后再将数据上传到电网公司的数据管理中心，高级量测系统允许上传时间延迟4～8个小时。但是，这对于智能配电系统却不行，它需要动态优化配电网，对上传数据的延迟时间要求非常严（限制在秒级或毫秒级）。特别是当大量的分布式电源接入时，智能配电网需要进行动态数据分析、自动电压控制、自动监测故障等，上传的数据必须及时准确，才能保障电网的稳定安全，要想数据传输速度快、传输数量大，通信容量是重要的前提保障，而现在高级量测系统建设所配置的通信容量无法搭载智能配电设备，这是一个亟待解决的重要问题。

（4）数据管理问题。数据管理是指利用计算机硬件和软件技术对数据进行有效的收集、存储、处理和应用的过程。在智能电网中，在各个环节都涉及数据管理，即对数据进行收集、分析、存储，以及识别、验证、更新等，保证跨数据库的一致性、准确性。目前，对于少量的数据，一般的数据管理方法是能够实现的，但是像智能电网，特别是在智能配电和需求响应过程中会产生大量数据，现行的一般数据管理方案是不适用的。数据管理是智能电网中最耗时和最困难的技术难题，大规模数据管理技术的研究开发迫在眉睫。

（5）软件应用问题。在智能电网的"发、输、变、配、调、用"的每个环节都有软件应用。软件应用涉及程序、算法，以及精确的运算和数据分析，包括从底层的控制算法一直到大量的数据处理。智能电网对于软件的复杂性要求越来越高，软件需要解决日益复杂的问题，一方面要采集更加准确和及时的数据，另一方面提供的分析结果还要快速、准确。从智能电网的规模和所要求的严格程度看，目前的软件工程还是一门新兴学科，一些技术难题尚未攻破，仍需要开展大量的软件研发和技术攻关工作。

（6）智能设备问题。对于智能电网，需要安装大量的基于计算机或微处理器的电力设备和用户终端设备，包括控制器、远程终端设备（RTUs）、电子电工设备（IED）等，如开关、电容器组、断路器等有功功率设备，以及安装在家庭、楼宇等处的终端设备。只有这些嵌入微处理器的设备质量可靠和标准化程度高，才能保障智能电网的正常运行，并且设备的生命周期要长，系统安装与管理维护工作量要小，在未来较长一段时间内无须频繁更换。但是，目前实现大批量高质量、高标准智能设备的生产和供应仍有一定的难度。

3. 存在信息安全隐患

（1）信息或数据隐私保护问题。智能电网系统是一个广泛的互联系统，隐私保护是最重要的问题。智能电网一旦受到黑客攻击，客户用电数据以及其他隐私数据就有可能被窃取，隐私安全成为一个重要问题。此外，围绕着智能电网各种利益相关者（电力公司、设备制造商、用户）将有不同的信息权利，这要求绝对的信息安全。

（2）网络安全问题。为了确保数据不被损坏、非授权使用、窃取和篡改，电网的网络安全是至关重要的，电网还必须有自愈能力，能自动恢复被破坏的电子信息、通信系统和服务（所含信息）。但是，在智能电网建设方面，网络安全隐患是长期存在的一个问题，尤其是要安装数千万的新设备，每部设备都有可能成为攻击者的潜在目标。事实上，目前在安装的智能电表中，已经出现遭受攻击的现象。网络安全隐患主要表现在以下几个方面：

第一，双向通信问题。无线局域网、移动通信（GPRS、CDMA 或3G）、230 兆赫网络、卫星通信等多种通信方式并存，并且存在多种网络协议，使得电力通信网络的复杂性增大，潜在的安全薄弱环节更加难以管理。智能表计、配电控制设备和传感器极易成为黑客攻击的目标。

第二，分布式能源入网增大了风险范围和风险概率。数百万的联网设备分布于广泛的地理区域，并且应用了广泛的通信协议，集成了不同的设备器件，这就增大了分布式能源入网的风险。

第三，计量设备来自不同制造商，其采用的安全等级标准不尽相同，给网络安全埋下了隐患。

第四，缺乏充分的身份认证和访问控制，也是网络信息泄露的一个重要原因。电力企业与其他企业组织的身份盗窃事件激增；可访问企业应用程序的客户、供应商与承包商数量和范围大幅扩展带来新的安全风险；伴随移动设备的普及而带来的安全风险。

第五，缺乏充分的培训，员工安全意识不足，以及安全措施不到位，成为内部威胁和过失的原因之一。

4. 所需资金巨大，投资者对投资回报不确定

智能电网建设需要庞大的资金，一方面需要政府的投入，另一方面还需要企业的投入以及投资公司的资金。据微软公司 2010 年 3 月的调查报告显示，所有的被调查者都把财务因素（包括成本和投资回报）作为阻碍其智能电网建设的主要障碍。

2012 年 1 月，英国咨询公司梅默瑞（Memoori）发布了全球智能电网业务研究报告，指出到 2018 年，世界智能电网业务将需要投入 1550 亿美元，要比目前每年所有电气输配电设备的开支高出 50%。如果要实现真正的"智能"电网，就要求对供应侧和需求侧进行重大改造和重组。该研究估计，按照纯智能电网设备的安装价格将需要投资约 2 万亿美元。在资金筹措方面，一方面在技术研发方面需要政府的拨款资助；另一方面，在设备制造领域则需要募集资金。据该报告显示，风险投资公司在 2010 年和 2011 年每年为智能电网供应商投资 10 亿美元，它们在这段时间内通过 3 个主要的首次公开募股来收回一些投资。到目前为止，大多数其他私人股本投资者远离了收购交易。资金不足是智能电网建设面临的一大挑战。

智能电网相关设备制造业的业务量还处于萌芽阶段。2010 年，全球智能电网相关设备和软件的总销售额约为 160 亿美元，有 1700 多家年销售额在 500 万美元以上的输配电设备和软件制造商，其中年销售额超过 10 亿美元的企业占业务总量的 65%，但企业数量只占 1%。

发达国家（如美国）面临的最大问题也是费用问题。据统计，美国仅智能电网高级量测系统就需要投入 270 亿美元，到 2030 年美国整个智能电网投入需达到 1.5 万亿美元。尽管《美国复苏与再投资法案》

已经为智能电网提供了 34 亿美元资金，但距离在国内全面安装智能电表的资金还有很大缺口。不仅如此，在电网的其他领域，如输电、配电智能设备和配套的软件系统领域，也还需要大量资金投入。

5. 传统的电力企业运营模式已经不适应智能电网的运行管理

智能电网与传统电网的一个区别是，电力流从单向流动转向双向流动，电力用户从过去单一的消费者角色转为兼具消费和供应的双重角色。也就是说，用户不再仅仅被动地接受电力供应，而是参与到电网调节的过程之中，可以将剩余电力出售给电力公司，成为电力供应的新主体。同时，在电力领域，新的参与者显露出更积极的作用，汽车制造商、能源服务公司、电信企业开始在电力公用事业中崭露头角，成为新的行业参与者，进而催生出新的业务模式。例如，能源服务公司（ESCOs）通过帮助客户实施节能服务，通过合同能源管理（EPC）方式，从节能中获得收益。在这种形势下，电力公司原有的经营模式已经不适应智能电网的运营，随着智能电网的发展，新的参与者逐渐形成新的运营规则，电力行业价值链各环节的运营模式及利益分配都将产生变革。

6. 技术标准体系尚不健全

缺乏统一的技术标准是影响电力企业和设备制造商技术应用进程的重要因素。在国际上，现有的标准中虽然存在一些智能电网所需的基础标准，却不能完全满足未来智能电网新的需求，技术标准缺乏，设备不具备互操作性，将会给安全防护和灾难恢复带来难题。

（二）中国

智能电网目前在国内外基本处于同一起跑线上，这为中国实现关联产业跨越式发展、达到世界先进水平提供了重要的战略机遇。同时，中国的智能电网建设才刚刚起步，尚处于研究和探索阶段，许多技术还处于开发的初级阶段，因此也面临着巨大的挑战。

1. 电力企业信息化建设较薄弱

20 世纪，中国电力信息化从起步到发展一直居于国内各行业前列。进入 21 世纪后，尤其是"十五"期间，由于电力体制改革等原因，电力企业信息化发展有所滞后，与电信、金融、石油、石化等行业相比具有了明显的差距。"九五"时期和"十五"时期，电力信息化方面也形成了一个规划，但没有被列入原电力工业部、国家电力公司的整体规划体系之中，没有受到应有的重视，因此规划也就没有起到应有的作用。所以，中国电力企业是从"十一五"开始重视信息化建设工作的。目前，电力公司的单项信息系统已经建立，但是系统层次还比较低，造成了新的"信息孤岛"，信息资源共享困难。

2. 在技术标准领域，还有一些技术标准空白

智能电网技术标准的制定是智能电网未来是否能快速、健康发展的关键所在，就以智能电网核心标准为例，中国尚存在诸多标准空白（见表 3 - 9）。

表 3 - 9　智能电网核心标准

序号	名称	国家标准	国际标准
1	DL 755 电力系统安全稳定导则	—	—
2	智能电网的术语与方法学标准	—	IEC 62559
3	Q/GDW 392 风电场接入电网技术规定	GB/Z 19963	
4	Q/GDW XXX 光伏电站接入电网技术规定	GB/Z 19964	
5	DL/T 837 输变电设施可靠性评价规程	—	
6	Q/GDW 241 -244 架空输电线路在线监测系统系列标准		
7	Q/GDW 383 智能变电站技术导则		
8	DL/T 860 变电站通信网络和系统系列标准	—	IEC 61850
9	Q/GDW 382 配电自动化技术导则		
10	DL/T 1080 电力企业应用集成—配电管理的系统接口		IEC 61968
11	开放的地理数据互操作规范	—	OGC OpenGIS
12	分布式电源与电力系统互联系列标准	—	IEEE 1547
13	Q/GDW 354 -365 智能电能表系列标准		

序号	名称	国家标准	国际标准
14	电动汽车充放电系列标准	GB/T 18487	IEC 61851
15	DL/T 890 能量管理系统应用程序接口系列标准	—	IEC 61970
16	传输控制协议系列标准	GB/T 18700	IEC 60870
17	信息系统安全等级保护基本要求	GB/T 22239	—
18	电力系统管理及相关的信息交换—数据和通信安全	—	IEC 62351
19	电力系统控制和相关通信—目标模型、服务设施和协议用参考体系结构	—	IEC 62357
20	信息安全管理体系标准簇	GB/T 22080；GB/T 22081	ISO/IEC 27000
21	信息技术安全性评估准则	GB/T 18336	ISO/IEC 15408
22	网络和终端设备隔离部件安全技术要求	GB/T 20279	—

3. 政策体制不完善，影响了智能电网的健康发展

（1）传统电力法律、法规滞后。这导致智能电网缺少强有力的法律支撑。相对而言，传统电力法律、法规颁布较早，未能反映新时代节能环保、开发利用可再生能源的要求，更无法体现现阶段智能电网的特点和要求。《中华人民共和国电力法》是1995年12月28日由八届全国人大常委会第十七次会议通过，并于1996年4月1日起施行的。该法规定，电网运行实行统一调度、分级管理。任何单位和个人不得非法干预电网调度。如果按照现有电力法规定，分布广、规模小的可再生能源（如城市屋顶太阳能发电）就无法就地利用。传统的电力法律、法规既缺少与可再生能源发电利用的有效衔接，也缺少与用电侧尤其是新型用户的互动。因此，这种状况必须借助法律的力量加以改变。

（2）可再生能源扶持政策缺乏。智能电网中的电力互动与需求侧响应环节都牵涉电价问题，而现行的电力价格机制不能适应这种电力互动的要求。在中国目前的电力管制框架下，电网企业的收入取决于卖电的收入，电卖得越多，企业的收入越多、利润越多。根据电网公司的测算，全国电网售电量每下降1个百分点，电网企业的利润就要减少20多亿元。现在发展智能电网的最主要目的之一是提高用电效率，降低社会的用电需求，电网不仅单一卖电，而且还要从千千万万个用户手中买电，电网企业原有的经营模式不适应智能电网的运行模式需要。因此，只有理顺发展机制，多方共同推进，才能实现智能电网的持续发展。

中国已经成为光伏发电装机增长速度最快的国家之一。2011年，全国光伏发电装机同比增长700%。预计到2015年，中国将超过美国，成为世界第一光伏发电大国。但是，光伏发电的快速发展遇到了并网难的问题。中国的光伏应用主要集中于西部地区，为大型地面电站项目，单个项目的规模都在几十兆瓦甚至上百兆瓦的级别。西部光照良好，但是当地用电负荷低、电网接入条件差，于是光伏电站上网难、窝电难题凸显。有的光伏电站不得不轮流发电。2012年10月，国家电网公司宣布10千伏及以下电压、单个项目容量不超过6兆瓦的分布式发电项目可免费入网，富余电量也将全额收购。这一举措缓解了分布式发电并网难的问题。

2013年2月27日，国家电网公司在北京召开"促进分布式电源并网新闻发布会"，向社会正式发布《关于做好分布式电源并网服务工作的意见》，包括两项重要内容：一是单位个人新能源发电可卖给国家电网。2013年3月1日之后，单位、个人不但能用分布式电源给自家供电，还可将用不完的电卖给电网。二是扩大了允许新能源并网的种类。现在，风电、天然气、沼气等所有种类的新能源都可以并网。这一政策的出台，对分布式能源的发展起到了积极的促进作用。但是，随之而来产生了一些新的问题：①缺乏配套政策。由于住宅屋顶属于公共建筑部分，因此，在自家屋顶安装太阳能板，需要住户与小区业委会达成一致意见，只有业委会同意了方可安装。但是，目前中国尚未出台与之相关的政策，对于这种情况如何处理，还需要相关政策的支持。另外，对于住户而言，电网收购分布式电源的电价问题，也成为直接影响公众接纳新能源发电的一个重要影响因素，如果没有相应的电价优惠政策，家庭投资成本过高，将会对以家庭为单位的小规模分布式发电产生不利影响。②电力企业面临诸多困难，主要包括资金、人才配置、电网建设等方面的困难。在资金方面，电力部门需要大量的资金投入，同时在预算方面，由于电力部门没有办法预计下一年度会有多少家庭申请光伏发电，这就给电力企业的预算带来一大难题；在电网建设方面，光伏发电是从直流电逆变成交流电，对电网谐波会造成负面影响。因此，在电网的功率平衡上，还需要不断进行技术研发和突破。

4. 关键技术成熟度低

在最初的智能电网建设方面，中国共有两种方案：一种是以长距离、大容量输电为主要特征的坚强智能电网，另一种是以清洁、高效、分布式为主要特征的智能电网。结合现阶段电网实际情况和能源结构转型的未来发展需求，中国目前需要着力发展以清洁、高效、分布式为主要特征的智能电网，也就是集中在配电和用电环节，包括可再生能源集中与分散并网、智能配电、智能用电、电动车充电设施、微网系统、电力系统储能。其中涉及的技术很多，但一些关键技术如储能技术、复杂信息处理技术等尚处在研发阶段，技术成熟度低。以储能技术为例，不同储能技术在技术成熟度、应用领域、产业化进程等方面存在差异，造成储能经济性不高。例如，目前抽水蓄能的单位千瓦造价为 4000～5000 元，其发展受到地理条件限制；用于储能的锂电池容量成本在每瓦时 5 元左右，如果按照日调节性的抽水蓄能电站功能配置储能电站，那么其造价将超过 3 万元，同时它还存在使用寿命较短和污染问题。另外，在投资、建设主体之间也存在不同意见。比如，钠硫电池能量密度高，目前上海电气、国家电网和上海电力公司成立了一条钠硫电池中型生产线，但是有投资商认为钠硫电池工作温度高，而内阻与工作温度、电流和充电状态有关，需要有加热和冷却管理系统，因而对于该材料的储能技术仍存在争议。

5. 人才队伍的缺乏

智能电网的建设需要有一大批从事信息技术、通信等方面的专业人才，但是近几年电力企业从事信息技术工作的信息技术人员流失严重，导致工作开展不足，自主开发软件乏力，所开发的软件系统难以形成规模。同时，通信专业人员数量也严重不足，尤其是在智能电网的通信接入网建设方面更是缺乏人才。因此，要加大人员培养力度，通过各种手段促进信息人才的培养。还应有意识地进行自主知识产权产品的开发和推广，要在引进的基础上进行消化、吸收再创新。

六　对策措施

1. 构建政策支持和法律保障环境

（1）建立扶持智能电网建设的政策环境。

首先，智能电网建设不仅是电力行业的系统工程，更是全社会的系统工程，政策上的指引和保证对于智能电网的健康、有序发展是极为关键和重要的。要通过智能电网实行互动，实现用电效率的提高，重要的前提条件是从体制、管理模式、市场运行规则、法律环境建设等多个角度，进行改革和创新。要建立面向智能电网发展的市场模式，适时引入价格信号，调节电力供给和需求的平衡，实现高效的能源分配。为取得智能电网建设的收益，一方面需要不断激励电力市场的演进，以政策为指导，明确市场结构、准则和适宜该市场的技术要素；另一方面，则需要引入价格信号，反映电力供给和实际需求的真实关系，调控电力生产和消耗间的平衡。

其次，要推行激励机制，使政府目标与智能电网的发展相一致，促进电力企业及相关产业专注于发展智能电网。电力企业及相关产业主要通过增加销售电量获得财务收益，这与政府的节能目标有出入。智能电网的发展将使电力消耗趋于合理化，政府则需要通过政策激励使电力企业及相关产业投资智能化技术，在节能减排的同时获得预期回报。

　　欧盟国家已经普遍解决了分布式能源发电并网的问题，中国应借鉴欧盟国家的能源管理模式，采取有效的法律和行政手段，协调电力、燃气、市政、消防等部门，理顺体制，协调发展分布式能源。目前，关于分布式发电的并网问题，从 2012 年以来，中国加紧编写制定了一些可再生能源、分布式发电等方面的政策规章。例如，2012 年上半年，《可再生能源电力配额管理办法讨论稿》编写完成，目前正在广泛征求各界意见。该讨论稿从发电企业、电网企业及地方能源主管部门三个层面分别提出须承担的可再生能源发电配额指标及相关义务，其中全国范围内的电网企业须承担的可再生能源发电配额指标最高将达15%。这将有助于缓解目前风电行业因遭遇电网限电而存在的弃风问题，能够刺激风电、太阳能及生物质发电领域的市场需求。但是，如果该文件要在未来颁布执行，还需要制定相关的配套措施，即建立配额交易制度，同时还需明确相关管理机构职责，出台配套监管细则，这样才能保证配额政策真正落到实处。另外，国家能源局委托相关部门拟定了《分布式发电管理办法》和《并网管理办法》，在解决并网问题上规定了三类方式：自发自用、多余电力上网、全部上网，由电网调剂供需余缺，并采用双向计量电量、净电量计算电费等原则。投资者与电网签订并网协议和购售电合同，电网企业应在规定时间内办理相关手续，保证项目及时并网，对可再生能源分布式发电项目进行全额收购。电网应加快地区公用配电网的建设及改造，涉及成本由电网承担。电网为收购分布式发电电量而支付的合理接网费用，可计入电网输电成本，从销售电价中回收。以上规定填补了分布式发电领域的政策空白，对电力体制改革有重大意义。目前，两个文件尚未出台，同时草案关键细则仍需完善。在 2013 年，国家电网公司又颁布了《关于做好分布式电源并网服务工作的意见》。这些政策措施都对分布式能源的发展起到了促进作用，但是分布式能源并网工作在中国才刚刚起步，新出现的问题（如电网公司对家庭富余电量的收购价问题、家庭分布式发电设备的投资补贴问题等）尚需要不断出台更多的细则才能得以解决。

（2）建立促进智能电网发展的法制环境。通过修订现有法律，为智能电网发展提供更强的法律保障。智能电网无论是技术水平还是将起到的社会作用，都是过去的电网所无法比拟的，在发展过程中与许多领域发生过去不可能产生的交融。传统电力法律、法规仍局限于传统的业务管制范围，缺少多元参与智能电网竞争、合作方面的突破，缺少对可再生能源并网发电的规定，与可再生能源法律不协调，对电网的管理未体现出智能化的特点，也缺少与用户互动的规定，已经不能适应智能电网发展的需要。目前《中华人民共和国电力法》的修订正在进行中，电力法律、法规修订应注重与可再生能源法律的衔接，弥补可再生能源法律、法规在智能电网方面的不足，并可将智能电网已经成熟的内容体现出来。

2. 开展智能电网的公众教育工作，提升公众的智能电网认知度

相对于其他国家在公众教育方面的力度，中国当前的公众教育工作力度偏弱，公众获取智能电网知识的途径较少。同时，对智能电网的定义、价值以及对社会的意义存在多种看法与解释。以上两点均会对公众的智能电网认知带来困难并增加其对智能电网的疑惑。因此，我们建议，从政府层面，应统一规划和协调中国在智能电网方面的公众教育工作，使公众在智能电网方面形成统一的认识，提升公众的参与热情，为未来大规模的智能电网建设奠定基础。而就企业层面而言，应在其智能电网项目执行的前期加强对用户进行宣传的力度，使用户能够积极接受并参与到项目的建设中。

以工商业用户为主推进用户侧智能电网建设，结合其节能减排的需求，提供激励手段或其他手段，引导其改变自身用电行为并参与智能电网建设。由于中国电力零售市场尚未放开，无法通过动态价格获得收益，当前中国居民参与智能电网的推动力不足。同时，由于与欧美人均收入以及居住条件存在差异，中国居民类电力用户短期内还不具备安装分布式电源与储能装置的条件。因此，除适度保持针对居民类电力用户的示范性和技术验证类型项目外，电力公司应将用户侧的智能电网工作主要集中在工商业用户上。与居民类电力用户相比，工商业用户一般不存在由于场地限制而无法安装分布式电源及储能装置的现象。当前阻碍其参与智能电网建设的主要原因是无法获得明确预期收益。同时，在中国政府节能减排的要求下，工商业用户具备较强的动力开展能效提升及减排试点。因此，电力公司应制定有效的接入策略和激励措施，引导并激发工商业用户对分布式电源以及储能装置的投资热情，以带动用户侧智能电网的建设。

3. 加强技术创新，促进智能电网产业体系的发展

（1）技术创新与产品创新。智能电网是一项涉及多学科、多领域、跨行业乃至全社会理念转变的庞大系统工程，高度融合了科技、产业、政治、经济等各个方面的因素，涵盖电力系统建设运营的全过程。智能电网将从技术、产品、产业链全面推进智能电网产业体系创新，提升自主创新能力、技术引领能力和设备制造能力。这里包括技术创新和产品创新：

一是技术创新。技术创新是产业创新的基础和引擎。智能电网以技术创新驱动产业创新，实现核心技术自主化、关键装备国产化、产品制备工业化、产业体系系统化。在基础性技术方面，加强对基础材料、先进复合材料、电子元器件、高端通用芯片等技术的研究，是电网实现智能化的基础，是保证智能电网安全可靠的基础支撑；在先进适用技术方面，智能电网具有信息化、自动化和互动化特征，需要全面提高电网运行的可控、能控、在控能力，需要推动包括信息通信、电力电子、物联网、云计算、超导、储能等一系列先进适用技术及装备在电力系统的应用；在关键核心技术方面，智能电网要建设坚强的骨干网架，充分提高能源利用效率，发展绿色电力，提高电能质量，满足多元化的用电需求，需要促进发电、输电、变电、配电、用电、调度等环节的关键核心技术创新发展。

二是产品创新。产品创新是产业创新的关键。智能电网的"电力流、信息流、业务流"一体化进程，要求电工电器装备全面提升其智能化品质。实现设备智能化融合，消除一次设备与二次设备之间的明显界限。增强设备的互动性，包括智能单元与相关设备的互动，一次设备与二次设备的互动，以及设备与客户之间的互动。提升企业综合竞争能力，通过一次设备和二次设备的集成创新，装备制造企业整体解决方案能力和国际竞争力将得到极大提升。

智能电网本身就是多种新技术的综合体现，为各种新技术提供了非常广阔的市场应用场景。

（2）协调好技术创新与技术引进之间的关系。技术创新的方式分为原始创新、集成创新及引进消化吸收再创新三种。原始创新是通过理论创新、原理创新、方法创新实现的；集成创新是将若干独立要素和单元通过创造性的融合，集合在一起成为一个有机功能体；引进消化吸收再创新则是在引进、消化、吸收国内外先进技术基础上的创新。技术创新往往从引进消化吸收再创新开始，然后发展到集成创新，再到原始创新。发展智能电网不能闭门造车，不能为了自主研发就一味地拒绝国外的先进技术。在初期阶段，应通过多种形式的技术转移途径，广泛学习和借鉴国外的先进技术和经验。

在引进国外先进技术的同时，要正确处理技术引进与自主创新的关系。既不能出于狭隘的保护主义而拒绝国外的先进技术，因为这样反而会对自主创新能力的提高有害，使国内技术和产品的成本居高不下，造成资源浪费和分配不公；也不能一味地引进国外成套技术，尤其不能搞大规模批量引进，使国内市场被国外技术完全占据，从而减少国内技术发展的机会。应该鼓励合作研发，鼓励采用非市场媒介和非正式的技术转移方式，在引进消化吸收的基础上，注重技术创新能力建设，提高对引进技术进行再创新的能力，实现从跟踪者到领先者的跨越。

4. 加强智能电网建设项目的评估与管理

智能电网建设工程浩大，建设时间长，投资额巨大，因此进行项目评估和监管是非常必要的。在这些方面，欧美国家的经验值得借鉴。这些国家在建设的过程中，都非常重视智能电网建设项目的评估工作，通过评估找出建设中存在的问题，不断纠正建设中出现的偏差与遗漏，从而进一步指导未来的建设发展，使之少走弯路。例如，2011 年，欧盟委员会联合研究中心（Joint Research Centre，JRC）发布了题为《欧洲智能电网项目：经验和发展现状》的报告，对欧洲范围内的 219 个智能电网项目进行了调查评估，这些项目投资额达到了 39.39 亿欧元，占到欧洲智能电网项目总投资额（55 亿欧元）的 70% 以上。通过调查和评估发现，欧盟成员国目前的监管体制更趋于通过降低运营成本来提升成本效益，而不是通过向更智能的系统升级。该报告认为，如果不修订目前的监管体制，智能电网的投资潜力将难以得到加速展现。该报告进一步指出，监管体制需要建立服务平台，确保成本和利益信息的公平共享。欧盟的评估报告为该地区智能电网下一步的建设指明了方向和目标。

在建设智能电网的过程中，中国政府应该发挥监督管理的作用，对智能电网的投资、建设质量等方面进行监管。发展智能电网首先要考虑的问题就是经济性，因为全面建设智能电网需要巨额的资金投入，在发展过程中要理清各方的利益关系，对建设成本进行合理的分摊。同时，必须考虑国民经济的承受能力，考虑老百姓的经济承受能力。中国的制造业企业，普遍利润水平是 3%～5%，对能源、电力价格是极其敏感的。对发展智能电网，要进行成本收益分析，加强投资约束与监管，推动智能电网的健康发展。

5. 加强专业人员建设，为智能电网提供人才保障

美国在智能电网 45 亿美元的投资中，特别规定其中有 1 亿美元用于员工的培训。2010 年，美国能源部推出智能电网 "1 亿美元培训计划"，培训人员达 3 万多人。这笔资金被分为两个部分：4160 万美元用于大学、社区学院和技术学校开展智能电网相关知识的培训；5770 万美元用于员工的培训，包括电网公司员工和电力设备制造企业员工，其余约 70 万美元为管理费用。一方面，中国目前存在专业人才缺乏的局面，具有管理协调能力、技术创新能力和综合业务知识的复合型人才也处于紧缺状态；另一方面，原有的技术类员工知识老化，需要通过培训更新旧知识。因此，应该做好以下这些工作：

第一，开展多层次培训工作。逐步建立面向不同业务应用的培训环境，最终形成覆盖公司所有系统综合一体的培训环境。普及型培训和精专型培训相结合，建立培训与考核一体化的联动机制，建立培训档案，作为对人才进行考察、评估、使用的重要依据。

第二，清除地域区别，组建虚拟团队，实现人才资源共享。目前，智能电网涉及多个学科的知识与技术，要求具备信息技术、通信、电子学等知识背景的人员进行通力配合，才能完成这项工作。通过建立虚拟团队，形成攻坚克难的战斗力，获得团体竞争优势；使个人的综合素质在这个平台上得到充分施展，为挖掘和选拔优秀人才奠定基础。

第三，完善人才激励机制，留住人才，培养人才。在现代人力资源管理理论中，经典的双因素理论和工作特征模型都表明，通过工作特性的设计增加内在激励因素会对员工的工作态度和行为产生重要的影响。对于不同群体的员工，内在激励因素存在一定差异。根据对技术专业人才特征的分析发现，要留住他们不能仅依靠薪酬、福利等外在因素，促使他们的价值观、事业理想跟企业的使命与目标相一致显得更为重要。这也正是人力资源管理理论中所提倡的人与组织实现匹配。

第四章

智能交通

一 信息技术在智能交通中的应用

（一）智能交通中的信息技术应用

智能交通（Intelligent Transportation System，ITS）是将先进的传感器技术、通信技术、数据处理技术、网络技术、自动控制技术、信息发布技术等有机地运用于整个交通运输管理体系而建立起的一种实时的、准确的、高效的交通运输综合管理和控制系统。

未来的交通系统将更多地依赖信息技术，通过在汽车、道路、交通指示灯、交通指示牌中嵌入芯片和传感器，并利用无线信号实现传感器之间的信息传递，实现交通系统的智能化。智能交通系统可以包括五大类：①先进的驾驶员信息服务系统（Advanced Traveler Information Systems，ATIS）。该系统可以为司机提供各种实时信息，比如行驶路线和日程安排，海上交通指导，由于交通堵塞、交通事故、天气变化或道路维修造成延期所发布的通告。②先进的交通管理系统（Advanced Transportation Management Systems，ATMS），包括交通控制设备，如交通信号灯、弯道测量仪、各种各样的信号装置、交通管理中心。③智能交通自动定价系统（ITS-Enabled Transportation Pricing Systems），包括一些子系统，比如电子不停车收费系统（Electronic Toll Collection，ETC）、交通堵塞计费系统、快速通道计费系统和路程计费系统（Vehicle Miles Traveled，VMT）。④ 先进的公交管理系统（Advanced Public Transportation Systems，APTS）。例如，火车或者公共汽车自动报告所处位置，候车乘客可以实时获知火车或者公交车的地理位置，了解实际到站和离站时间。⑤智能协同系统（Integrated Intelligent Transportation Systems），包括车路协同系统（Vehicle-to-infrastructure），以及车车协同系统（Vehicle-to-vehicle），实现交通系统中交通工具以及设备之间的通信连接，如行驶车辆与道路上的传感器、交通信号灯或者与其他车辆之间的信息通信。

　　智能交通系统涉及的核心技术有：①全球定位系统（GPS），是一种定时和测距的空间定点导航系统，可以全天候向全球用户提供连续、实时、高精度的三维位置、三维速度和时间信息。②专用短程通信技术（Dedicated Short Range Communication，DSRC），专用短程通信技术是无线射频识别技术的一个组成部分，为车路之间提供通信链路，一般为5.8吉赫或5.9吉赫。专用短程通信技术是智能交通系统底层核心技术。③无线网络，它与无线互联网相类似，在几百米的范围内实现车辆和路边设备之间的快速通信，因为它一次信息传递范围有限，为了实现信息的远距离传递，通常的做法是将信息从一台车辆或一个路边设备节点传递给下一台车辆或路边设置节点，实现连续信息传递，从而扩大信息传递范围。④移动电话网络，通过标准的3G或4G移动电话网络，在城镇主干道上实现信息通信。⑤无线电波或红外线信号。以日本为例，日本的车辆信息和通信系统（Vehicle Information Communications System，VICS）在高速公路上使用无线电波信号，在国道使用红外线信号，可以实时发送交通信息。⑥路边识别拍照技术，指在交通堵塞地段设置能够自动识别车牌的照相机，信息经过数字化处理后首先传递给后台服务器，再由后台服务器将信息传递给行驶在该路段的司机。⑦车辆或设备探测技术，探测车辆（安装有专用短程通信技术或全球定位系统的出租车或公交车）向交通管理中心报告其所处的位置及运行速度，交通管理中心根据所获信息绘制出交通流量图，计算出每条道路上平均行驶速度，以利于确定交通堵塞地段。

（二）智能交通的作用

（1）增强司机和行人的安全系数。包括实时交通警报系统、十字路口避免碰撞系统，如自动制动、车道偏离、避碰以及车祸紧急通知系统等，信息技术极大地增加了道路交通的安全性。一项在美国明尼苏达州明尼阿波利斯的斜坡测光研究表明，自动测光技术可以使交通事故发生率下降15%～50%。在美国，因为信息技术的使用，82%的交通事故中司机并未受伤。在过去的50年里，大多数交通安全领域的举措是为了在发生事故时保护乘客，例如在20世纪强制使用安全带和安装安全气囊，这些措施只能在一定程度上保护驾驶者，但无法完全杜绝事故的发生。今后，通过信息技术的应用，充分发挥智能交通的潜力，可以实现交通事故零发生率。

（2）提高道路的通行能力，减少拥堵现象。智能交通系统可以提升道路的通行能力，使已经建设的公路发挥最大的效益，缩减新建公路规模，从而节省建设资源，保护环境。对于任何一个国家来说，道路通行能力的提高是至关重要的，因为车辆增多，行驶路程增加，势必给道路的承载能力带来挑战，如果新建道路，将会占用更多的土地，花费大量的资金，并且给环境带来负面影响。而通过智能交通系统建设，就可以在不新建道路的基础上，实现通行效率的提高。例如，1980～2006年，美国汽车行驶的里程总数增加了97%，但是，同时期公路里程总数仅增长了4.4%。这表明，美国利用智能交通成功地实现了在既有道路上提高 2 倍多的交通流量。

事实上，智能交通的主要益处是减少交通拥堵。以美国为例，美国联邦事务办公室研究发现，截至 2005 年 9 月，智能交通使得美国 85 个城市减少拥堵高达 9%（3.36 亿小时），由于油料消耗的降低和拥堵时间的减少，使得一年的花费降低了 56 亿美元。韩国有关部门研究发现，最初在城市建设智能交通时，平均车速提升了 20%，在关键的十字路口延误时间的现象减少了 39%。

提高交通通行能力的前提是，交通管理部门必须实时获取交通信息。比如，日本开发出了一个数据分析软件，它可以根据获取到的数据，建立一个三维立体地图，这个立体地图能预测并显示出因交通堵塞而损耗时间的长短，以及每条主要公路上可能出现交通事故的概率，通过这些分析数据，交通管理部门就可以随时通知附近行驶的车辆，绕道行驶，减少或避开事故的发生。

（3）提高行车的机动性和便利性。通过减少交通拥挤和提高交通系统的工作效率，可以提高司机的机动性和便利性。通过建设智能交通，能够为司机和公交车乘客提供实时信息、提供路径选择和导航信息。事实上，应用最广泛的智能交通技术是远程通信技术，例如装载卫星导航设备的汽车，不管是在车里还是在出发前都可以获取各种交通信息服务，这些服务对司机的帮助非常重要，司机可以通过这种服务选择最有效的行车道路，避开拥堵或正在施工的道路，以及防止迷路。

（4）提高环境效益。智能交通系统通过缓解交通堵塞，提高交通流量，有利于引导司机选择最优路线，以及充分利用现有道路，减少道路的修建，从而带来环境效益的提高。例如，"环保驾驶（Eco-driving）系统"能帮助司机进行节能驾驶，有利于保护环境。车辆安装"环保驾驶系统"后，可以将信息及时反馈给司机，让司机随时了解车辆的行驶状态，判断目前的行驶速度是否处于最省油的状态，升级版本的

"环保驾驶系统"则能够发出声音或图像指令，告知司机应该给加速踏板施加多大压力。在日本和德国，环保驾驶爱好者还把他们的驾驶记录上传到网上，在网上评比谁是最省油、最环保的司机。这种行为在美国也越来越流行。

研究表明，交通堵塞会产生更多的二氧化碳排放，汽车行驶速度为每小时60公里时，碳的排放量比每小时20公里要减少40%；汽车行驶速度在每小时40公里时，碳的排放量要比每小时20公里减少20%。例如，美国一项用电脑操控交通信号灯的研究发现，根据交通状况动态调整交通信号灯，可以有效地缓解交通拥堵，提高车辆的行驶速度，单在美国北弗吉尼亚泰森斯角（Tysons Corner）社区每年就能减少二氧化碳、氧化氮等有毒气体排放量135吨。

（5）促进经济发展，提升就业率。智能交通系统有助于提高生产效率并扩展经济和就业增长渠道。通过升级国家的交通系统性能，从而保证人或产品快速高效地到达指定目的地成为可能。同时，智能交通系统可以提高工人和商业活动的生产效率，提升国家的经济竞争力。例如在美国，许多运输机构已经使用智能交通系统，有效地减少了交通拥堵，并估计通过提高经济增长及改善环境，每年可产生约2000亿美元的效益。一份2009年的理智基金会研究报道表明，通过有效减少交通拥堵、提高通行速度，可以使一些行业（如零售业及教育行业）的就业率提高10个百分点，使人口密集区的商品生产及服务效率提高1个百分点。该研究报告表明，美国有8个城市——亚特兰大、夏洛特、达拉斯、丹佛、底特律、盐湖城、旧金山地区以及西雅图，在都市区及郊区实现了交通通畅，仅凭这一因素就使税收增长了1357亿美元。智能交通在未来25年将成为一个重要的支柱产业。有学者预测，在20年（1997~2017年）内，智能交通相关的产品及服务的累计全球市值将达到4200亿美元。许多国家，包括韩国、德国和日本，把智能交通视为一个主要产业，认为它能够为出口型经济带来可观的利益并促进就业的增长。美国交通部估计，这一领域在未来的 20 年可以创造差不多 60 万个新工作岗位。2009 年，一份国际信息技术与创新基金会（ITIF）的研究报告发现：在英国若每年在智能交通系统投入 50 亿英镑，就将创造或保留约 188500 个工作岗位。

二 智能交通的节能效果

根据全球电子可持续性倡议组织和全球气候组织发布的报告，到 2020 年将实现 16.2 亿吨碳减排量，相当于节省发电量 29454 亿千瓦时（见表 4 - 1）。

表 4 - 1 2020 年全球智能交通碳减排量和节电预测

单位：亿吨，亿千瓦时

项目	二氧化碳减排量	节省电力
交通流量检测、规划和仿真预测	1.0	1818
私人驾驶汽车优化	5.0	9091
物流网络的优化	3.4	6182
卡车行程规划的优化	3.3	6000
卡车路线规划的优化	1.0	1818
环保驾驶	2.5	4545
智能交通管理	无有效数据	
总 计	16.2	29454

注：按照全球电子可持续性倡议组织和全球气候组织发布报告的折算公式计算：发 1 千瓦时电平均产生 0.55 千克二氧化碳（将燃煤发电、核能发电、可再生能源发电综合考虑计算所得值）。本表对该报告中的部分数据作了调整，未包括其中关于智能物流的部分数据。

资料来源：根据全球电子可持续性倡议组织和全球气候组织发布的报告（*SMART 2020：Enabling the Low Carbon Economy in the Information Age*）提供的资料整理。

智能交通能够通过优化出行和提高驾驶效率为个人和商业运输减少排放量。一方面，智能交通通过实时地提供有关交通拥挤状况、公共交通时间表和合伙使用汽车的信息，帮助个人决定什么时候去旅行或者以何种方式旅行，它还能通过控制交通流量、定位事故位置、快速处理事故、为急于寻找停车或休息地的车辆提供停车场信息的方式，使交通更加通畅；另一方面，智能交通可以帮助企业提高道路运输物流量，提高卡车司机的绩效。总之，智能交通避免了交通拥堵和减少了闲置时间，这样不仅促进了一氧化碳、二氧化碳等有害气体的减排，同时减少了燃料消耗，节省了驾车时间。

在日本，堵塞造成 35 亿个工时的消耗，每年大约损失 1090 亿美元。早在 1996 年，日本就开始使用车辆信息和通信系统，2003 年开始向全国推广，经测算，平均减少道路行驶时间 20%。日本非常重视智能交通建设，由于有较完备的智能交通系统，2010 年日本减少了 3100 万吨二氧化碳排放量，其中交通通畅方面减排 1100 万吨、使用高效便捷的交通工具减排 1100 万吨。

在韩国，智能交通也显示出它的重要作用。研究发现，在韩国最初建设智能交通的那些城市，平均车速提升 20%，在主要的十字路口地段延迟情况缩减 39%。韩国的智能交通已经为本国国民带来了切实的利益。在安装智能交通管理系统之后，韩国在提高交通流量、降低车祸发生率、减少环境污染等方面，每年带来的经济利益约为 1462 亿韩元（约合 1.09 亿美元）。单是司机通过车载导航、手机、互联网以及广播等方式实时获取交通信息服务，从而缓解交通阻塞、减少环境污染这方面计算，所带来的经济收益每年就有 1811 亿韩元（约合1.36 亿美元）。在高速公路方面，通过安装电子不停车收费系统，收费时间大大节省，考虑到环境污染的减少，以及管理成本、劳动力成本的降低，总共能带来 17570 亿韩元（约合 13 亿美元）的效益，达到11.9∶1 的收益支出比。

在美国，居民的车辆行驶里程占全世界的 45%，这就意味着只要稍微提高驾驶效率就可以对整个环境产生很大的作用。效率提升也能大大提高上班族的生活质量。在美国，拥堵造成的损失达 2000 亿美元，这相当于 37 亿个小时以及 23 亿加仑的燃料浪费在交通堵塞上，如果不采取有效的措施，这一数字预计到 2030 年将翻一番。2007 年，美国运输领域消耗的能源占全美总能耗的 28%，每天需要进口 700 万桶石油，才能满足这一巨大的需求。问题是，700 万桶石油的燃烧会产生超过 2000 兆吨的温室气体，因此交通领域在温室气体排放总量中所占比例最大，美国在 2020 年将会排放 15.8 亿吨二氧化碳。而信息技术应用能够使公路交通减排 15%~28%，意味着到 2020 年美国总减排 2.4 亿~4.40 亿吨二氧化碳。优化个人交通方式将有助于减少 38% 的排放量，而优化商业物流将有助于减排 62%，两者加起来节约的能源总量换算成经济数据，就是节约 650 亿~1150 亿美元。2005 年，一项在美国亚利桑那州图森地区进行的试验项目结果显示，综合了高速公路咨询广播、动态消息信号、电话和网上旅游者信息系统等 35 项技术的智能交通系统，可以使交通拥堵减少 6%，高速路上因事故造成的交通延误减少 70%，每年居民驾车时间减少 7 小时。在对环境的影响上，该试验结果表明，每年可减少 11% 的燃料消耗，同时每年将减少一氧化碳、二氧化碳和氧化亚氮等废气排放 10~16 个百分点。

如果按照全球电子可持续性倡议组织和全球气候组织所发布的报告研究思路和方法测算，到 2020 年，中国通过智能交通建设将会实现 3.01 亿吨二氧化碳的减排量，相当于减少发电 5472 亿千瓦时。

三　国外智能交通的发展现状及启示

在发达国家中，澳大利亚、法国、德国、日本、荷兰、新西兰、瑞典、新加坡、韩国、英国和美国等正在积极推进智能交通的建设，发展中国如巴西、泰国，也在积极建设智能交通系统。在智能交通建设方面许多国家都有不同的亮点：日本和韩国提供实时交通信息，瑞典、英国和新加坡建设了交通拥堵电子计费系统，荷兰和德国建立了基于行驶里程的电子计费系统，日本、澳大利亚和韩国建立了电子不停车收费系统。尽管每个国家都有一些亮点，但其中一些特别突出的、代表着世界领先水平的国家是日本、韩国和新加坡。

（一）日本

日本的智能交通系统领先于全世界，这是因为智能交通系统在日本处于政府最高级别。智能交通系统的广泛而有效应用使众多日本民众受益。日本智能交通系统的核心发展目标之一是提供交通拥挤路段和交通主干道的实时信息。实时交通信息的收集主要通过两种主要方式：一是将固定装置和传感器嵌入公路上或者公路旁。二是路况监测器或者监测车，可以通过出租车，或者手机向管理中心报告交通情况。

1. 车辆信息和通信系统

日本在智能交通系统建设方面居于世界领先地位。早在1990年，当时的建设部（现在的国土、基础设施建设和交通部）、国内事务和通信部以及国家警察署共同规划，就委托研发机构开发了车辆信息和通信系统，通过安装导航系统为司机提供实时信息。1996年4月，日本诞生了世界上第一个车辆信息和通信系统，现在已经在日本全国范围内使用，截至2008年12月，日本已售出2320万套车辆信息和通信系统。

日本开发的车辆信息和通信系统的主要工作原理是：先通过日本道路交通信息中心搜集信息，包括路况、事故、堵塞、道路关闭维修等方面的内容，然后对搜集来的信息进行处理、编辑和数字化，最后通过三种方式把信息发送到行驶车辆的导航系统内。显示在车内导航系统上的信息可以是文字，也可以是简单的图形或者地图。日本的车辆信息和通信系统使得司机能够随时了解路况信息，帮助司机选择最佳行驶路线，避免事故、堵塞或道路危险。

道路交通信息中心最初搜集信息的方式是，通过在路旁安装的传感器、电子眼上传信息，或由人（如交警或过路司机）上报路况信息。2003 年以后，开始大量使用探测车，探测车获得的信息量多，且迅速便捷。日本将探测车定义为"一种移动监测设备，可以监测和收集交通流量、司机驾驶状况、路况、天气状况和自然灾害等数据的信息系统"。

在日本，通过车辆信息和通信系统获取路况信息的方式主要有三种：①如果车辆行驶在装有无线电发射器的路段上，主要是在高速公路上，可以获取车辆前 200 公里的交通信息；②如果行驶在装有红外线信号发射装置的路段上，主要是在国道上，司机可获取 30 公里以外的路况信息；③通过调频广播发送信息，所有装有车辆信息和通信系统的车辆都可以获得。

在日本，交通数据被视为重要的信息资源。政府主管部门在其中发挥了主导作用，相关机构、企业积极参与，为智能交通的发展起到了积极的推动作用。提供车辆信息和通信服务的车辆信息和通信系统中心是一个非营利性组织。虽然它是由国土、基础设施建设和交通部，国内事务和通信部，国家警察署三个部门牵头成立的，但其运作不靠政府拨款，而是由 90 家提供车辆电子设备产品的厂家承担。所以，日本的智能交通建设不单为公众提供服务，还兼顾了公众利益，调动了相关企业的积极性，为企业提供了广阔的市场，形成了双赢的局面。

经调查发现，对于日本公众而言，有 81% 的驾驶者认为车辆信息和通信服务是"必不可少"和"非常方便"的。研究表明，智能交通系统服务可以平均减少 20% 的长途旅行时间。从国家角度而言，智能交通系统的功能在于：①为驾驶者提供方便；②通过改善环境，增强安全性和减少时间浪费，使外出旅行更方便、更舒适；③提高车辆电子设备制造商的销售额，推进企业的技术进步，推动该产业的发展；④促进社会的发展和进步。

2. 智能公路

日本在 2004 年提出了发展智能公路的设想，由 30 多个日本汽车和车辆导航制造商通力合作，联合开发研制。2007 年，在部分地区试点建设，到 2010 年，开始在全国大范围推广普及。日本的智能公路主要为用户提供三类服务：①信息和驾驶帮助，包括安全信息；②互联网接入服务；③在收费亭、停车场、加油站、便利商店等场所提供电子付费服务。除此之外，智能公路还利用如高速公路辅助驾驶系统（Advanced Cruise-Assist Highway System，AHS）来降低在高速驾驶环境下发生交通事故的威胁，并且通过"V2V"（vehicle-to-vehicle）方式，利用"智能安全驾驶系统"（Advanced Safety Vehicle，ASV）为司机提供服务，实现车辆与车辆之间的信息通信和安全驾驶。

智能公路可以为装有车辆信息和通信系统的车辆提供全方位服务，服务内容、服务形式多样，不单有文字信息服务，还有音频和视频信息服务，可以为司机提供驾驶路段的各种具体信息。也就是说，可以使司机获得前后车辆与自己所在车辆之间的距离，以及该路段的交通流量等，帮助司机作出准确判断。例如，当车辆行驶至拐弯处时，智能公路可以向装有车辆信息和通信系统的车辆发出语音警告指令："前方拐弯，有拥堵，请立刻减速。"当司机快要到达某一特别容易出事故的路段时，智能公路还可以提醒司机减速慢行，同时，启动"智能安全驾驶系统"，给车辆信息和通信系统发出指令，自动调取存储在车辆导航系统中的地图数据，例如某路段的弯曲半径或者坡度等方面的数据，自动向司机发出警告："目前行驶的速度过快，容易发生事故。"

利用专用短程通信技术，智能公路能够为司机提供前方道路的可视化信息，可以显示前方隧道、桥梁的照片，或经常发生拥堵路段的照片。此外，还能不断用语音发出指令，提醒司机。如果开到高速公路的多条道路交会口处，智能公路将会提醒司机在另一条路段有正在行驶过来的车辆，告知司机减速。

日本开通了国家综合道路交通信息服务网站，公民通过上网可获得国内所有高速公路的实时交通和旅行信息。该网站主要用地图形式显示，各种交通信息（覆盖了国家的大部分地区）一目了然，包括交通限制、堵塞信息、道路天气信息和道路维修情况。也可以通过移动电话上网获取这些地图。日本非常重视在自然灾害期间向公众提供实时交通信息，特别是在发生地震、滑坡或海啸时，同时也在公路电子显示屏上提供关于这类事件的动态信息。

3. 电子不停车收费系统

日本在电子不停车收费系统方面的研制工作居于世界领先水平，日本有 2500 万辆车（所有车辆中约有 68% 定期使用日本的高速公路收费系统）配备了电子不停车收费系统车载装置。在电子收费方面执行统一的国家标准，车上贴一个电子标签就可以在国内所有高速公路畅通无阻，不像在美国，对应不同的州需要贴不同的电子标签。在设计电子不停车收费系统技术体系构架方面，日本采用了科学的方法，在 5.8 吉赫频道上，实现双向信息通信，能使路边的传感器和车上的装置彼此传递数据信息，取代了那种被动的方法：只有当路边的计费设备发出信号时，车辆上的电子标签才会作出回应。扩大电子不停车收费系统的应用领域是至关重要的。例如，在私人公司的停车库中也可以安装电子不停车收费系统。日本还根据道路位置的不同和拥堵状况，采用多种收费标准，实现电子化管理，不但简单方便，便于管理，多种收费价格还可以有效地缓解交通压力。

（二）韩国

从 20 世纪 90 年代后期开始，智能交通系统成为韩国的重点发展领域。韩国为支持智能交通建设，制定了相关的法律框架和标准政策。1997 年提出了第一个国家总体规划，1999 年通过了《交通系统效率法案》（*Transport System Efficiency Act*），并制定智能交通系统标准体系，颁布技术构架，发展跨地区智能交通的实施方案。韩国建立了以建设和交通部为主管部门的领先发展目标。2000 年 10 月，韩国公布了《21 世纪国家智能交通系统总体规划》（*National ITS Master Plan for the 21ˢᵗ Century*）。这是韩国 2000～2020 年智能交通系统的发展蓝图，包括 7 个具体的智能交通系统应用领域：交通运行和管理，电子付费，信息整合和传递，提高公共交通质量，安全驾驶和自动驾驶，商用车辆的高效运输，污染控制。该总体规划的目标是建立一个全国交通系统网，促进国内城市之间的联系和交流。在该总体规划中，明确了智能交通系统发展的三个阶段。明确提出了到 2020 年为止 7 个智能交通系统核心应用领域的 3 个发展阶段的预算，最初预计为 66.7 亿美元，投资由中央、地方政府和私人企业共同承担。2007 年，韩国修改了投资计划，2007～2020 年在智能交通领域预计总投资 32 亿美元（平均每年 2.3 亿美元）。

韩国以城市为基础建立智能交通系统，1998 年开始以果川市为试点，建立智能交通系统城市工程，开启了建设城市智能交通系统基础设施的序幕。随后，韩国用 908 亿韩元（合 7500 万美元）投资兴建了 3 个示范城：大田、全州、济州岛，实现了 4 个目标：适应性的交通信号控制、实时交通信息、公共交通管理、限速。比如，在这些示范城市对超速车辆实施强制管制措施，效果显著，汽车行驶速度平均提高了 20.3%，关键岔路口延误时间平均减少 39%，试点工作证明了智能交通系统可以带来显著的经济效益和社会效益。2007 年，韩国政府通过政府预算方式支持在另外 25 个城市推广智能交通系统，包括最开始的 4 个试点城市，目前已经有 29 个城市建设了智能交通系统，服务项目包括城市交通和导航信息，以及其他与民众生活息息相关的服务内容，涉及政府、消防和警察等多个公共服务部门，能够使民众在任何时候、任何地点，从任意设备中通过一个统一的平台得到服务。未来，韩国政府计划借助信息技术，在所有城市为民众提供公共信息服务。

韩国在几个智能交通系统应用领域居于世界领先地位，在智能交通系统方面成为世界领导者。这些领域包括：①实时交通信息服务；②智能公交系统和智能卡支付系统；③电子不停车收费系统。

1. 实时交通信息服务

在实时交通信息服务方面，韩国成立了国家交通信息中心（National Transport Information Center，NTIC），该中心通过一个高速公路交通管理系统（Expressway Traffic Management System，ETMS）实时收集高速公路路况信息。收集方式有三种：①通过车辆检测系统收集信息，高速公路上每隔 1 公里安装有传感器，用来探测交通流量和速度等信息。②通过监视器收集信息，高速公路上每隔 2～3 公里安装 1 个闭路监视器。③利用车辆探测器收集信息。这三种方式收集到的信息会传送到 79 个不同的交通管理分中心，分中心再将信息上传到国家交通信息中心，中心将所获信息进行汇总整理，通过多种形式免费提供给韩国公民。国家交通信息中心并通了网站，交通信息以电子交通地图的形式显示，公民能够通过它看见公路上的交通状况，同时韩国还利用交通广播电台发布交通信息。除此之外，闭路电视、手机短信也提供交通信息服务。韩国除了通过国家交通信息中心提供高速公路交通信息外，在2008 年 2 月政府还成立了韩国高速公路公司（Korea Expressway Corporation，KEC），负责建设和管理韩国高速公路，公司不仅提供高速公路信息，还提供国道和城市道路的综合交通信息，不过，有些服务项目要收取费用，如通过移动电话、远程信息处理设备、卫星广播和网络电视等途径提供的服务项目。

2. 智能公交系统和智能卡支付系统

韩国高度重视公共交通信息系统的建设，尤其是公共汽车。首尔市的 9300 辆公共汽车都配有无线调制解调器和全球定位系统。通过无线通信方式，300 个公共汽车站与首尔市的交通运输指挥中心建立了联系，整个首尔市的交通状况，包括公共汽车的到达时间、公共汽车行驶位置和统计信息等都能随时获取。公共汽车站点配有电子显示屏，显示公交车正在行驶的位置和车次表。韩国人已经习惯用配备全球定位系统的手机上网获取公共交通信息（如公共汽车站或地铁站），全球定位系统还可以帮助用户识别自己目前所处的位置，并显示走到最近的公交车站或地铁站的路线。

　　韩国为公共交通开发了一个统一的智能卡支付系统——"T-money"系统（最初只能在首尔市使用，现已向全国推广）。韩国智能卡公司是一家合资企业，由首尔市政府、包括 LG 集团在内的多个信用卡公司以及多个小型电信公司组建而成，2004 年推出"T-money"智能卡。用户使用"T-money"智能卡既可以支付公共汽车、火车和出租车的乘车费，也可以在自动售货机、便利商店购买商品，甚至可以支付罚款或税金，使用非常方便，相当于一个会员卡。截至 2009 年 3 月，乘客使用"T-money"智能卡每天刷卡次数总计达 3000 万次（乘公交车每天累计刷卡约为 1540 万次，地铁约为 1460 万次）。在首尔，已经发行 1800 万张"T-money"智能卡，可以在 19750 辆装有"T-money"终端设备的公交车、8000 多个地铁站、73000 辆出租车、21000 台自动售货机，以及 8300 家便利店、速食店、停车场使用。首尔市的地铁站已经停止使用纸质票，全部使用智能卡，停用 4.5 亿张纸质票，就这一项每年平均节省 30 亿韩元（约合 240 万美元）。未来，韩国预计将在全国所有的公交车、出租车等公共交通工具和服务场所安装智能卡支付系统。

3. 电子不停车收费系统

　　采用专用短程通信技术，韩国在高速公路安装了电子不停车收费系统，已经覆盖了国内 50% 的道路（到 2013 年会覆盖 70%），约 260 个收费站。韩国有 500 万辆车（约占车辆总数的 31%）贴有电子标签（在韩国被称为"Hi-Pass"电子标签），实现不停车自动付费。这些车辆的公路利用率超过 30%。在韩国，除了高速公路通行费可以通过"Hi-Pass"电子标签自动支付外，其他场所如停车场、加气站和便利店也可以使用。

（三）新加坡

新加坡在智能交通方面也居于世界领先地位，主要表现在以下几个方面：①利用车辆探测器收集交通信息；②使用电子计费系统和交通拥堵收费系统；③安装计算机自动控制交通信号灯；④使用交通管理智能交通系统。

新加坡的国土交通管理局（LTA）负责全国所有的交通运输工作，并监督实施智能交通建设。该国的智能交通系统总体规划是"通过智能交通的建设，构筑出行效率高的道路运输网络"。新加坡的智能交通总体规划包括三大战略：①部署和整合智能交通系统；②发展私营企业和政府机构之间的合作伙伴关系（包括与其他相关组织机构）；③将智能交通作为交通产业发展的一个平台。

新加坡通过 5000 辆出租车收集实时交通信息。这些出租车起到了探测器的作用，司机会将路况信息及时反馈到交通运输管理中心，中心根据收集到的大量数据，计算出道路上的交通流量和拥挤程度。将出租车充当交通信息探测器，这样一种商业运作行为，在新加坡已经推行多年，且非常成功，它推动了出租车行业的健康发展，因为使用全球定位系统进行车队管理和调度，可以提高出租车管理和运营的效率。

新加坡通过高速公路监控和决策系统（Expressway Monitoring and Advisory System，EMAS）发送交通信息。此外，新加坡从无线电服务提供商那里购买了播放时间，利用无线电波传送实时交通信息。新加坡也开始在国道上安装交通信息系统。

在电子道路计费方面，新加坡居于全球领先地位。从 1998 年开始，新加坡安装运行电子道路计费系统（Electronic Road Pricing，ERP），利用专用短程通信技术，每辆车安装有被称为"Cashcard"的储值智能卡，进行刷卡付费。当车辆通过一个电子道路计费系统的收费站时，自动从智能卡扣除费用。该系统已经被扩展到高速公路和国道上。新加坡是世界上第一个启用电子拥堵收费系统的国家，其电子道路计费系统是以交通速度作为衡量堵塞的标准，通过提升或降低通行速度来实现交通最优化，对高速公路来说为每小时 45 ~ 65 公里，对于国道则是每小时 20 ~ 30 公里。目前新加坡正在推广下一代电子道路计费系统（ERP Ⅱ），该系统将基于全球定位系统技术，对交通拥堵进行收费。新加坡相信，基于全球定位系统技术能够灵活、高效地管理交通拥挤，并且有可能为司机开发一个更智能的信息导航系统。新加坡国土交通管理局认为，经济效益取决于高速公路上节省的通行时间，通过对交通拥堵收费，每年创造经济效益至少为 4000 万美元。

新加坡也非常重视公共交通建设，2008 年 1 月在全国几乎所有公交站点都安装了电子显示屏，显示公交车的到站时间和相关信息。2008 年 7 月，新加坡国土交通管理局推出了一项公共交通出行规划服务，以地图的形式显示出来，也就是为上下班的人提供从起点到目的地的最佳公共交通乘车线路。为了进一步完善公交信息服务，2010 年 3 月，又开发了一个多形式出行信息综合系统，它会通过不同平台如移动电话和互联网为公众提供综合的出行信息。通过这些平台，民众能够实时查询公共汽车到站时间等相关信息，方便民众的出行。对于驾车族而言，找地方停车是要经常遇到的难题。2008 年 4 月，新加坡开发了一个停车导航系统（Parking Guidance System），提供实时停车信息，司机可以获知所在城市所有公共停车场的位置和每个停车场有多少个可用的停车点，方便司机选择合适的停车场。

（四）美国

美国的智能交通研究工作起始于 1991 年。最初，智能交通被称为智能车辆道路系统（Intelligent Vehicle-Highway Systems，IVHS）。1991 年国会通过了《综合道路运输效率法案》，该法案通过以下三个方面来促进智能交通系统的发展：①基础研究和开发；②测试研究，作为基础研究和全面部署之间的桥梁；③各种部署支援活动，促进了智能交通集成技术的发展。除了对道路运输常规项目进行安排外，重要的是安排智能车辆道路系统的研发和试验，希望利用通信和信息技术进行合理的交通分配以提高整个路网的效率。1994 年，美国提出了智能交通的7 个发展领域：先进的交通管理系统、先进的出行信息服务系统、商用车辆运营系统、电子不停车收费系统、先进的公共交通运输系统、应急管理系统、先进的车辆控制系统。美国国会在 1991 年通过《综合道路运输效率法案》时，要求在 1998 年之前实现一条试验性的"自动公路"。之所以提出"自动公路"，是为了突破交通工程理论中交通量与速度之间的制约。为实现这一目的，美国开展了大量的工作。1997 年 8 月，在南加州圣地亚哥 15 号州际公路 7.6 英里（约12.2 千米）长的试验路段上对自动公路进行了试验，实现了预定的目标。美国在《综合道路运输效率法案》到期后，对智能交通的研发与应用进行了全面的评估，结果是积极的。1998 年，国会又通过了《21世纪交通平等法案》，在该法案中规定，1998~2003 年国会将拨款12.82 亿美元用于发展智能交通。

在这一阶段，美国政府取得的较有影响的成果是：各地的示范工程项目，如移动数据平台系统、商用车辆信息系统与网络、体系框架和标准、交通管理中心的建设以及自动公路系统的开发。根据《21 世纪交通平等法案》的规定，美国政府制定了"智能交通基础实施计划"，涉及各种各样的交通活动。为 40 多个大城市地区各拨款 200 万美元，安装用于收集交通信息的相关设备。同时，从 2002 年的防务拨款中，抽取 5000 万美元，用于在 25 个大都市区之间的高速公路和国道上安装太阳能交通传感器，以便收集实时交通信息。后来该项目被重新命名为"交通技术创新与发展项目"。

进入 21 世纪后，美国总结前 10 年的经验，调整了智能交通开发和应用的重点，政府组织研发和实施了"511"交通信息电话咨询台、运营管理系统、专用短程通信、交叉口协调避碰系统以及车路协同系统。"9·11"事件发生后,美国政府在智能交通中增加了社会安全和车辆装载物品监控等功能。可以看出,进入 21 世纪后,美国把智能交通的发展重点放在了信息服务、通信和安全上。从 1991 年以来智能交通开发和应用情况来看,美国真正大面积应用的主要有"511"交通信息电话咨询台、依托互联网的交通信息服务以及汽车厂商在车上安装的各种小型辅助装置。从美国的 7 个服务领域来看,开发和应用的重点是出行信息服务系统、运营车辆管理系统、应急管理系统和车路集成系统。

美国国会在 2004 年通过了新的交通法案,即《安全、负责任、灵活、有效率的交通平等法案》。在总结经验的基础上,该法案对智能交通提出了新的要求,主要内容是实行一项包括智能车辆和智能基础设施的智能交通系统研究、开发与运行试验,并为实现这些课题所必要的其他类似行动制订全面的计划。优先领域包括改善交通管理、事件管理、公交管理、货运管理、道路气象管理、费用征收、出行者信息、公路营运系统以及远程传感器产品。该法案同时要求美国交通运输部推行"实时交通信息系统计划",以使各州具有在主要高速公路上监控交通行驶状况以及信息共享的能力。为了实施该计划,联邦高速公路管理局发布了通知和相关标准,要求各州政府相关部门提高交通信息的可用性,特别是在主要公路上的行驶时间、行驶速度和事故通告,同时规定了数据格式和标准,包括这些交通信息的及时性、准确性和有效性标准。在 2005 财政年度结束时,《安全、负责任、灵活、有效率的交通平等法案》终止实施,但是在 2009 年又重启智能交通系统的部署与实施。虽然 2005 ~ 2009 年智能交通系统的建设实施工作暂停,但研发工作没有停顿。2009 年 11 月,美国政府问责局应交通和基础设施委员会的要求,发布了一个报告,认为:"实时交通信息服务系统对于公路堵塞的缓解可以起到一定的作用，但在实施过程中却面对诸多问题。"2007年的数据显示，美国各州给公众提供实时交通信息的能力不足，州以及当地机构主要通过网络、电子邮件、电视和广播、电子显示屏、公路广播电台，以及"511"交通信息电话咨询台提供服务。美国政府问责局的报告指出，尽管这些服务和技术覆盖的范围在扩大，但在实时交通信息服务范围和服务质量上仍然存在缺口，比如收集的数据质量以及国家和当地机构分享数据的程度。

在过去十几年里，美国智能交通研究领域的一项核心工作，就是致力于研究车路协同系统，其目的就是使交通基础设施能够有效地支撑车辆与基础设施之间、车辆与车辆之间各种各样的通信，以及这些信息的整合。尽管美国已经进行了十几年的研究和测试，但车路协同系统研究成果依旧离实际应用很远。2007年底，美国交通部宣称将会对车路协同系统研究项目进行全面评估，交通部从供应商、应用技术、无线通信方式、商业运营模式、公司合作关系等方面一一进行了评估，并且广泛征求各方意见。这次评估的一大重点，就是讨论它的市场应用前景、投资回报，以及未来交通发展的新模式及其影响。同时，该评估也考虑到了驾驶者这一群体，车路协同系统的建设不但要适用于新车，也要考虑适用于旧车，必须将司机这个重要群体（尤其是社会底层的民众）考虑进来。

2009年1月9日，美国关于车路协同系统研究和推广方案最终被确定下来，车路协同系统被冠以新的名称——"智能驾驶"。2010年1月10日，美国交通运输部研究与科技创新局宣布了一项关于智能交通系统的新的《智能交通战略研究计划》，该计划致力于实现州际多方式道路运输，核心内容就是智能驾驶，通过无线通信方式，实现车辆之间、车辆与交通基础设施之间的信息通信与交流，以最大限度地提高驾驶的安全性、交通通行的便利性和节能环保目标。在宣布的战略计划中，交通运输部研究与科技创新局智能交通联合项目办公室作出重要决定：智能驾驶的无线连接标准，即专用短程通信采用的频率是 5.9 吉赫[①]。
《智能交通战略研究计划》具有重要的意义，不但阐明了一个为期五年的研究计划以确定智能驾驶技术的可行性、安全性以及对于交通发展的贡献，同时也标志着美国智能交通建设从技术研发重心转移到应用实施阶段。因为在应用领域美国已经落后于日本、韩国等国家，所以他们希望通过这一计划的实施，提高其智能交通建设的整体水平。

（五）欧盟

欧洲的智能交通研究工作起步也很早。欧盟 19 个成员于 1985 年成立欧洲道路运输信息技术实施组织（TRICO），实施智能道路和车载设备的研究发展计划。1986 年，欧洲民间联合制定了欧洲高效安全交通系统计划，在政府介入下 1995 年启动了该计划。1988 年，由欧洲 10 多个国家联合执行欧洲车辆安全专用道路计划（DRIVE），其目的是完善道路设施、提高服务水平。其主要的研究内容有：需求管理、交通和旅行信息系统、集成化城市交通管理、集成化城市间交通管理、辅助驾驶、货运和车队管理、公共交通管理，该计划到 1994 年完成。从研究的结果看，其研究领域和系统功能与美、日大致相同。随后，欧盟委员会又组织进行远程信息处理的开发工作，计划在全欧洲范围内建立专门的道路交通无线数据通信网，智能交通的主要功能如交通管理、导航和电子不停车收费等都围绕远程信息处理和全欧洲无线数据通信网来实现。由于欧盟国家有着不同的文化背景和法律，因此，为了实施统一的智能交通政策，标准化就成为欧洲的首要任务，同时欧洲十分重视综合运输和安全。1996 年 2 月底，欧共体事务总局第 13 局公布了《交通—通信应用规范》征集的 74 个子项目，综合了海陆空交通体系的智能信息化。与智能交通有关的项目有：①驾驶员信息系统，包括旅行前和旅

---

① 日本、韩国采用的是 5.8 吉赫。

行中交通信息的提供与正确判断；②自动收费系统；③城市内道路和城市间交通网的交通面控制；④车辆控制，包括紧急情况驾驶员的辅助系统、驾驶员健康状况监测、交通管制和自适应导航的组合、城区驾驶控制等。

经过十几年的发展，欧洲的智能交通仍然处在各个国家独立安排解决方案的状态，远没有形成欧洲统一智能交通系统，各国普遍建立了交通管理与信息服务系统、速度告警系统和基础设施使用付费系统（如电子不停车收费系统和城市拥堵收费系统），开发了路侧紧急呼叫系统（eCall）。

欧洲提出了智能交通和服务的概念，欧洲智能交通协会提出要将道路、车辆、卫星和计算机利用通信系统进行集成，远景是将各国独立的系统逐步转变为车车协同系统和车路协同系统，以及实现人和物的移动信息互操作。今后几年准备实现的服务有：路侧紧急呼叫、车内和路侧速度提示、通过浮动车和蜂窝电话检测交通和道路状态、危险货物车辆和被盗车辆跟踪系统、客户关系管理等。

为了减轻交通堵塞，欧洲的一些大城市已经开始推广一种车路协同通信系统。装有车路协同通信系统的车辆在驾驶过程中，能够直接获得最新的路况，了解潜在的危险。这种装置看起来很像是普通的卫星定位系统，装有该装置的车辆外观和其他车辆比也看不出差别，利用预装的天线和信号采集可随时更新信息。它的功能还包括：当汽车向飞机场行驶时，驾驶员可以提前知道应在哪个航站楼停车，还可以自动缴停车费。不仅驾驶员得到方便，管理部门更可以通过它管理车辆，有效缓解交通堵塞。此技术将被广泛应用于小汽车、货车、公交车等交通工具，它能够带来可观的经济效益，每年减少经济损失上百万美元。这一装置通过蜂窝无线系统、无线网络接入技术、红外线和短程微窝通道等方式进行信息通信。驾驶员可以通过互联网、手机从应用软件商店付费下载该应用系统。欧盟政府希望在2013年之前完成系统的组建和试运行，欧洲大城市每年因交通堵塞造成的时间、燃料和其他损失相当大，推行此项技术将大大改善这种状况。在带来好处的同时，有人就担心装有这一系统的车辆的私密信息也将大量泄露。

2006 年，欧盟制定了"i2010 计划"，用于创造统一的欧洲信息空间。"i2010 计划"明确被置于欧盟重新规划的《里斯本战略》的框架下，它是欧盟电子欧洲计划的继续，目标是在 2010 年使欧盟形成最富活力、最具竞争力的知识经济，有能力维持经济增长，同时提供更多更好的工作，形成更大的社会凝聚力，有利于保护环境。同样，"i2010 计划"强调信息通信技术对就业率的贡献，并且认识到智能交通系统是信息通信技术的核心。正如欧盟交通部门领导埃德加尔曼所说："欧洲政策将技术、经济、社会进步联系起来，而智能交通系统就位于这三个目标的交会处。"然而，相对于日本、韩国和新加坡，欧洲的信息通信技术发展得有点晚，但是只要有政策的前瞻性就一定会出结果。

在智能交通系统上欧洲许多国家都拥有特别的优点，尤其是瑞典、英国的交通拥堵电子计费系统、荷兰和德国的基于行驶里程的电子计费系统、法国的智能公交管理系统。

（六）启示

第一，政府必须对智能交通系统的前景和影响有一个全面的认识。日本、韩国、新加坡之所以能够引领智能交通系统，就是因为这些国家认为智能交通系统能全面影响经济和社会的发展，是促进经济增长、转变社会生活方式的重要技术基础。因此它们普遍把重点放在制定数字化信息和具体的智能交通系统政策方面，都是从国家层面进行战略规划和部署。美国联合商业情报服务公司（Allied Business Intelligence, Inc）研究表明："日本和韩国在智能交通系统上领先世界，它们都是从国家层面推动智能交通系统的发展。"

2001 年，日本制定了具有深远意义的战略规划——《电子日本战略》，其目标是"用五年时间，通过信息技术的广泛应用，将日本打造成世界上最发达的国家之一"，同时认识到"应该依靠先进的信息通信技术建立开放的运输系统"。2006 年，新的《信息技术改革战略》出台，它对 2001 年《电子日本战略》中设定的目标进行了修订，修改后的目标是："到 2010 年，信息技术改革要领先于其他国家，并且创建一个所有日本人都能感受到的、由信息技术革命带来的社会。"新的《信息技术改革战略》成为日本信息化道路的指南，在日本的这场信息技术改革浪潮中，智能交通技术成为技术革命的核心内容，旨在实现"使日本的交通最安全"的目标。2007 年 6 月，日本内阁宣布了一项长期战略计划"创新 25"（Innovation 25），制定了在研究和发展上的短期和中期政策，目标是在 2025 年为日本公民创造一个更便捷、更繁荣的社会。其中，在智能交通领域，计划到 2025 年实现对车辆、行人、道路和社区的统一数字化管理，到那时交通顺畅，没有交通堵塞现象，将交通事故率降至零，交通顺畅意味着二氧化碳排放量将会更少，物流成本将会更低。日本政府明确认识到智能交通系统的重要性，是其在该领域居于世界领导地位的主要原因之一。

韩国政府同样认识到信息技术对于提高经济发展以及改善居民生活质量的重要性，以及信息技术对改善国家交通系统的巨大作用。2004 年，韩国宣布了它的《839 信息技术发展战略》，规划包括 8 个重要的服务领域，3 大电信基础设施（实现无处不在的互联网宽带，无所不在的网络传感器，下一代互联网协议），9 个信息技术应用领域。在 9 个领域之中，智能交通是其中之一。在一系列战略规划的指导下，韩国实现了在智能交通领域世界领先的目标。

新加坡也制定了国家信息技术战略以及智能交通系统总体规划。《智能国家（2015）》（Intelligent Nation 2015）是由新加坡通信管理局主导，为了充分发挥国家信息技术潜力而制定的为期 10 年的总体规划，是继《21 世纪信息通信规划》（规划时间为 2000～2003 年）以及《新加坡互联网规划》（规划时间为 2003～2006 年）之后颁布的新规划。除了颁布政策规划，新加坡还在政府管理机构的建设方面下大力气，为智能交通发展提供保障。因为新加坡土地资源稀缺，为了更好地协调交通管理工作，新加坡政府成立了陆路交通管理局，统一对新加坡的陆路交通进行管理，并负责制定和颁布有关政策规划，推进了新加坡的智能交通建设迅猛发展，使之居于世界领先地位。

第二，智能交通建设在决策层面要实现集中统一。决策权的集中统一是决定智能交通建设成功与否最重要的因素之一。集中化智能交通系统决策权的重要性适用于两个方面：一方面是交通（智能交通系统）决策及其在国家或州、地区的实施，另一方面是智能交通系统决策或管理机构。

集中化的决策权是最重要的因素之一，智能交通是一个非常大的系统工程，涉及因素多，很多因素相互影响，甚至有些相互制约，当面对复杂的系统协调问题（比如需要大规模在全国范围内实施）时，就会因各地区的情况不同而出现不积极响应的情况，当地方政府无力提供充足的资金进行研究、开发和建设时尤其如此。因此，要成功实施智能交通建设，就要在国家范围内统一认识，由国家发挥主导作用，地方政府协调合作。

在智能交通建设居于世界领先地位的日本、韩国、新加坡等国，都表现出一个明显的特征，就是在调动智能交通研究力量、规划制定、召集相关企业与组织机构方面，政府都起着强有力的主导作用。在日本，交通政策是由多个政府机构部门联合制定的。在新加坡，则是由陆路交通管理局这一单一政府机构进行统一管理和制定政策，对公共汽车、地铁、火车三类公共交通工具进行统一管理和规划。韩国由交通建设部负责智能交通系统的部署。

第三，政府为发展智能交通提供充足的资金保障。在智能交通领域处于领先地位的国家，不仅制定了明确的国家战略，而且进行了大量的资金投入。韩国的《21世纪国家智能交通系统总体规划》指出，2007~2020年，在智能交通上将投资32亿美元，在这14年间平均每年就有2.3亿美元。日本从2007年4月到2008年3月投资了640亿日元，在2008年4月到2009年3月投资了631亿日元，平均每年在智能交通方面的投资就达6.9亿美元。2006年，美国在智能交通系统方面的总投资将近10亿美元（其中1.1亿美元为国家投资，8.5亿美元是州政府投资）。按照占国民生产总值的比例进行比较，韩国和日本在智能交通上的投资是美国的两倍，因此，日本和韩国在智能交通建设方面优先于美国。

第四，推行智能交通产业链的形成与发展。以日本为例，车辆信息和通信系统以及智能出行信息系统成功推广应用，其经验就是将智能交通作为一个产业来发展，将其视为一个提供多种发展空间的基础平台，不是把车载信息与通信系统以及智能出行信息系统视为简单的技术应用，而是将其视为多用途的智能交通系统，因为它可以保障驾驶者的行车安全，降低交通事故发生率，通过为驾驶者提供实时交通信息，可以有效缓解交通堵塞，提高道路通行效率，另外也可以为产业发展提供巨大的机会，进而有助于开拓市场，扩大就业范围。

第五，通过协会的形式建立合作平台。以日本为例，1990年3月，日本警察厅、通商产业省、运输省、建设省、邮政省联手组建成立了"车载信息与通信系统咨询联络委员会"，在随后的18个月中，工业界和学术界踊跃参与，并于1991年9月成立"车辆信息和通信系统促进协会"。更重要的一点是，在设计车辆信息和通信系统的时候，日本政府与产业界紧密合作，建立了切实可行的商业运营模式，共同开发了车辆信息和通信系统。目前，日本已经成立30个相关协会，455家企业、几十位学术界专家参与其中。这些协会独立于政府和企业,在推进智能交通的进程中发挥了重大作用。

四 中国道路运输的现状及相关政策

(一) 道路运输发展现状

1. 民用汽车拥有量

随着经济的快速发展和生活条件的逐步改善,中国民用汽车拥有量逐年增高,道路运输压力增大,能源消耗量快速增长。1990 年,中国民用汽车总量为 551. 36 万辆,2011 年为 9356. 32 万辆,12 年间民用汽车量增长了近 16 倍。其中,载客汽车拥有量增长速度最快,1990 年是 162. 19 万辆,2011 年则增长到 7478. 37 万辆,增长了 45. 1 倍;载货汽车拥有量增长较缓慢,1990 年拥有 368. 48 万辆,2011 年则是 1787. 99 万辆,增长了近 4 倍(见图 4 – 1)。

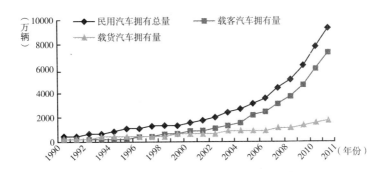

图 4 – 1 1990 ~ 2011 年民用汽车拥有量

2. 运输里程

全国公路线路长度从 1990 年的 102. 83 万公里,增加到 2011 年的 410. 64 万公里,增长了近 3 倍(见图 4 – 2)。

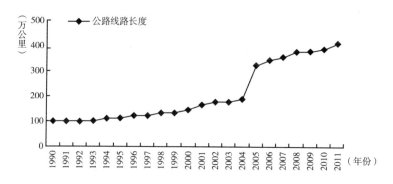

图 4 - 2　1990～2011 年公路线路长度

3. 交通运输能源消耗量

根据《中国统计年鉴》数据显示，中国交通运输、仓储和邮政业的能源消耗量呈逐年上升态势。1990 年能源消费总量是 4541.1 万吨标准煤，到了 2010 年已经达到 26068.47 万吨标准煤，增长了 4.74 倍（见图 4 - 3）。2010 年全国总的能源消耗量是 324939 万吨标准煤，交通运输、仓储和邮政业占到总消耗量的 8%，交通运输业能源消耗的增加主要是因为中国民用汽车拥有量快速增长，行车里程增加。尤其是近 10 年来，中国民用汽车拥有量呈快速增长态势，公路线路里程也出现快速增长，交通运输的能源消耗量随之快速增加。

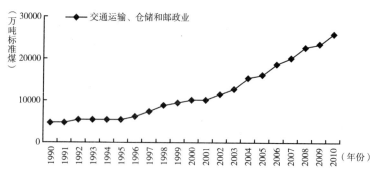

图 4 - 3　1990～2010 年交通运输、仓储和邮政业能源消耗量

（二）相关政策

1. 交通运输节能政策

目前，道路运输行业已经成为一个资源占用型和能源消耗型行业，降低道路运输能源消耗是贯彻和落实以人为本、全面协调可持续发展的科学发展观，提高自我发展能力，降低运输成本，提高经济效益的重要渠道，也是中国节能减排工作的重要组成部分。

为更好地贯彻落实资源节约的基本国策，各部委群策群力，共同保障了交通运输行业节能减排工作顺利开展。例如，工信部和交通运输部建立了包括乘用车、营运载客汽车、营运载货汽车在内的燃油经济性法规，国家环保局制定了更加严格的国Ⅰ－Ⅴ尾气排放限值，财政部制定了燃油税、小排量（发动机排量低于1.6升）汽车购置优惠税等配套的财政税收政策，国家发展和改革委员会、财政部、交通运输部等部门通过设立电动汽车重大专项，制订乙醇燃料发展计划，开展节能与新能源汽车重大项目等工作，大力支持新能源汽车产业的发展。交通运输部对节能减排进行了一系列战略部署，用于指导交通运输节能减排工作实践，陆续有针对性地出台了一系列政策法规，使节能减排管理工作更加规范有效，保证了节能减排工作的有序推进，具体如表4－2所示。

表4－2　交通运输行业节能政策

序号	法规名称	出台日期	制定依据
1	《交通行业节能管理实施条例》	1986年8月	《节约能源管理暂行条例》
2	《交通行业能源利用监测管理暂行规定》	1990年7月	《节约能源管理暂行条例》《节约能源监测管理暂行规定》《交通行业节能管理实施条例》

续表

序号	法规名称	出台日期	制定依据
3	《汽车、船舶节能产品公布规则》	1992 年 3 月	《节约能源管理暂行规定》
4	《全国在用车船节能产品（技术）推广应用管理办法》	1995 年 8 月	《汽车、船舶节能产品公布规则》
5	《公路工程节能管理规定》	1997 年 12 月	《中华人民共和国节约能源法》《交通行业节能管理实施条例》
6	《交通行业实施节约能源法细则》	2000 年 6 月	《中华人民共和国节约能源法》
7	《关于印发交通行业"十五"节能规划的通知》	2002 年 3 月	《国民经济和社会发展第十个五年计划纲要》
8	《建设节约型交通指导意见》	2006 年 4 月	《中央关于建设节约型社会、发展循环经济的总体要求》
9	《交通部关于交通行业全面贯彻落实〈国务院关于加强节能工作的决定〉的指导意见》	2006 年 10 月	《国务院关于加强节能工作的决定》
10	《关于进一步加强交通行业节能减排工作的意见》	2007 年 5 月	《交通行业全面贯彻落实国务院关于加强节能工作的决定的指导意见》
11	《公路水路交通实施〈中华人民共和国节约能源法〉办法》	2008 年 7 月	《中华人民共和国节约能源法》
12	《公路水路交通节能中长期规划纲要》	2008 年 9 月	《中华人民共和国节约能源法》《国务院关于加强节能工作的决定》《节能中长期专项规划》《关于加快发展现代交通业的若干意见》
13	《关于交通运输行业深入开展节能减排工作的意见》	2008 年 9 月	《国务院关于进一步加强节油节电工作的通知》《国务院办公厅关于深入开展全民节能行动的通知》

续表

序号	法规名称	出台日期	制定依据
14	《道路运输车辆燃料消耗量检测和监督管理办法》	2009 年 6 月	《中华人民共和国节约能源法》《中华人民共和国道路运输条例》
15	《关于促进甩挂运输发展的通知》	2009 年 12 月	《国务院关于进一步加强节油节电工作的通知》《物流业调整和振兴规划》
16	《关于进一步加强道路客运运力调控推进行业节能减排工作的通知》	2010 年 8 月	《关于进一步加大工作力度确保实现"十一五"节能减排目标的通知》
17	《交通运输节能减排专项资金管理暂行办法》	2011 年 6 月	《中华人民共和国节约能源法》

资料来源：转引自韩立波、刘莉《我国道路运输节能降耗政策措施研究》，《交通节能与环保》2011 年第 3 期。

2. 智能交通政策

（1）《交通运输"十二五"发展规划》。2011 年，中国政府颁布了《交通运输"十二五"发展规划》，专门设立了与智能交通有关的章节——第七章"交通科技与信息化"。

该规划指出，到 2015 年，中国在交通运输方面要实现以下两大目标：首先，科技创新体系进一步完善，创新能力显著增强，重大关键技术研发取得突破性进展，科技成果推广应用水平进一步提高，科技进步贡献率达到 55%。其次，信息化、智能化水平显著提升，在保障畅通运行、规范市场秩序、强化安全应急、服务决策支持方面取得明显成效，在推进综合运输体系建设以及发展现代物流和实现低碳、绿色交通方面取得实质性突破。国道、省道重要路段和内河干线航道重要航段监测覆盖率达到 70% 以上，重点营业性运输装备监测覆盖率达到 100%。

A. 提高市客运信息化和智能化水平。发展面向不同层级政府部门的客运管理信息系统，建立面向公众的客运信息服务体系，初步实现向社会提供全方位、多方式、跨地区的一站式客运信息查询服务。建设以中心城市为节点的国家级城市公共交通运行状态数据中心。发展包括城市公共交通在内的公共客运综合信息平台，支撑对多种交通方式的信息查询、应急保障、综合调度及动态监控等功能。

B. 建立公共信息共享平台。加快建设综合运输管理和公共信息服务平台，继续推进交通运输各行业的信息化建设，建立综合运输信息采集和共享机制，切实加强信息资源的开发利用，促进各运输方式信息系统对接和资源共享，减少票证及单据的流通障碍，为公众出行和货物、邮件、快件运输提供全面覆盖、及时可靠、选择多样的信息，提高交通运输管理效能和服务水平。

C. 推广多功能路况快速检测系统。全面推广多功能路况快速检测系统，定期检测国道和省道路况。一是进一步完善路况检测指标，增加公路几何线形、地理位置、沿线设施等信息的数据采集功能，并应用到公路资产的科学化养护管理中。二是提高数据采集的频率和准确性，将路况快速检测系统的适用范围从路网级大规模宏观路况检测扩展到项目级的损坏数据精细检测。三是开发操作方便、成本低廉、功能实用的路况快速检测系统系列装备，为农村公路和低等级路网的科学化养护管理提供技术支撑。

D. 加强信息化建设。要加强行业管理服务应用系统建设，加强公众出行信息服务系统建设，加强行业市场信用信息服务平台建设，加强安全畅通与应急处置系统建设，加强交通运输经济运行监测预警与决策分析系统建设，积极引导建设、推广跨省市高速公路联网收费系统和区域联网不停车收费系统，到"十二五"末实现全国高速公路区域联网不停车收费系统平均覆盖率60%、车道数6000条、用户量500万。

　　"十二五"重大科技研发专项提出，重点开展五个方面的专项研发，其中包括城市智能交通关键技术，例如重点研发智能车载终端设备、公共交通信息采集监测与服务、运营监管和应急保障等关键技术，显著提高城市交通运营管理与服务水平。

　　在"十二五"科技成果推广应用重点领域中，重点推广应用六个领域的先进实用技术，其中包括智能交通技术，例如联网不停车收费技术、电子证件技术、船舶交通监管技术、集装箱信息化管控一体化、集装箱码头集卡全场智能调度系统技术等。

　　"十二五"信息化示范试点工程如下：在四个左右的特大型或大型城市试点开展综合客运枢纽协同管理与信息服务系统建设，实现枢纽内不同运输方式的协同运转、安全监测及紧急事件联动处置，提供枢纽内外旅客出行、换乘及交通诱导信息服务。另外，推广城市公共交通智能系统建设，开展城市公交与轨道交通智能调度与管理、动态停车诱导等智能化系统的推广应用。在十个左右的城市试点开展出租汽车服务管理信息系统建设。

　　(2)《交通运输行业智能交通发展战略（2012～2020年）》。2012年7月，中国交通运输部发布了《交通运输行业智能交通发展战略（2012～2020年）》。该文件提出，到2015年实现对高速公路、国省干线公路、重要路段、大型桥梁、车辆区域、交通运输状况等感知和监控；出行者能够在任何时间、任何地点通过其熟悉的方式获取所需出行计划和实时出行信息，提高公共交通的吸引力和分担力，缓解城市拥堵，便捷出行；实现对危险品运输车辆、船舶、长途客运以及城市公交、出租车和轨道交通的全过程监控；基本建成全方位覆盖、全天候运行、快速反应的水上交通安全监管系统和海事信息服务系统。到2020年，中国基本形成适应现代交通运输业发展要求的智能交通体系，实现跨区域、大规模的智能交通集成应用和协同运行，提供便利的出行服务和高效的物流服务，为21世纪中叶实现交通运输现代化打下坚实基础。

3. 取得的主要成就

（1）立足源头管理，实施油耗准入制度。为实现道路运输行业的节能减排目标，交通运输部立足车辆源头管理，从控制营运车辆燃料消耗量入手，限制高耗能车辆进入道路运输市场。交通部门 2008 年发布了《营运客车燃料消耗量限值及测量方法》和《营运货车燃料消耗量限值及测量方法》两项交通行业标准；2009 年 6 月发布了《道路运输车辆燃料消耗量检测和监督管理办法》，明确规定了道路旅客运输车辆和货物运输车辆的燃料消耗量应当满足的标准；2010 年 2 月发布了《道路运输车辆燃料消耗量达标车型车辆参数及配置核查工作规范》。在这些政策法规的支持下，2010 年共发布了 6 批《道路运输车辆燃料消耗量达标车型表》，达标车型累计 1300 个，有效地降低了营运车辆新车的能耗水平。

（2）加强运力调控，提升客运管理水平。为认真贯彻落实国务院《关于进一步加大工作力度确保实现"十一五"节能减排目标的通知》精神，进一步加强道路客运运力调控，推进行业节能减排，交通运输部发布了《关于进一步加强道路客运运力调控推进行业节能减排工作的通知》。该通知要求各级交通运输主管部门和道路运输管理机构站在建设资源节约型、环境友好型行业的高度，从转变发展方式、加快发展现代道路运输业的角度，充分认识加强道路客运运力调控工作的重要性和紧迫性，通过提升道路旅客运输组织管理水平推进道路客运行业节能。

（3）跟踪国际形势，促进甩挂运输发展。当前，甩挂运输在国际上得到了广泛的推广应用，已经成为非常普遍的先进运输方式。采用甩挂运输能够减少车辆空驶和无效运输，可减少油耗 20% ~ 30%，大幅度降低能源消耗和污染排放。在这种背景下，交通运输部出台了相关政策法规，召开甩挂运输专题会议，明确措施与资金补助，启动了甩挂运输相关标准的研究工作，开展甩挂运输试点，确定在福建、浙江、江苏、上海等 10 个省市开展甩挂运输的试点工作，并将根据首批试点工作进展情况，适时研究部署后续试点或示范、推广工作，加快形成促进甩挂运输发展的长期稳定政策和常态工作机制。

（4）倡导绿色驾驶，提升节能驾驶技能。交通运输部大力宣传节能驾驶理念和技术，在全社会推行"绿色驾驶"，向国务院节能减排领导小组办公室及相关成员单位赠送《汽车节能驾驶手册》。通过举办节能驾驶竞赛活动、汽车节能驾驶技术全民体验行动、将节能驾驶纳入驾培行业管理、使用驾驶模拟器代替实际教学等措施倡导节能驾驶，提升驾驶员的节能素质。

（5）安排专项资金，支持节能技术推广。为响应国家"中央财政和省级地方财政安排节能专项资金"的号召，积极争取有关部门支持，加大财政资金对交通节能工作的资金投入，交通运输部要求各级交通运输主管部门为节能工作的前瞻性、战略性、基础性研究及示范工程推广等提供资金保障和支持。目前，交通运输部已经安排节能专项资金用于全行业的节能减排。例如，2010 年安排 1 亿元节能专项资金用于行业的节能减排工作，其中有 9000 多万元用于港口装卸机械的"油改电"和船舶靠泊使用岸电两大重点项目。

（6）坚持科技先导，注重节能科研立项。近年来，交通运输部组织开展了"资源节约型、环境友好型交通发展模式研究""公路、水路交通结构调整研究""交通行业节能中长期规划研究"等前瞻性、战略性研究工作，以及"交通行业能源消耗统计指标研究""资源节约型、环境友好型水路交通发展评价指标体系研究""公路水路交通行业节能减排监测与考核体系研究"等基础性研究工作。这些研究工作涵盖了从宏观战略到微观技术的各个层面，为运输行业树立正确的节能减排理念、科学有序地推动节能减排工作奠定了基础。

（7）建立长效机制，健全节能标准体系。为有效提高交通运输行业的能源利用效率，交通运输部建立了行业节能管理体系，实施了一系列推动行业节能的规章制度，并组织制定了《运输车辆能源利用检测评价方法》《公路运输行业能源消耗统计及分析方法》等标准，对《载货汽车运行燃料消耗量》《载客汽车运行燃料消耗量》《汽车节油技术评定方法》等标龄较长的标准重新进行了修订，使交通运输节能走上了标准化道路，初步形成了从技术到管理、从设备到工程的交通运输行业节能标准体系。

（8）开展典型示范，促进先进技术推广，为更多的企业自愿参与节能减排工作提供了良好的引导示范作用，也为各级交通运输主管部门切实抓好节能减排工作找到了关键点和突破口，推动了交通运输节能减排工作向纵深发展。2007～2009 年，交通运输部组织开展了 3 批 60 个节能示范活动，其中道路运输 22 个；为促进节能技术进步，发挥节能产品和技术的示范作用，规范节能产品市场，引导交通运输行业推广使用优质高效节能产品及技术，"十一五"期间交通运输部先后推荐了 2 批 40 种在用车船节能新产品、新技术。

（9）加强行业监管，建立监测考核体系。2009 年，交通运输部决定由山东省交通运输厅先行组织在山东省交通运输行业开展节能减排监测考核试点工作，研究制定科学合理和具有较强针对性的交通运输行业节能减排监测考核办法。在逐步完善交通运输行业能源消耗统计指标的基础上，争取全面推广实施。在山东省试点工作取得成功后，交通运输部又先后在各省份推进交通运输节能减排监测考核体系的建立工作。到目前为止，各省份已经初步建立起了一套行之有效的统计、监测体系，建立并落实了节能减排目标责任制。

（10）加大宣传力度，增强行业节能意识。在"节能宣传周"期间，组织"为节能减排示范项目实施单位授牌""公布全国交通运输行业营运车船节能产品（技术）目录""积极提倡节能驾驶""开展系列宣传报道"等活动，全面提高从业人员的节能意识与操作水平；2010年5月在湖北武汉隆重举行"'车、船、路、港'千家企业低碳交通运输专项行动启动仪式"，向全社会发出了交通运输节能减排倡议书。重点开展了"全国百名机动车节能驾驶教育培训"以及"全国交通运输行业机动车检测维修科学技术培训班"。目前，共有1000余家交通运输企业参加了专项行动。这些企业积极采取有效措施推进节能减排建设低碳交通，社会反响很好。

五　中国智能交通的发展现状

（一）发展阶段

中国智能交通发展经历了几个发展期，从早期的研究工作，到后期的专项研究、技术应用示范、战略规划，通过多年来的不断努力，中国在智能交通系统在开发和应用方面取得了相当大的进步，为今后智能交通系统的深入开发和应用打下了良好的基础。

1. 早期的研究工作（20 世纪 70 年代末至 90 年代末）

中国在交通运输和管理方面应用电子信息技术的工作早在 20 世纪70 年代末就已经开始，当时称为"交通工程"。在中国，交通工程的具体内容与国际上有所不同，中国将道路管理系统中的通信、监控和收费系统都纳入交通工程的范围。国际上对智能交通系统发展的研究认为，交通工程的研究与应用是智能交通系统初级阶段的工作。根据国际上的这种观点，中国的智能交通前身或基础工作早在 70 年代末就已经开始，当时交通部公路科学研究所与北京市公安局合作首次在中国进行计算机控制交通信号的工程试验，80 年代初国家科技攻关项目"津塘疏港公路交通工程研究"，首次在高等级公路上把计算机技术、通信技术和电子技术用于监视和管理系统。1986～1995 年，国家在交通管理系统方面开展和实施了一系列科学研究和工程，在城市交通管理、高速公路监控系统、收费系统、安全保障系统等方面取得了多项科研成果，并开发生产了车辆检测器、可变情报板、可变限速标志、紧急电话、分车型检测仪、通信控制器，监控地图板等多种专用设备，制定了一系列标准和规范。毋庸置疑，这些工作是我们今天进行智能交通研究和开发的基础。表 4 - 3 列举了 70 年代中期以来中国在智能交通系统方面所做的工作。

表 4 - 3　智能交通领域的研究工作

年代	理论和应用理论研究	应用技术研究
20 世纪 70 年代中期至 80 年代初期	交通流理论；交通工程学；城市路口自动控制数学模型	点、线、面控计算机软件；北京前三门交通控制试验系统；天津线控、面控试验系统；信号机、检测器的开发
20 世纪 80 年代中期至 90 年代初期	高速公路监控系统数学模型；交通阻塞自动判断模型；标志和标线视认性；驾驶心理	天津疏港公路交通工程技术研究；可变情报板、可变限速标志通信适配器；通信控制器、大型地图板、紧急电话的研制；城市交通管理系统(南京)；广佛高速公路监控系统；交通安全设施标准；交通和气象数据采集设备的研制；道路和桥梁管理系统；电子收费系统和不停车收费的试验；交通工程计算机辅助设计
20 世纪 90 年代中期至 20 世纪末期	道路通行能力的研究；公路使用者效益分析	智能交通发展战略研究；北京二环路、三环路监控系统；全球定位系统在公路信息系统中的应用研究与开发；公路货运站场及运输网络系统关键技术研究

续表

年代	理论和应用理论研究	应用技术研究
21 世纪	智能交通体系框架及支持系统； 智能交通技术应用与示范研究； 车联网技术研究； 交通管理技术； 停车管理技术； 计费系统； 自动驾驶系统与技术； 模拟技术	"十五"期间科技部科技攻关项目"智能交通系统体系框架及支持系统开发"； 智能交通系统体系框架数据库管理和开发辅助支持系统； "十一五"期间科技部科技支撑计划重大项目"国家综合智能交通技术集成应用示范"（包括"国家高速公路联网不停车收费和服务系统""北京奥运智能交通集成系统""上海世博智能交通技术综合集成系统""广州亚运智能交通综合信息平台系统""远洋船舶及战略物资运输在线监控系统"等）； 智能车路协同关键技术研究； 大城市区域交通协同联动控制关键技术； 国家汽车移动物联网总体技术研究； 上海二汽公交公司开发计算机公交营运信息化管理系统； 上海市内环安装交通管理的自适应交通控制系统（SCATS）； 21 座城市安装停车诱导系统； 车辆的安全和控制技术与系统； 车辆自动驾驶系统技术； 商用车辆管理技术与产品； 公交管理系统技术与产品； 收费系统； 多出行模式系统集成； 检测产品与技术； 交通规划和模拟技术

资料来源：摘自石定环、王笑京在"第四届智能运输系统世界大会"上的发言《智能交通系统与中国经济和交通运输的发展》。

　　中国在智能交通领域的研究起步较晚，但随着全球范围智能交通系统研究的兴起，进入 20 世纪 90 年代中后期，中国加快了对智能交通技术研究的步伐。1997 年 4 月，中国第一次智能交通大会召开。科技部于 1999 年 11 月批准成立了国家智能交通系统工程技术研究中心。交通部在"九五"期间指出:"结合我国实际情况,分阶段地开展交通控制系统、驾驶员信息系统等5个领域的研究开发、工程化和系统集成。在此基础上,使成熟的科技成果转化为可供实用的技术和产品,该工程研究中心也将逐步发展成为中国智能公路运输系统产业化基地。"原国家建设部(现为住房与城乡建设部)与欧洲的智能交通组织"欧洲道路运输通信技术实用化促进组织"(ERTICO)联合建立了"欧盟—中国计划"(EU-China),原国家计划委员会在1999年4月的科技立项会议中将智能交通列为100个重点科研领域之一。

2. 体系框架的制定和专项研究（2000～2005年）

科技部于2000年3月组织全国交通运输领域专家组成专家组,起草了《中国智能交通系统体系框架》。2001年,科技部推出《中国智能交通系统体系框架》(第一版),2002年设立国家"十五"科技攻关计划智能交通专项——"智能交通系统体系框架及支持系统开发"项目。该项目由国家智能交通系统工程技术研究中心承担,目标如下:一是全面修订和完善国家智能交通体系框架,形成《中国智能交通系统体系框架》(第二版);二是开发为体系框架编制全过程提供支持环境的软件系统;三是为在国家框架的指导下编制地方智能交通体系框架提供范例。中国政府切实从国家层面推进智能交通建设,"十五"计划中确立了两个重大专项。目前,中国已经取得了包括智能导航技术、先进的交通管理系统等成果在内的一系列拥有自主知识产权的智能交通技术新成果。

3. 技术应用与示范（2006～2010年）

"十一五"期间,结合2008年北京奥运会、2010年上海世界博览会、2010年广州亚运会等重大活动的举办需求,科技部启动实施了"国家综合智能交通技术集成应用示范"科技支撑计划重大项目,围绕"国家高速公路联网不停车收费和服务系统""北京奥运智能交通集成系统""上海世博智能交通技术综合集成系统""广州亚运智能交通综

合信息平台系统""远洋船舶及战略物资运输在线监控系统"五个方面
开展了系统的研究和示范应用。

4. 战略制定与发展（从 2011 年起）

2011 年，中国政府颁布了《交通运输"十二五"发展规划》。该规
划第七章"交通科技与信息化"确定了具体发展目标，并开设专栏，
包括专项研究、推广项目、示范工程，为中国交通运输行业指明了发展
方向和具体实现的指标。2012 年 7 月，交通运输部发布《交通运输行
业智能交通发展战略（2012~2020 年)》，指明了到 2020 年中国智能交
通发展的具体目标和具体措施步骤。

（二）相关机构和国际合作

1. 相关机构

（1）中国智能交通协会。中国智能交通协会成立于 2008 年 5 月 14
日，是由科技部主管，科技部、公安部、交通运输部、住房和城乡建设
部、铁道部、中国民航局共同发起，经民政部注册、登记的具有法人资
格的全国性、行业性的非营利社会组织。建立该协会的宗旨是：面向企
业，建立政府与企业沟通的桥梁，促进企业间的横向联系与合作，促进
行业技术进步和产业资源整合，推进产学研合作，推动国际交流与合
作，加快交通领域的信息化、智能化进程，依法维护行业和会员的合法
权益，加快中国智能交通事业的发展。

（2）中国城市公共交通协会智能交通专业委员会。建立该委员会
的宗旨如下：一是积极为会员服务，充分发挥智力和信息优势，当好政
府优先发展城市公交、大力发展智能公交的助手；二是通过智能交通专
业委员会网站，进行政策法规、协会文件和动态的宣传，并提供技术指
导；三是促进技术交流，围绕智能交通领域实现突破，打造产学研紧密
结合的产业创新链；四是开展内部信息刊物交流；五是组织专家及公交
企业进行技术专题交流。

（3）全国智能运输系统标准化技术委员会。该委员会成立于2003年9月，从事全国性智能运输系统标准化的技术工作组织，负责智能运输系统领域的标准化技术归口工作。其主要工作范围是：地面交通和运输领域的先进交通管理系统、先进交通信息服务系统、先进公共运输系统、电子收费与支付系统、货运车辆和车队管理系统、智能公路及先进的车辆控制系统、双向和多模式的交通短程通信和信息交换，以及交通基础设施管理信息系统中的技术和设备标准化。

2. 研究机构

中国从事智能交通领域研究工作的人员主要来自研究所和大学。早在1996年，中国就成立了"智能运输系统研究与应用团队"，它是一个国家级的研究团队，主要依托交通运输部公路科学研究院、国家智能交通系统工程技术研究中心、全国智能运输系统标准化技术委员会以及智能交通技术交通运输行业重点实验室等国家级和行业平台。该团队长期致力于智能运输系统前瞻性技术和公益性技术的研究和产业化工作，为国家智能运输系统的发展作出了重要贡献，是中国智能交通技术研究应用的先行者和重要推动力量。作为面向全国智能交通运输领域技术研究和应用开发的国家级高新技术研发实体，该团队先后在智能交通发展战略、框架、标准、关键技术、产品、系统集成以及评价等方面取得了创新性的技术突破，形成了国家标准25项，取得省部级科技奖励9项，获发明专利3项、实用新型专利20项、计算机软件著作权19项，出版专著6部、译著1部，发表学术论文100余篇（EI检索收录10余篇），形成了自主知识产权的成套技术成果，多项成果处于国内领先水平，部分达到国际先进水平。"十一五"期间，该团队针对交通运输行业亟待解决的关键技术问题开展了大量前沿基础研究，在智能交通系统体系研究与应用、电子不停车收费标准体系及成套检测技术、交通信息采集、处理与服务、交通运输安全预警与保障等方面取得了创新性的技术突破。

除此之外，中国一些交通领域的研究机构和设有相关专业的大学，也成立了智能交通研究中心或研究团队，从事大量的研究工作。

3. 国际合作

（1）国际会议。智能交通世界大会是由智能交通国际组织发起的智能交通世界大会，是全球交通领域最具规模、最权威的国际性会议。该会议从 1994 年开始，每年举办一届，至今已经举办了 19 届。该会议的宗旨是推动智能交通领域前沿技术的研究，推广智能交通系统的应用，主办城市分别从欧洲、亚太地区和美洲国家中轮流选定。中国已经连续多年派代表参加世界智能交通大会，并且在 2007 年成功主办了第 14 届智能交通世界大会。在每一届会议中，中国代表团通过技术研讨会、互动式交流会、特别会议等多种途径，与世界各国同行研讨当今世界智能交通行业发展现状及趋势，不但可以把握国际智能交通发展动态和趋势，同时也向世界展现了中国智能交通建设成果与经验，促进了国内外智能交通领域交流与合作。例如，在第 18 届世界智能交通大会上，中国智能交通协会分别与美国智能交通协会、欧洲智能交通协会签署了合作谅解备忘录，就进一步开展实质性合作达成多项共识。

（2）国际合作。中国政府与国外相关机构开展合作，通过引进先进的智能交通技术，提升智能交通建设水平。例如，2011 年 1 月 21 日，国家发展和改革委员会、北京市发展和改革委员会与日本新能源和产业技术综合开发机构（NEDO）签署北京智能交通信息系统节能减排示范项目谅解备忘录。该项目主要通过动态路径诱导系统（DRGS）和环保驾驶辅助系统（EMS），提供路径规划和驾驶行为提示信息，从而分散交通流、缓和拥堵、改变驾驶员的驾驶行为，实现减少油耗和二氧化碳的排放。根据日本开展相关实验的效果推算，项目实施后用户可减少油耗约 18%。该项目总投资约为 1.934 亿元（约合 27.01 亿日元），其中日本新能源和产业技术综合开发机构提供经费 1.455 亿元（约合 20.32 亿日元），中方配套经费为 4790 万元（约合 6.69 亿日元）。中方的经费主要用于配套仪器、设备和场地使用。中方项目实施单位为北京市交通委员会，日方项目实施单位为日产汽车公司。

（三）实践领域

1. 技术示范工程

结合 2008 年北京奥运会、2010 年上海世界博览会、2010 年广州亚运会等重大活动的举办需求，科技部启动实施了"国家综合智能交通技术集成应用示范"科技支撑计划重大项目，围绕"国家高速公路联网不停车收费和服务系统""北京奥运智能交通集成系统""上海世博智能交通技术综合集成系统""广州亚运智能交通综合信息平台系统""远洋船舶及战略物资运输在线监控系统"五个方面开展了系统研究，取得了显著成果，为近年来中国举办的大型国际活动提供了智能化交通管理和出行服务方面的技术支撑。2008 年北京奥运会所采用的奥运智能交通管理与服务综合系统，是中国国内规模最大的智能交通管理综合系统，集成了交通信息采集与处理、交通信号控制、交通指挥与调度、交通信息服务、应急管理等 22 个子系统，实现了对社会交通和奥运会赛事交通的周密组织、协调指挥，有效地保证了奥运会的顺利举办。在2010 年上海世界博览会期间，智能交通系统再一次发挥了巨大的作用，集成应用了交通综合信息平台、道路交通信息采集发布系统等一批道路交通信息化工程项目的技术成果，保障了共 7000 万人次、日均 30 万游客安全抵达园区并均衡游览，它是中国智能交通在北京奥运会成功之后又一次高水平大规模的示范应用，向世界展现了中国在智能交通领域的最新进展。2011 年广州亚运会集成了广州市智能交通管理指挥系统及交通闭路电视监控、车牌识别等智能交通系统，实现了交通事件检测、自动识别单双号及专用道车辆、自动判断道路交通事件等功能，使亚运会期间的整体交通运作安全、有序、平稳，交通组织井然有序，保证了亚运会及亚残运会的顺利进行。

2. 技术应用

目前，中国有多座城市应用了智能交通技术，主要表现在以下几个方面。

（1）交通流量自动采集，就是在市区主要道路和交叉路口安装交通信息采集系统。目前中国部分大城市已经安装此类采集系统。在高速公路上建立流量观测站，包括连续式观测站和间隙式观测站，观测和采集高速公路交通流量。

（2）公共交通方面的技术应用：①全球定位系统调度、电子站牌等新技术在公交行业的应用。例如，上海二汽公交公司开发出的"计算机公交营运信息化管理系统"，在改善公交企业营运管理信息化方面有着显著效果。该系统由车载硬件和后台软件组成，硬件开发内容主要有车载信息记录器、红外客流检测仪、油耗记录仪等，软件开发内容主要有公司营运管理、营运调度、生产计划管理、车辆辅助管理、车队营运管理、线路营运调度、车队生产数据处理和油量管理8个子系统，形成了一个功能强大的信息分类、快速处理、科学分析、合理使用的综合性公交营运信息化管理系统。②公共交通信息服务技术的应用。目前，一些城市已经建立公交信息服务平台。以北京市为例，北京市交通运行监测调度中心信息发布和预警预报系统（一期工程）已经建成，目前已经整合行业内外3000多项静态、动态数据，形成了涉及19个行业的信息化应用系统，覆盖城市道路、公交、轨道交通、出租车、交通管理、民航、气象等多个领域，为公众出行提供服务。北京市交通运行监测调度中心信息发布和预警预报系统二期工程即将启动，预计到2013年底，人们可以通过手机获取公交车到站时间信息、地铁拥挤度信息，随时了解北京市五环外高速公路、主要国省干道路况，以及重点公交线路的到站预报，并整合全市停车场信息。

（3）出租车管理部门新技术的应用，主要涉及出租车的调度管理。目前，大众、强生在车辆调度管理方面应用了一些新技术：有的采用从国外进口的专网 GPS 调度管理系统，有的应用模拟专网的通信调度系统（其主要功能是通过网络进行电话调度管理，但不具备车辆的空间定位功能），有的安装了 GPS 调度管理系统。这些系统有效地提高了出租车企业的管理水平，降低了管理成本。

（4）停放车设施的技术应用。2001 年 12 月，北京王府井停车诱导系统开通运行，这是中国最早建设的系统。目前比较成熟完善的有 21 个城市的停车诱导系统。早期投入运行的城市停车诱导项目，因为各系统都有独立的管理中心和通信平台，各自独立运作，分别租用通信公司的线路，造成运营费用高；另外各系统的信息量小，难以形成多渠道的信息发布方式，公众获得的停车信息少。目前，一些城市对原有系统进行了整合升级，向着停车诱导信息集成管理平台的方向发展。

（5）交通规划中的车辆定位技术。在技术应用中，除了上述有关技术外，还包括对于车辆的定位技术的研究与应用。车辆定位系统主要由移动端、客户端两大部分组成。移动端由掌上电脑（PDA）＋电子地图＋GPS 卫星信号接收器和 GSM 短信通信平台构成，客户端由局域网内的 GIS 工作站构成。借助于移动端的 PDA 和 GPS 卫星信号接收器，交通管理部门可以即时跟踪车辆的行驶轨迹、车速并通过 GSM 网的短信发送，将采集的车速和轨迹即时传递到客户端的 GIS 工作站，并将轨迹和车速记录和显示，客户端保存记录并通过软件的开发对车速数据进行检索、查询和统计，并通过调查准确掌握道路交通的运行状况。

（6）在高速公路电子不停车收费系统建设方面，目前开通的省份有 22 个，电子不停车收费车道 250 条，覆盖高速公路 6 万公里，达到高速公路总里程的 80%。

总之，就国内各城市对比来看，北京、上海、广州、深圳的智能交通发展位于国内前列，均以公用信息平台为核心，展开了一系列智能交通相关项目的建设和研究。特别是这些城市在"十二五"交通规划中，都将智能交通作为重点发展方向。但是，我们也应该看到，与日本、韩国、新加坡等国家相比，中国的智能交通建设还处于起步阶段，一些智能交通系统正处在试点阶段，尚未大面积推广应用。一些已经建立的系统，每个地区或者城市只是从各个点上做了一些工作，如道路监控、停车引导系统、公交出行信息平台等，这些独立的系统在各自领域都发挥了一定作用，但由于分属各个部门，资源无法共享，难以达到高度集成，同时也出现了各部门重复采集数据所带来的浪费。

六 中国智能交通发展面临的问题

1. 智能交通发展理念有待转变和提升

首先，中国正处于工业化、城镇化和人民生活质量提高的高速发展阶段。交通需求的总体增长和层次提高导致了中国交通运输能源需求和气体排放保持较快增长。因此，必须大力推进智能交通系统建设，采用先进的技术手段提高交通运输系统的总体运行效率。但是，目前，智能交通的建设理念还需要转变和提升，尤其是一些传统的观念与之相违背。例如，物流公司通常以速度为基础设计其物流系统，而不是以能源效率为基础，运输领域的能耗降低面临着巨大挑战。其次，由于智能交通的发展涉及个人隐私问题，可能有很多人不愿意使用高科技定位设备，担心安装了车辆导航设备，可以查找到他们的位置和行踪。最后，由于部门利益的驱使，相关管理部门都参与到智能交通建设，缺乏统一协调，往往造成重复建设和资源浪费。因此，中国应该将智能交通建设与交通安全紧密结合在一起，重点关注公众出行和货物运输服务以及交通安全等民生需求。

2. 技术研究领域尚待突破

中国在智能交通领域的确取得了许多积极成果，已经基本形成了中国智能交通系统科技发展的基础，但仍有许多发展的空间。比如，中国在道路交通运营管理方面的技术比较成熟，普遍比较重视智能化交通管理的研究和应用。相对而言，在智能化交通服务领域的研究应用发展比较缓慢，在车路协同等智能交通前沿技术领域还处于初步探索阶段，在大城市区域交通智能化控制、交通仿真、个性化交通服务等技术领域有待进一步开发。智能交通系统综合集成方面的研究也还比较薄弱。

3. 智能交通产业发展方面的问题

智能交通产业发展方面存在的问题集中表现在以下几个方面。

（1）企业规模小，竞争能力弱。目前，国内投入智能交通产业的企业大体可分为四种类型：设备提供商、软件开发商、系统集成商和平台运营商。产品类型主要集中在道路监控、高速公路收费、全球定位系统、地理信息和系统集成。从事智能交通行业的企业约有2000家，绝大多数企业为规模较小的地方性系统集成商，通过当地渠道维持生存；而少数具备全国扩张能力的行业领先厂商，市场占有率也并不高，如银江股份2011年智能交通业务营业收入仅为4.44亿元，市场份额尚且不足5%。与国外企业相比，大部分国内企业规模小，技术创新能力差，而少数大型企业则市场占有率低，市场竞争能力有待提高。

（2）自主创新少，缺乏适合国情的关键技术。目前中国市场的智能交通中高端产品主要是国外品牌，关键核心技术依赖进口。即使是发展速度最快、推广和普及最广泛的智能导航产业与智能交通管理系统也是如此。比如在智能导航产业，专业测量接收机和测向接收机高端产品，国际厂商占80%；授时接收机国外产品占60%；航空导航接收机国外产品占90%；国内贴牌加工的主板几乎全部采用外国芯片。国产低端产品主要使用国外进口芯片或对贴牌加工的主板进行二次开发。

车联网技术是智能交通中的关键技术领域。一般车联网有三层：第一层是感知层，就是电子标签（RFID）等感知系统，这是最简单的层面；第二层是互联互通，即车与车、车与路互联互通；第三层是通过云计算等智能计算，调度、管理车辆。目前，中国大部分企业都在从事电子标签等感知系统的生产，但从事第二层的少，第三层就更不用说了。

另外，即使是生产电子标签，大部分企业的研发能力也非常弱，企业一直找不到产业化的着力点。以电子标签为例，大多数企业从工信部、科技部拿到扶持资金后，转身买国外的芯片，然后进行一些二次开发、应用，最后仍然缺乏核心技术。

（3）没有建立市场准入制度。市场准入没有标准和门槛，任何投资商都可以进入，造成的结果是：第一，市场产品良莠不齐，用户利益受到侵害。以中国的 GPS 行业为例，许多生产商都没有标准的生产线、模拟环境检测线、品控程序，只是拼装、检查后就出厂。GPS 运营所需要的应用软件及电子地图通常由终端产品供应商免费提供，运营商为节省投入，不买正版软件和电子地图，使用供应商提供的盗版软件和自行拼凑的电子地图。结果是不同公司的 GPS 产品及运营系统不能通用、兼容、联网，软件无法升级，地图过时误导用户，系统经常瘫痪，有的监控中心多系统并存，维护复杂困难，操作使用不灵，影响工作效率，甚至存在隐患风险。第二，盗版产品泛滥，市场秩序混乱，严重影响行业的未来发展。市场秩序是在特定情景下设计的旨在激励和约束交易者行为的权利与义务的制度安排——既包括法定授权的组织规则，也包括约定俗成的行为标准。智能交通产品和服务市场秩序的维护需要依靠智能交通产品市场的相关制度安排，这些制度有助于界定和保护产权，降低交易费用，保护智能交通产品市场公平的市场交易，建立智能交通产品市场的竞争秩序，建立有序竞争的智能交通产品市场。智能交通产业作为高技术集成产业，知识和技术是其发展的关键。但是，目前在智能交通产品市场知识产权侵权行为、不公平交易行为、不公平竞争行为比比皆是。侵权最为严重的是盗版电子地图和 GPS "山寨机"。2008 年，导航地图销量大幅增长，不过价格却大幅下滑，利润也逐渐摊薄。导航地图是高投资的行业，随着竞争的加剧，一些电子地图企业已经渐露窘境，这一现象给电子地图的发展带来了较大的威胁。在 GPS 市场，"山寨机"占有相当大的市场份额。"山寨机"生产厂商都是由原来生产

MP3、MP4 或者蓝牙耳机等的厂商直接转换过来的。正是这些"山寨机"严重扰乱了目前的 GPS 市场秩序，让一些有心做品牌的厂家显得有些力不从心。其销量持续下降，销售渠道也备受这些"山寨机"的冲击。

（4）智能交通产业链尚未形成。欧盟、美国、日本等发达国家或地区已经实现了智能交通产品的产业化发展格局，产品具有很强的竞争优势，如诺基亚、微软、夏新等手机厂商已经进入中国的 GPS 导航领域，生产带有 MP4、PDA 等各类功能的 GPS 产品。另外一些电子设备生产商如国际商业机器公司、西门子等也推出了智能交通产品。面对全球激烈的智能交通产业竞争环境，国内众多智能交通企业仍然处于各自为政、孤军奋战的状态。由于没有形成完整的产业链，产品生产的专业化程度低，有很多运营商为节省投资、降低成本，集软件系统开发、硬件终端研发、生产、销售、运营于一体，没有做专业的运营商。其结果是，终端产品质量问题严重、返修率高，售后服务成本高，最终导致整个产业竞争力不足。

4. 标准化工作仍不能适应智能交通发展的需要

智能交通系统跨越交通工程、信息工程、通信技术、控制工程、计算机技术、系统工程等多学科领域，所涉及的技术标准非常多。世界各国都非常重视智能运输系统的标准化，目前国际性及地区性的标准化组织主要有：国际标准化组织智能运输标准化技术委员会（ISO/TC204）、国际电信联盟（ITU）、欧洲标准化委员会道路运输和交通通信及信息处理技术委员会（CEN/TC278）、欧洲电信标准化协会智能运输标准化技术委员会（ETSIC ITS）、美国电气和电子工程师协会等。

2003 年，中国成立了智能交通运输系统标准化技术委员会，截至目前已经开展了 74 项标准的制定工作，其中正式颁布 27 项，报批 11 项，审查 6 项，送审 2 项，征求意见 24 项，并且针对"十二五"期间重点发展的交通信息行业集中推出了 13 项标准，向社会征求意见。虽然中国正在积极制定相关标准，但据清华大学土木工程系交通研究所石京等人的调查，目前中国相关的标准制定率不足20%，仍有许多标准亟待制定。

随着物联网技术的发展，国内不少企业、科研院所及企业都开始研究在物联网理念下的智能运输技术。为保护研发及建设投资，标准问题也日益突出。目前，智能运输物联网标准体系尚未建立，涉及智能运输系统内的标识、通信、应用、信息安全、测试等领域的标准完全空白。

5. 亟待解决多部门协调统一管理问题

中国交通领域的管理部门众多，涉及铁路、航空、交通、公安等管理部门。虽然科技部、交通部等部门2001年联合成立了全国智能交通系统建设协调指导小组，在2007年也成立了全国性的智能交通协会，拟采用自上而下式的方式来推动智能交通产业化的发展，但在21世纪的前10年时间里，大部分地方政府对智能交通既不了解也不重视，既没有明确当地的智能交通系统建设主管部门，也没有明确当地的综合协调机构。目前，越来越严重的城市拥堵问题让很多城市对智能交通产生了兴趣。南京市政府出台了《关于加快推进全市智能交通项目建设的意见》，厦门绝大多数车辆已经打上了电子标签，北京、广州、武汉、深圳、上海等地也都提出要打造智能交通系统。但目前的问题是，政府在智能交通发展中的角色不明确，多头管理现象严重。目前，地方公安主管部门、交通主管部门都从事智能交通系统的建设，各个部门都开发信息系统和平台，造成的结果是多个平台之间无法对接，从数个平台上获取的数据也都不完整，造成了重复采集数据的情况，浪费了资金，数据信息也难以共享。

6. 投融资政策不具体

中国高新技术企业的资金来源主要为自筹资金，小部分为银行贷款。智能交通产业虽然也属于高新技术产业范围，但是这种筹资方式不符合智能交通产业资金的需求特点，尤其是在基础设施建设方面。目前，美国采用的是政府为主、企业参与的形式，日本采用的是政府与民间企业相互合作的方式，而中国目前虽然以政府投资为主，但是对于今后如何筹集智能交通建设和发展资金没有具体规定。另外，在建设智能交通的过程中，有些项目是社会公益性项目，有些是可经营型项目。目前，既没有专门针对智能交通产业投资的具体优惠政策，也没有对项目性质进行划分，制定不同的投资方案和政策。

七 对策措施

1. 转变智能交通发展理念

智能交通是应用现代信息、通信、控制技术和系统集成技术，对由交通基础设施、运载工具和交通参与者共同组成的复杂系统中各部分运行关系进行协调与控制，优化资源配置，实现交通运输系统安全高效运行，充分满足公众出行和货物运输多样化需求，而形成的新型交通运行形态和运输组织方式。应该认识到，发展智能交通是一个渐进的过程，只有遵循发展规律，转变发展理念，才能使智能交通真正得到稳步发展。智能交通发展的过程如下：第一个阶段是以监控为主体的交通工程系统（交通工程基本设施、检测器、电子设备、数据采集、监控技术），第二个阶段是初级智能运输系统（信息采集与处理技术、宽带通信技术、全球定位系统、地理信息系统、新数学方法应用），第三个阶段是模型化智能运输系统（系统辨识、模式识别），第四个阶段是高级智能运输系统（人工智能）。在智能交通的发展过程中，提高交通通行效率是智能交通建设产生的最直接结果，它所带来的益处就是缓解堵塞、节约时间、降低能源损耗、降低排放；智能交通带来的另一个益处就是保护驾驶者的行驶安全，因为几乎所有国家交通事故的官方统计都表明，引起交通事故的最主要原因是机动车驾驶人失误，其在各种事故中的原因中所占比例高达 80% ~ 90%，在中国所占比例达到 95% 以上。

因此，智能交通建设应围绕缓解交通拥堵、保障出行者安全、降低事故发生率的目标进行，为出行者提供全方位信息服务。

在智能交通建设中，既涉及政府、企业，也涉及每个公民，因此，加强宣传和教育也是必不可少的工作，只有全社会对智能交通有充分的认识和了解，才能保证其健康发展。

2. 加强技术研发力度

低碳经济将是中国城市可持续发展的必然选择。作为节能减排的重要领域，中国的交通运输业必须进行技术革新和产业升级，以确保中国温室气体排放行动目标的实现。以北京奥运会、上海世界博览会、广州亚运会等大型活动为契机，国内外大量先进的智能交通技术得到了应用，并取得了良好的效果，为中国交通运输业的低碳发展起到了榜样和示范作用。未来，中国智能交通领域的技术突破主要着眼于四个方向：交通数据实时获取与处理技术、交通信息交互技术、智能化交通安全技术、智能化组织管控技术。

3. 重视顶层设计与规划

智能交通建设是庞大的系统工程，需要从国家层面制定战略规划。未来，中国智能交通建设将着重于四个方面的建设：一是加速发展智能化交通服务技术。在发展智能交通技术的过程中，智能化交通服务技术将越来越受到关注和重视，服务理念在智能交通系统中日益凸显。智能交通的服务主体应该从小汽车向公共交通、行人转变，以人为本、服务社会，这是中国智能交通系统发展的重要原则。二是交通安全。在传统的安全管理和安全保障技术基础上，人车路协同提升安全水平成为重要的手段。我们的目标是重点攻克智能车路协同系统前沿核心技术，研制车路协同关键核心装备，建立典型应用场景下的车路协同系统，为实现中国道路交通安全从"被动响应"模式到"主动保障"模式的转型提供核心技术支撑。三是交通信息的采集、处理和发布成为智能交通技术的核心内容之一。新型检测传感技术、高清视频技术、移动通信技术等的发展，使大范围进行交通动态信息获取和交互成为可能。信息技术领域的技术进步大大提升了交通信息的处理和服务水平，物联网、云计算等新的理念和技术，使交通信息的获取、交互和服务更为方便快捷。低成本、高可靠性的基础交通信息获取和交互、更为先进的网络化交通信息系统的建设和服务等，是中国智能交通系统发展的重要技术内容。四是基于信息共享实现多种运输方式的协同和效能提升，是中国智能交通发展的重要趋势。随着交通运输的发展和信息技术的广泛应用，建立综合交通信息的共享机制和平台，促进综合交通系统的协同服务，利用综合交通信息平台进行多种运输方式之间的有效协同，已经成为综合信息数据处理与集成技术的一个发展趋势。

4. 产业发展的对策措施

（1）规范市场秩序。第一，政府应该规范智能交通产业市场秩序，通过制定相关企业产品的生产标准，完善智能交通产品制造商市场准入制度，实现平等交换和公平竞争。对严重违规违法的企业，要依法强制其退出市场，为产业发展创造良好的竞争环境。第二，要培育市场环境。在智能交通产业中，先行培育市场的企业要冒很大的风险，而其他不进行市场培育的企业则可以在市场成熟后"搭便车"。虽然目前具有真知灼见的企业仍然在不计成本地培育市场，但是就目前全球智能交通产业的竞争环境和中国智能交通产业的发展需求看，单靠少数企业的努力是不够的，需要多数企业联合起来，共同培育市场。因此，政府应该通过政策引导，以及税收、财政等手段扶持那些重视研发投入、有自主创新能力并拥有知识产权、进行市场培育的企业，同时，通过建立产业联盟，做强产业规模，提高整个行业的经济效益。

（2）推进智能交通产业链的形成和完善。智能交通产业链，自上而下分别为算法（芯片）和集成电路商、数据提供商、软件（硬件）产品供应商、咨询服务（系统集成）商、运营服务商。目前，算法（芯片）和集成电路商基本都被国外厂商垄断，中国企业在此领域只占有较少的市场份额。数据提供商主要是具备电子地图制作资质的厂商，其行业主管部门为国家测绘局，该行业准入门槛和集中度很高。软件制造商是具备专业应用软件开发能力的制造商，产品有较高的技术门槛，市场集中度和毛利率水平高，但需要持续大量的研发投入。硬件制造商主要提供智能交通系统硬件设备，包括前端信息采集（指示）、中端的传输和后端的存储（显示）设备等，这一市场国外厂商介入较少，基本都是国内企业，市场处于高度竞争状态，企业普遍缺乏核心技术，主要的竞争在于价格、渠道和售后服务方面，产品同质化严重且生命周期较短。系统集成商依据规模和业务能力可分为综合系统集成商和子系统集成商：前者具备完整的系统设计和施工能力，拥有大规模的软件和硬件研发与生成能力以及完善的子公司与售后服务网点，具备全国扩张能力；后者具备一定的集成能力，一般不具备核心软件和硬件的研发能力，主要专注于智能交通某些具体子系统项目的建设，业务规模相对较小，业务范围限于一定区域。在运营服务商方面，中国智能交通行业目前尚处于标准制定与完善阶段，行业内企业几乎全部扮演着系统集成商和产品供应商的角色。目前大规模交通信息化服务运营市场产生的条件尚不成熟，未来随着行业技术标准逐渐统一，城市智能交通软硬件系统进一步完善，交通信息服务产业迅速发展，只有交通运营服务商才能在行业中扮演重要的角色。要不断推进智能交通产业链的形成和完善，培育和扶持国有品牌，提高企业的创新能力；推进上下游产业之间的关联与合作，完善企业之间的供给和需求关系；同时，通过建立产学研创新联盟，将产业链向技术研发环节延伸，提高智能交通产业的竞争优势和水平。

5. 加强政府部门的协调管理工作

发达国家智能交通发展的经验显示，在智能交通产业发展的过程中，政府主要扮演四种角色：制定发展规划、解决资金问题、构建相关体制、给予政策支持。例如，美国、日本和欧洲在制定智能交通发展规划方面，政府扮演了主要角色。1995 年 3 月，美国运输部正式出版了《国家智能交通项目规划》，明确规定了智能交通系统的 7 大领域和 29 个用户服务功能；1995 年 8 月，日本以建设省为主的 5 个相关省厅制定了《道路、交通、车辆领域信息化实施指针》，其中明确了 9 个开发领域，还确定了 11 项推进措施。1996 年 7 月，这 5 个相关的省厅又制定了《关于推进智能交通的整体构想》，以今后 20 年为远期目标，归纳了智能交通的目标功能、开发推广的基本思路。欧盟 19 个成员为共同推进智能交通发展，于 1985 年成立了欧洲道路运输信息技术实施组织，实施智能道路和车载设备的研究发展计划。关于智能交通的建设和发展资金，美国政府要求将智能交通的发展与建设纳入各级政府的基本投资计划之中，大部分资金由联邦、州和各级地方政府提供。日本虽然走政府与民间企业相互合作的道路，但是智能交通基础设施的建设和推进也主要由政府投资。在构建智能交通产业发展的相关体制方面，日本政府充分发挥了自身的作用，比如日本目前在智能交通项目方面已经形成了官方、民间、学术机构的协调体制，这对日本智能交通的发展起到了很大的推动作用。

　　智能交通建设涉及多个行政管理部门。由于中国交通运输体制仍属条块分割状况，铁路、交通、民航、公安等部门分头管理，这也人为地造成了技术标准不统一、各自为政的状况，十分不利于智能交通技术的发展。虽然科技部、交通部等部门 2001 年联合成立了全国智能交通系统建设协调指导小组，但是地方各省份尚未成立对应的协调指导小组，不利于智能交通的发展。因此，各地政府应与国家层面相对应，成立智能交通产业发展推进协调领导小组，在技术应用、产业规划、资金筹集、体制构建和制定扶持政策方面发挥主导作用。

6. 加强智能交通标准化建设

　　智能交通标准主要包括基础性关键标准和应用与服务标准，其中基础性关键标准包括智能交通数据表述、编码及数据交换基础标准，智能交通标识及解析体系标准，车车、车路及船岸数据交互接口标准，智能交通信息安全及信任体系标准等；应用与服务标准主要包括交通出行信息服务系列标准，公路网、轨道网运行监测及服务标准，电子收费客户服务及扩展应用标准，公共交通智能化服务标准，综合运输网络状态感知与数据服务标准，物流信息交换及服务平台标准，车辆辅助驾驶人机接口标准，船载智能终端标准，电子标签标准，船载智能化安全装置标准。今后，智能运输系统的标准化研究重点主要集中在基础性关键标准、急需的应用与服务标准建设方面。未来，标准的制定和颁布将是智能交通领域的重要环节。2013 年，全国智能运输系统标准化技术委员会将推出 21 项国家标准。

智能交通标准建设还要紧密结合现代技术的发展。随着物联网技术尤其是传感器技术、无线宽带通信技术、云计算、海计算等理念及相关产品的问世，下一代的智能运输系统标准化框架应与物联网技术紧密结合，向着实现自主产业和占领制高点的方向发展。

7. 构建产学研合作创新联盟

随着应用需求的不断提高和智能交通技术的进步，智能交通系统的核心理念、关键技术和主要内容也在不断完善和丰富。要围绕交通运输领域的创新需求，构建产学研用相结合的交通科技创新联盟平台。目前，中国一些省份已经建立了智能交通产学研联盟。2010 年 9 月，由中国智能交通协会联合国内智能交通、汽车技术领域有代表性和影响力的 15 家单位发起成立了国家智能交通产业技术创新战略联盟。2011年，北京市中关村智能交通产业联盟、江苏省智能交通产业技术创新战略联盟、深圳市智能交通产学研联盟、安徽省智能交通产业技术创新战略联盟相继成立。2012 年，湖北省成立了中国光谷智能交通产业技术创新联盟。这些联盟发展的共同目标是：针对共性技术和关键技术，联合开展重大项目的攻关与研发，促进技术与产业合作；实施技术转移，加速科技成果的商业化运用，提升产业整体竞争力。

8. 积极发挥协会和专业委员会的作用

要积极发挥协会和专业委员会的作用，积极开展与智能交通相关的学术交流活动，解决公共交通事业发展过程中一些亟待解决的节能问题和环保问题，在调查研究的基础上，提出有针对性的应对措施和政策建议。要采用论文征集、会议讨论、实地考察等多种形式开展交流，尤其要针对技术难点，组织有关专家进行"会诊"，帮助解决实际困难。同时，协会和专业委员会要加强与政府、公交企业、科研单位、高等院校和产品生产单位之间的沟通和联系，重视加强与国际相关组织之间的交流和联系。

9. 完善智能交通产业投融资体系

投融资体系是智能交通企业获得发展资金的重要渠道，是决定智能交通产业化成败的关键因素之一。因此，各地政府部门应努力完善智能交通产业投融资体系，建立由政府引导的、直接融资和间接融资相结合的智能交通产业化投融资体系。首先，在投资环境的建设中，政府要明确区分哪些是社会公益型项目（如先进的交通管理系统、公交管理系统、应急管理系统等运输管理系统属于社会公益型项目），哪些是可经营型项目（如服务信息提供系统、商业车辆管理系统属于可经营型项目）。对于不同性质的项目，应该设计不同的投资方案，确定投资主体和投资回报率，制定不同的投资战略和规划。社会公益型项目主要由政府投资，可经营型项目的投资主体由市场选择，但不排除政府对重点项目的政策和资金支持。其次，各地政府部门应调整投资结构，加大对智能交通产业发展的资金支持。国家投入要侧重于支持战略性和公益性的智能交通产业化项目以及智能交通企业创业期的引导资金。政府应加强引导，广泛吸引社会投资，引导社会资金流向，利用税收优惠、补贴等多种方式鼓励企业增加研究开发投入；建立完善的投融资回报机制，鼓励和吸引国内外企业、财团投资，充分利用资本市场筹措智能交通建设、运营资金。

第五章

智能建筑

一　信息技术在智能建筑中的应用

（一）智能建筑中的信息技术应用

不断发展的人类社会活动需求是建筑不断发展的根本动力，科学技术则是实现建筑两大基本目标（功能与美观）的前提和手段。建筑物的特征是：①符合人们的一般使用要求并适应人们的特殊活动要求（办公楼、工厂）；②构造坚固耐久（安全、经济）；③通过形式传达经验感受和思想情操（学校、剧院、教堂）。随着经济的发展和社会的进步，人们对建筑在信息交换、安全性、舒适性、便利性和节能性等诸多方面提出了更高要求，而建筑功能的扩展主要是通过在建筑物内采用各种新型建筑设备来实现的。这就相应地引出了"智能建筑"的概念。

"智能建筑"一词首次出现于 1984 年。当时，由美国联合技术公司（United Technology Corp.）的一家子公司——联合技术建筑系统公司（United Technology Building System Corp.）在美国康涅狄格州的哈特福德市改建完成了一座名叫"都市大厦"（City Place）的大楼，"智能建筑"就出现在其宣传词中。

智能建筑发展的背景有三个方面：①技术背景。电子技术的进步使计算机技术、通信技术和控制技术迅猛发展，与计算机技术相关的产品性价比逐年下降，计算机技术在各行业、各领域得到了快速普及。②经济背景。第三产业在国民生产总值中所占比重日趋加大，从事金融、贸易、保险、房地产、咨询服务、综合技术服务等行业的人员比例逐年提高，因此就需要为这些人提供舒适、方便、高效、安全的工作场所。③社会背景。智能建筑是作为信息社会的一个节点而存在的。信息时代带来了激烈的国家竞争，在信息领域内争得领先地位，就能在高科技上获得最大的成就；在经济上获得最大的利益，就能够提高社会物质文明发展的水平。

1. 智能建筑的定义

国际上至今对智能建筑还没有一个统一的定义，主要的说法有以下几种。

美国智能建筑学会对智能建筑的定义：通过对建筑物的四个要素（结构、系统、服务和管理）以及它们之间相互关联的最优考虑，为用户提供一个高效率、高功能、高舒适性和能带来经济效益的环境。

欧洲智能建筑集团对智能建筑的定义：建造一种可以给住户带来最大效益环境的建筑，同时该建筑可以用于有效地管理资源，而在硬件和设备方面的寿命周期成本最小。

日本智能大楼研究会对智能建筑的定义：智能建筑提供包括商业支持功能、通信支持功能等在内的高度通信服务，并通过高度的大楼管理体系，保证舒适的环境和安全，以提高工作效率。

新加坡公共设施署对智能建筑的定义：智能建筑必须具备三个条件，一是具有保安、消防与环境控制等自动化控制系统以及自动调节建筑内的温度、湿度、灯光等参数的各种设施，以创造舒适安全的环境；二是具有良好的通信网络设施，使数据能在建筑物内各区域之间进行流通；三是能够提供足够的对外通信设施与能力。

中国建筑业普遍认同的定义出自《智能建筑设计标准》（GB/T50134-2000）：以建筑为平台，兼顾建筑设备、办公自动化及通信网络系统，集结构、系统、服务、管理及它们之间的最优化的组合，向人们提供一个高效、舒适、便利、安全的建筑环境。

智能建筑是一个发展中的概念，它随着科学技术的进步和人们对其功能要求的变化而不断更新，不断补充内容。智能建筑的本质，简单地说就是为人们提供一个优越的工作与生活环境，这种环境具有安全、舒适、便利、高效与灵活的特点。智能建筑一般具有四个基本要素和五项功能。

智能建筑的基本要素包括：①结构，主要指建筑环境结构，它涵盖了建筑物内外的土建、装饰、建材、空间分割与承载；②系统，指实现建筑物功能所必备的机电设施，如给水排水、暖通、电梯、照明、通信、办公自动化、综合布线等；③管理，即对人、财、物及信息资源的全面管理，体现高效、节能和环保等要求；④服务，即为客户或住户提供居住生活、娱乐、工作所需要的服务，使用户获得优良的生活质量和工作质量。

智能建筑应当提供五项功能：①应对建筑物内所有设备设施实施一体化的综合性监控；②应全方位地实施安全（安防、消防、建筑安全等）监控一体化；③应具有对多种信息的获取、处理、传递及应用能力；④应具有充分的灵活性、适应性、可扩展性；⑤已经具有的各种功能，应能随技术进步和社会发展需求而扩充。

2. 智能建筑的特征

智能建筑不仅具有高科技方面的特征，更重要的是它具有与人、与环境相联系的便利舒适的特征，可以归纳为以下四点。

（1）提供安全、舒适、高效、便捷的环境。智能建筑能够提高建筑物使用人员的工作效率与生活的舒适感、安全感和便利感，使建造者与使用者都获得很高的经济效益。首先，智能建筑可以确保人、财、物的高度安全并具有对灾害和突发事件的快速反应能力；其次，智能建筑室内可以提供适宜的温度、湿度、新风以及多媒体音像系统、装饰照明、公共环境背景音乐等，可以大大提高人们的工作质量、学习质量和生活质量；最后，智能建筑还可以通过建筑内外四通八达的电话、电视、计算机局域网、互联网等现代通信手段和各种基于网络的业务办公自动化系统，为人们提供高效便捷的工作环境、学习环境和生活环境。

（2）节约能源。节能是智能建筑的基本功能，也是高效、高回报率的具体体现。一般来讲，利用智能建筑能源控制与管理系统可节省30%左右的能源。以现代化商厦为例，其空调与照明系统的能耗很大，约占大厦总能耗的70%。在满足使用者对环境要求的前提下，智能大厦应利用其"智能"的特点，尽可能利用自然光和大气冷量（或热量）来调节室内环境，以最大限度地减少能源消耗。例如，按事先在日历上确定的程序，区分"工作时间"与"非工作时间"，对室内环境实施不同标准的自动控制，下班后自动降低室内照度与温湿度控制标准，这些已经成为智能大厦的基本功能。另外，利用空调、控制等行业的最新技术，最大限度地节省能源，是智能建筑的主要特点之一，其经济性也是该类建筑得以迅速推广的重要原因。

（3）节省维护费用和人工费用。根据美国大楼协会统计，一座大厦的生命周期为60年，启用后60年内的维护及运营费用约为建造成本的3倍。依据日本的统计，大厦的管理费、水电费、煤气费、机械设备及升降梯的维护费占整个大厦运营费用支出的60%左右，且其费用还将以每年4%的速度增加。所以，依赖智能化系统的智能化管理功能，可发挥其作用来降低机电设备的维护成本，同时由于系统的高度集成，系统的操作和管理也高度集中，人员安排更合理，可以使人工成本降到最低。建筑智能化系统的正常运行，可以降低机电设备的维护成本。

（4）系统高度集成。智能建筑与传统建筑最大的区别就是智能建筑各智能化系统的高度集成。智能建筑系统集成，就是将智能建筑中分离的设备、子系统、功能、信息，通过计算机网络集成为一个相互关联的统一协调的系统，实现信息、资源、任务的重组和共享。智能建筑中功能完备的通信系统，以多媒体方式高速处理各种图、文、音、像信息，突破了传统的地域观念，以零距离、零时差与世界联系。智能建筑安全、舒适、便利、节能、节省人工费用的特点必须依赖集成化的建筑智能化系统才能得以实现。

3. 智能建筑的系统组成

随着计算机技术、智能技术的发展，人们对智能建筑的认识也在不断变化。智能建筑的运行、维护和管理主要是通过自动化管理系统来实现的，通常称为智能建筑管理系统（Building Management System，BMS）或智能建筑集成系统。随着时间的推移，人们又提出了智能建筑综合管理系统（Intelligent Building Management System，IBMS）和智能化集成系统（Intelligented Integration System，IIS）两个概念，新概念的提出体现出技术的进步以及人们对智能建筑的认识的不断深入，当然也显示出智能建筑将是未来建筑的发展方向，技术应用的集成度会越来越高，实现建筑的节能环保和管理的便捷性会更强。

智能建筑不但在管理系统的概念方面不断演变，在系统的组成方面也处于不断变化之中。在中国，国家标准《智能建筑设计标准》（GB/T 5034 - 2000）中就有楼宇自动化（BA）系统、办公自动化（OA）系统、通信网络（CA）系统的概念。但是，经过多年的实践和探索，有人认为这种提法不妥。因此，在《智能建筑工程质量验收规范》（GB/T 50339 - 2003）中，将智能建筑系统组成改为：建筑自动化系统（BAS）、通信网络系统（CNS）和信息网络系统（INS），三者通过结构综合布线系统（Structured Cabling System，SCS）和计算机网络技术进行物理连接，并以管理为目的进行有机集成，形成一个统一的智能建筑综合管理系统。近年来，随着数字技术与智能化技术的融合发展，智能化集成系统的概念应运而生，它是对原有管理系统的扩充和完善，主要包括以下几个方面。

（1）信息设施系统（Information Technology System Infrastructure，ITSI），其功能主要是为建筑物的使用者及管理者创造良好的信息应用环境。信息设施系统主要包括通信接入系统、电话交换系统、综合布线系统、室内移动通信覆盖系统、有线电视接收系统、卫星电视接收系统、卫星通信系统、信息网络系统、广播系统、会议系统、信息导引及发布系统、时钟系统。

（2）信息化应用系统（Information Technology Application，ITAS），其功能是确保建筑物与外部信息通信网的互联及信息畅通，将接收、交换、传输、存储、检索和显示语音、数据、图像和多媒体等各类信息并进行综合处理的多种类信息设备系统加以组合，提供能够实现建筑物业务及管理等应用功能的信息通信基础设施。信息化应用系统主要包括工作业务应用系统、物业运营管理系统、公共服务管理系统、智能卡应用系统、信息网络安全管理系统。

（3）建筑设备管理系统，是在早期的建筑自动化系统的基础上发展起来的，是对建筑设备监控系统和公共安全系统等实施综合管理的系统。建筑设备管理系统主要包括热力系统、制冷系统、空调系统、给排水系统、电力系统、照明控制系统、电梯管理系统。

（4）公共安全系统（Public Security System，PSS），是为了维护公共安全，综合运用现代科学技术，以应对危害社会安全的各类突发事件而构建的技术防范体系或保障体系。公共安全系统包括火灾自动报警系统、安全技术防范系统、应急联动系统。

（二）智能建筑的作用

1. 节约能源

能源危机是现今世界面临的难题之一，而建筑业的能源消耗量不容小视。以中国为例，虽然建筑节能已经被提上重要日程，但是目前在建筑节能方面仍存在不少问题，主要包括"大型公共建筑和政府办公建筑高能耗、低能效问题突出""建筑节能缺乏足够的技术和产品支撑""既有建筑节能改造难以启动"等。住房和城乡建设部正在通过经济激励政策支持"低能耗及智能建筑的建设、既有建筑节能改造、供热体制改革"等，这说明利用支撑智能建筑的信息技术来发挥节能的作用，是一项有效的措施。

智能建筑依赖于信息技术、节能技术的设计和使用，能够达到低能耗的目标。通过信息技术实现减排目标的具体途径有两条：建筑设计和建筑信息管理系统。其中建筑设计通过两条途径实现减排：一是进行建筑能效设计，二是通过合理设计减少建筑空间。通过建筑信息管理系统实现减排的途径有：安装、运行建筑管理系统，电压优化，照明与设备的自动用电控制，制冷取暖系统自动化，以及按需通风、建筑调试等。

2. 设备监控与管理

建筑设备自动化系统能够对建筑物内部的各种建筑设备实现运行状态监视，启停、运行控制，并提供设备运行管理，包括维护保养以及事故诊断分析、调度和费用管理等。自动测量、监视与控制是建筑设备自动化系统的三大技术环节和手段，通过它们可以正确地掌握建筑设备的运转状态、事故状态、能耗、负荷的变动等情况，从而适时采取相应的处理措施，以达到智能建筑正常运行和节能的目的。

3. 综合安保管理

我们已经了解到，智能建筑利用了系统集成方法，将智能型计算机技术、通信技术、信息技术等与建筑艺术有机结合，使建筑物具有安全、高效、舒适、便利和灵活的特点。由此可见，安全性是智能建筑所要实现的重要目标。综合安保系统运用高新信息技术，主要包括：出入口与周边防范系统（入侵探测器、门禁系统），闭路电视监控系统，访客对讲（可视）和求助系统，防盗报警系统，巡更系统，停车场（库）管理系统，其他安全防范系统（漏水报警系统、煤气报警系统）等。

综合安保系统的适用范围非常广泛，经常被运用于智能住宅小区、大型公司以及政府大楼中，尤以智能小区的利用率最高，因为它能有效地保证业主的安全和隐私。

二　智能建筑的节能效果

建筑能耗包括建造能耗和使用能耗两个方面。建造能耗属于生产能耗，系一次性消耗，其中又包括建筑材料和设备生产能耗，以及建筑施工和安装能耗；而建筑使用能耗属于民用生活领域，系多年长期消耗，其中又包括建筑采暖、空调、照明、热水供应等能耗，它是建筑能耗中的主要部分。随着经济收入的增长和生活质量的提高，建筑消费的重点将从"硬件"（装修和耐用的消费品）消费转向"软件"（功能和环境品质）消费，因此保障室内空气品质所需的能耗（空调、通风、采暖、热水供应）将会迅速上升。建筑要实现节能减排的目标，途径之一就是应用信息技术，通过智能设计和智能运行管理，降低"软件"消费。

根据全球电子可持续性倡议组织和全球气候组织发布的报告，到2020年，全球通过智能建筑的建设带来的减排总量是16.8亿吨，相当于节省发电量30545亿千瓦时（见表5-1）。

表5-1　2020年全球智能建筑二氧化碳减排和节电效果分析

单位：亿吨，亿千瓦时

措施	二氧化碳减排	节省电力	实现目标和实施手段
使用智能软件设计节能型建筑	4.5	8182	零售建筑二氧化碳量减少40%，其他建筑减排30%； 实施：60%的新建筑、15%的改造建筑进行节能设计
设计较小的建筑空间	1.1	2000	零售店和仓库空间减少25%； 实施：60%的新建筑和20%的改造建筑

续表

措施	二氧化碳减排	节省电力	实现目标和实施手段
使用建筑管理系统进行楼宇管理	4.0	7273	住宅和零售建筑碳排放量减少12%,仓库碳排放量减少7%,办公室碳排放量减少36%;实施:40%的新办公室和零售店、25%的翻新建筑安装智能建筑管理系统,33%的其他新建筑、10%的其他改造建筑安装智能建筑管理系统
暖通空调自动化	1.3	2364	暖通空调能耗减少13%(不包括仓库);实施:40%的新零售店和办公室、33%的其他新建筑实施暖通空调自动化运行和管理,25%的既有建筑改造实施暖通空调自动化运行和管理
照明自动化	1.2	2182	照明装置减少16%;实施:40%的新零售店和办公室、33%的其他新建筑实施照明自动化,50%的改造商业建筑、25%的改造住宅建筑实施照明自动化
按需通风	0.2	363	商业建筑(不含仓库)中制热(或制冷)碳排放量减少4%;实施:60%的新建筑和25%的改造建筑
智能调试	0.6	1091	商业建筑(不含仓库)中制热(或制冷)碳排放量减少15%;实施:60%的新建筑进行智能调试
标准设定和建筑再调试	1.5	2727	当前商业建筑(不含仓库)中制热(或制冷)碳排放量减少35%;实施:25%的新建筑和50%的改造建筑
电压优化	2.4	4363	制热(或制冷)设备减少10%的能耗;实施:80%的新建筑、30%的改造商业建筑和20%的改造住宅建筑进行电压优化
合计	16.8	30545	—

注:按照全球电子可持续性倡议组织和全球气候组织发布报告的折算公式计算:发1千瓦时电平均产生0.55千克二氧化碳(将燃煤发电、核能发电、可再生能源发电综合考虑计算所得值)。

资料来源:根据全球电子可持续性倡议组织和全球气候组织发布的报告(*SMART 2020:Enabling the Low Carbon Economy in the Information Age*)提供的资料整理。

三 国外智能建筑的发展现状及启示

(一) 国外建筑节能政策

1. 美国

建筑业是美国经济的"三大支柱"之一,建筑耗能在美国能源消耗中占有重要比例。美国政府进行建筑节能的手段主要是制定行业和产品标准、开发和推荐新能源技术等。10余年间,美国共出台了10多项政策和计划来推动节能。

1975年,美国颁布实施了《能源政策和节约法》。在这部法中,详细地解释了建筑节能的经济支持问题。1984年针对家用电器能效问题又制定了《国家电器产品节能法》,最终在1992年制定了《国家能源政策法》,使得能源供应和使用有了一个综合性的法律文本。随后公布的《国家能源综合战略》从提高能源系统效率和有效利用能源资源的角度进行了长期规划。美国于1976年成立了能源部能效和可再生能源局,下设建筑技术和商务办公室。在建筑节能评估中,"能源之星"(Energy Star)项目对建筑节能起到了显著作用,通过实施"能源之星"标准,美国每年节省了30%~50%的能源消耗。2001年,美国各级政府部门和公用事业单位提供大量经费开展现金补贴项目,鼓励用户购买有"能源之星"认证的节能产品。购置有"能源之星"标识的建筑,可申请低息抵押贷款。同时,为了让低收入家庭也能节约能源,美国发起了低收入家庭住宅节能计划,使低收入家庭免费获得政府节能改造。能源部还支持美国绿色建筑协会推行以节能为主旨的《绿色建筑评估体系》,目前是世界各国建筑环保评估标准中最完善、最有影响力的。

2003年美国出台了10年间对可再生燃料、能源效率和替代燃料等领域实施减免的能源税政策。各种节能型设备和新建建筑根据所判定的能效指标不同,其减税额度在10%~20%。还规定了凡是在2001~

2003 年建成的民用住宅，若比国际节能规范标准节能 30% 以上，则每幢减免税收 1000 美元；2001 ~ 2005 年建成的民用住宅，若比国际节能规范标准节能 50% 以上的，每幢减免税收 2000 美元。此外，美国还资助节能建筑设备，根据各种节能型设备所判定的能效指标不同，其减税额度分别在 10% ~ 20%。

目前，美国有 40 个州制定了本州的公共建筑节能标准，其中 6 个经济发达州采用了比国家标准更为严格的地方建筑节能标准。美国在住房建筑节能方面做的很多工作，都是以政府机构做好服务工作为保障的，将现金补贴、减免税收、低息贷款三者有机结合，同时充分运用市场工具，让公众感受到节能对自身的好处，从而自己作出选择。

2. 日本

日本是一个能源非常匮乏的国家，同时又是一个能源消费大国。以 20 世纪 70 年代的两次的石油危机为契机，日本在各领域开始了全面的节能行动，经过 30 多年的努力，取得了举世瞩目的成绩，成为目前单位国内生产总值一次能源消耗量全球最低的国家，保持着世界最高的能源利用率。

日本在 1979 年颁布了《关于能源合理化使用的法律》，并于 1992 年和 1999 年先后两次进行修订。1997 年出台了《关于促进新能源利用等的基本方针》，也称《新能源法》。1998 年修订了《合理用能法》，又制定了《2010 年能源供应和需求的长期展望》，强调通过采用稳定的节能措施来控制能源需求。2001 年实施了《促进资源有效利用法》。2004 年日本通产省公布了《新能源产业化远景构想》，目标是到 2030 年把太阳能和风能发电等新能源技术扶植成商业产值达 3 万亿日元的支柱性产业之一，将日本对石油的依赖程度从目前的约占能源消费总量的 50% 降低到 40%。

随着 1974 年推出的《新能源技术开发计划》，在日本法律的延续上新的节能管理办公室也不断成立。1998 年，日本实施能效基准制度，即对汽车和家用电器、办公自动化设备等电器产品制定不低于市场上最优秀商品水平的能效标准，并确定实施的目标年度。1999 年开始对汽车、商用和家用电器设备等实行强制性能效标识制度，同时也让消费者对产品能效进行比较。2006 年，日本的经济产业省代管的资源能源部负责节能管理，在日本采用太阳能热水器、节能型供水设备和供暖设备等节能设备的建筑可享受日本住宅补贴贷款。日本对能源效率投资提供低息贷款，但其条件是现有设备的能源或石油消耗减少 20%，新建项目的能源或石油消耗减少 40%。对中小企业也有很大的优惠，即使用指定节能设备，可选择设备标准进价 30% 的特别折旧（在正常折旧的基础上，还可提取 30% 的特别折旧）或者 7% 的税额减免。

为实行有效的建筑节能政策和建筑节能标准，日本政府有关行政主管部门、地方政府和能源服务机构等民间团体在法规的支持下，积极开展建筑环境性能评价、认证和标识活动，有效地促进了建筑节能工作。1999 年制定的《关于促进保证住宅品质的法律》旨在通过建立住宅性能标准和评价制度，促进住宅品质的提高，保护购房者的利益，同时也有利于国民生活的安定向上和国民经济的健康发展。基于此法的相关法律条文，2000 年 10 月开始实施住宅性能表示制度。该制度的建立明确了住宅性能的标准和评价方法标准。住宅性能表示制度不仅仅局限在新建住宅范畴，从 2002 年 12 月起对既有住宅也开始了实施性能评价制度，旨在提高既有住宅的品质，有利于二手房的买卖，也能在一定程度上促进了对既有住宅的节能改造。

近年来，为实现《京都议定书》规定的目标，日本加大了节能减排措施的力度。2005 年 4 月依据《关于全球变暖对策促进法律》制定了《京都议定书目标达成计划》，以此来促进产业部门的自主行动计划、节能措施、新能源政策和原子能的利用。日本在建筑节能中除完善法规体系外，还制定有效的建筑节能评价体系和节能认证制度，以及经济激励政策，收到了良好的效果。

3. 欧盟

（1）德国。德国是一个能源匮乏的国家，除了水能源较充足以外，石油几乎100%依赖进口，天然气80%依赖进口。石油价格暴涨的石油危机，导致了德国能源政策的改变，并在全国启动了建筑节能工作。20世纪70年代以来，节约能源便成为德国发展经济的一项基本国策。由此带来的好处是：自90年代以后，在世界许多国家的能源消耗都与经济增长呈正比发展的情况下，德国的国内生产总值1991～2001年增长了16%，而同期矿物能源的消耗量却减少了15%。

德国在1976年就率先制定了《关于新建筑物节能法》。此法从当地的气候条件出发，对德国建筑物夏季隔热、冬季保温的建筑标准进行强化和完善。建筑供暖和供水消耗的能源占德国能源消耗总量的1/3左右，因此德国十分重视建筑设施的节能，并采取了许多卓有成效的措施。由于德国冬季较长，住宅供暖是德国政府降低建筑能耗的一个关键部分。多年以来，德国通过制定和改进建筑保温技术规范，降低住宅在冬季的散热量，不断挖掘建筑节能的潜力。1977年，德国第一部建筑节能法规《热保温规范》（WSVO）开始实施。在这个法规里，一些建筑的重要指标得到了限制，对建筑的结构也提出了要求，并提出了建筑的热量损失标准。1978年，德国修改过一次建筑节能标准，使得其后建设的建筑能耗比老建筑减少了60%以上。1982年，德国政府又对建筑节能提出了更高标准，要求在以前基础上再次提高25%。

1995年，德国公布了新的建筑节能法规《热保温规范（1995）》，在1982年的节能标准基础上提高了30%。2002年2月，德国的《能源节约法》开始生效，它取代了以往的《供暖保护法》和《供暖设备法》，制定了新建建筑的能耗新标准，规范了锅炉等供暖设备的节能技术指标和建筑材料的保暖性能等。按照新节能法规，新建筑允许能耗比2002年前的能耗水平下降30%左右。例如，新法规规定，到2006年底，在1978年10月前安装的大约200万个采暖锅炉必须报废，由新型节能锅炉取代。在政府的推动下，天然气和太阳能等清洁能源、可再生能源近年来在住宅供暖市场上得到了越来越普遍的应用。在新的法规中，建筑安装工作的质量也成为一个比以前重要的参数，建筑技术包括对建筑密封性的要求也在新的节能建筑法规中予以规范。消费者在购买住宅时，建筑开发商必须出具一份《能源消耗证明》，该证明应清楚地列出该住宅每年的能耗，从而提高建筑的能耗透明度。

1999 年，德国进行了生态环保税收改革，政府为了实现降低能耗的目标，通过汽油和建筑采暖用油的税率的适当提高，再通过低息贷款和优惠贷款等手段完全退还给纳税人。这种生态税的制定无疑减轻了企业和个人的税收负担，同时加强了能源消耗的税收。2000 年由德国复兴信贷银行集团、安联欧盟股份有限公司、德意志银行股份公司和德国中央银行股份公司共同控股组建了德国能源署。其核心目标是，提高能源的合理利用率，扩大可再生能源的来源，以及为合理的能源转型提供革新技术和实现能源效率市场。2000 年，德国还实施了《能源评估计划》，对积极采用节能技术与产品的消费者实行低息贷款和部分资助。2009 年，德国又施行了税收同环保挂钩的做法，即耗能大户企业只有使用能源管理系统，才能获得减少生态税的优惠。

德国的建筑节能从最初的出发点就树立了正确思想。德国建筑节能技术的研究与应用，不仅仅是从经济利益考虑来节约能耗，节能也是为了从根本上减少二氧化碳等有害气体排放量，减少全球范围内的温室效应，从而最终保护人类生存的环境，这种环保的意识已深入德国乃至西方发达国家的百姓之中，值得我们借鉴。

（2）英国。英国政府历来十分重视建筑节能的设计工作，除制定最低节能标准外，还采取了税收杠杆政策限制能耗，对新建项目进行设计节能审查及施工抽查，确保工程符合节能要求。与此同时，政府还提出了统一的设备能耗分级标准，并拨款资助建筑节能咨询机构为设计、施工单位和业主提供咨询服务等一系列政策和经济措施。

为推动可持续发展战略的实施，英国建筑研究部门于 2004 年 9 月 1 日宣布英国政府实施 100 万套"绿色住宅"建筑计划，主要通过税收优惠政策鼓励居民在今后 10 年内建设 100 万栋"绿色住宅"。英国政府还规定，从 2008 年 6 月起，每幢公共建筑的节能情况将划分等级和颁发证书，并要求将博物馆、展览馆和政府办公大楼等大型建筑的能耗情况张榜公布，以动员社会力量加强监督，促进全国实现节能减排的目标。在此基础上，英国政府将拨款 1000 万英镑用于改造英国境内中小学校，以减少其二氧化碳的排放量，促进个人家庭住宅建筑节能。英国政府规定在新建建筑设计时必须综合考虑光照、风力等各个方面的节能问题，开工前必须获得当地政府批准的建筑能耗分析报告，否则将被限制施工建造。

（二）国外智能建筑政策

自世界上第一座智能建筑出现以来，各国的智能建筑就如雨后春笋般蓬勃欲出。根据这种形势，政府部门纷纷起草出台了一系列针对智能建筑的政策，其目的就是保证这一领域快速健康发展。

发达国家在智能建筑及建筑节能经济激励方面起步较早，如美国、英国、日本及德国等国，建立了比较完善的智能建筑法律法规体系，国家级的法律、法规、部门规章与地方性法规相互依赖、相互补充。完善的法律法规体系为智能建筑的规范发展提供了重要的保证和前提，保障了智能建筑的稳步发展，在实践领域取得了良好的经济效益、社会效益和环境效益。

1. 美国

美国的智能建筑节能政策是在实行最低能效强制标准的基础上，通过补偿激励措施引导实现更高的能效标准。所采取的具体激励措施主要有现金补贴、税收减免、抵押贷款等。此外，美国对购买智能建筑的个人还施行退税政策。例如，美国波特兰市设立鼓励发展智能建筑的"碳综合税制"，即建议向新建设项目强制收取建筑许可费（碳费），但是如果建筑的能效超过了州最低能效标准，所收取的碳费则会减少。

　　除了以上一些措施，美国也非常重视智能建筑评估体系的建设，于1996 年提出了能源与环境的先进导入设计（Leadership Energy and Environment Design，LEED）绿色建设评估体系，包括新建筑、既有建筑、商业建筑室内环境、建筑主体和外壳、住宅、学校、零售店以及社区开发共 8 个评估分册。能源与环境的先进导入设计绿色建设评价标准的评价内容较为全面，而且采用了基于工程项目生命周期的评价方法。目前美国已经有 10 个城市采用了基于能源与环境的先进导入设计要求的法规，一些新的城市社区，比如佛罗里达的椰子溪和曼哈顿的巴特里公园地区都已经采用了此标准，纽约总督岛在 2006 年 9 月开始征集开发设计方案时明确表示：对符合能源与环境的先进导入设计标准的项目请求予以优先考虑。能源与环境的先进导入设计的主要缺点是缺乏灵活性，在评价过程中不能满足因区域条件的差异而进行相应调整的需要，这使它不具有通用性；另外，能源与环境的先进导入设计是根据某一国家的特点，按照该国家特定的需要而建立的评价标准和工具，其评价内容和评价方法并不能完全适用于其他国家。随着实践的发展，能源与环境的先进导入设计体系已经从最初的 1.0 版本更新到现在最新的 2.2 版本，派生出多项分别针对不同建筑类型的子评估体系，其"家族"不断扩充。

　　2. 英国

　　英国政府主要采取的经济激励措施包括：税收刺激，根据"高能耗、高征税"的原则对所有的企业和个人征收气候变化税，而对节能的智能住宅则提供印花税减免的优惠；政府补贴，对低收入、残疾人和老年人家庭的旧房改造和其他节能项目提供资金支持；基金扶持，通过节能基金对技术研发推广项目以及节能设备终端用户给予研发补助、贷款贴息以及特别折旧等形式的资金支持和财务支持。

　　在智能建筑评估体系建设方面，英国是最早颁布评估体系的国家。1990 年，英国颁布了《英国建筑研究院环境评估方法》，该标准对于世界智能建筑评估起到了很大的促进作用，美国的能源与环境的先进导入设计标准就是在《英国建筑研究院环境评估方法》基础上进行开发而作出的。该评估体系采取"因地制宜、平衡效益"的核心理念，包括适合不同类型建筑的专用版本，其中《生态住宅环境评估》（*EcoHomes*）是《英国建筑研究院环境评估方法》标准应用最为广泛的版本之一，《生态住宅环境评估》评价体系包括能源消耗、运输、污染、材料使用、水资源的有效利用、土地利用与生态、健康与舒适等。最终评价结果分成四个等级，分别为"通过""好""很好""优秀"。该系统的不足之处主要有两个方面，第一是尽管评价指标多，但是评价内容还欠全面，比如对于设计创新问题没有作出详细规定；第二是没有更好地满足环境的要求。

3. 日本

由于资源匮乏，日本政府一直非常重视能源的节约使用，采取的经济激励措施主要有：对提高能源利用效率的投资提供特别利率的贷款优惠，对于开发节能建筑项目和购买、安装和使用节能设备提供贷款贴息和贷款担保，并提供一定比例的税收减免优惠和提取特别折旧优惠，对科研机构开发节能技术和国民购买节能产品提供高额补贴。在正向激励的同时，日本政府也通过相关法律不断提高能效标准，并加强对非节能行为的约束和惩罚。

在智能建筑评估体系建设方面，日本在 2002 年建立了本国的智能建筑评估体系——《建筑物综合环境性能评估方法》，以各种用途和规模的建筑物作为评价对象，从"环境效率"定义出发进行评估，试图评价建筑物在限定的环境性能下，通过措施降低环境负荷的效果。其评估体系分为 Q（建筑环境性能、质量）与 LR（建筑环境负荷的减少）。其中，建筑环境性能、质量包括：QI——室内环境；QZ——服务性能；Q3——室外环境。建筑环境负荷包括：LRI——能源；LRZ——资源、材料；LR3——建筑用地外环境。其每个项目都含有若干小项。该体系分5个等级来评价建筑环境性能效率，满足最低要求评为1级，达到一般水平评为3级。

4. 德国

德国目前通行的智能建筑标准主要是《可持续发展建筑导则》，包括评估内容和评价内容两个部分。其评估内容包括：生态评估（定性评价和定量评价）、经济评估、社会与文化评估。其对评估周期的定义为建筑的全生命周期或者特定地块依据100年的寿命周期。其评价项目包括：进行建设的必要性与建设地段及自然资源良好结合的关系、建筑的高坚固性和再利用性、解决建筑改建可能面临的问题、对环境和健康有益的构件以及材料、建筑过程中的耗费。

（三）国外智能建筑发展现状

1. 美国

美国是世界上第一个出现智能建筑的国家。早在20世纪70年代末，美国就有了智能大厦的概念，借助于80年代计算机网络、信息处理和通信技术的迅猛发展，将概念变成了现实。智能建筑首先在美国出现，应归因于其经济的发展。当时的跨国公司为了提高国际竞争力，适应信息时代的要求，纷纷改造或兴建用高科技装备的高科技大楼，以提高工作效率。1984年1月在美国的康涅狄格州哈特福德市诞生了世界上第一座智能大厦，大楼内的空调、供水、防火防盗、供配电系统均由电脑控制，实现了自动化综合管理。随后，智能建筑引起了各国的重视和效仿，在世界范围内得到迅速发展。为了加速智能建筑的发展，美国公布了《21世纪的技术：计算机、通信》的研究报告书，为21世纪高新技术在智能建筑中的应用与发展指出了方向。专家认为，网络技术、控制网络技术、智能卡技术、可视化技术、流动办公技术、家庭智能化技术、无线局域网技术、数据卫星通信技术以及双向电视传输技术这些高新技术在21世纪的美国智能建筑中会有广泛的应用和持续的发展前景。

在智能建筑领域，美国始终保持技术领先的势头。智能建筑给人们带来了诸多便利，所以，包括美国国家安全局和五角大楼等在内的许多原有建筑也纷纷进行改建，使之成为智能大厦。美国自20世纪90年代以来新建和改建的办公大楼约有70%是智能化建筑，著名的国际商业机器公司、美国数字设备公司总部大厦等已经是智能建筑。目前，美国有全球最大的智能化住宅群，其占地3359公顷，由约8000栋小别墅组成，每栋别墅设置有16个信息点，仅综合布线造价就达2200万美元。

2. 日本

日本因其智能建筑发展迅速并具有特色，所以被认为是在智能建筑领域最具代表性的国家之一。日本无论是对于商用建筑还是对于民用建筑，都非常重视通过智能控制手段，实现节能、安全、舒适的目标。日本最早是在商用建筑领域推行智能化管理，1985年开始建造第一座智能商用大厦。到目前为止，全国新建的楼宇中约有65%是智能建筑，因此智能建筑已经在全国广泛使用。在商用建筑中，比较大的智能商用建筑有野村证券大厦、安田大厦、日本国际电报电话公司（KDD）通信大厦、标致大厦、该（NEC）总部大楼、东京市政府大厦、文京城市中心、日本电信公司（NTT）总部的幕张大厦、前田建设工业株式会社的光丘大楼，以及大成大楼、东京国际展示场等。

日本电气公司总部办公楼于1990年1月建成。该建筑智能控制的目标是实现通信和计算机化。空调控制将110平方米作为一个控制单位。照明控制已经不用传统意义的墙上开关，而是用液晶显示方式触摸控制。窗帘按天气情况自动调节角度。大楼中的约7000台计算机已经联网，地下一层有一个中央控制室，24小时（每班10人）有人值班，图示屏采用发光二极管，一组显示电梯运行情况，另一组显示供电负荷情况，还有一组显示安全情况。电话机房已经实现自动转接，大大减少了接线人员，图像中心编辑本公司的新闻和世界各地新闻，在每个楼层设有显示器自动放送。

　　大成大楼在 1976 年由大成建设公司、东京建筑公司、朝日生命保险公司三家合资建设，于 1979 年竣工使用。大楼在空调、供电、照明、防火、防盗方面都做到了智能控制，电话，图像传送和局域网已经采用了现代设备。此外，大成大楼重视环境保护，在地下三层有垃圾处理中心，中水处理系统将洗手水处理后又用于卫生间冲洗。大楼按当时的技术条件进行智能设计，至今已经有 20 年，而在当今计算机和信息技术已有很大发展的情况下，它仍能扩充新的控制设备，可见当时在设计中留有了扩充的余地。

　　日立制作所为大型房地产企业森大厦公司开发出可使入住租户的电力及燃气等能源使用量实现可视化的服务系统——"能源网络系统"，森大厦已经从 2011 年 5 月 30 日开始使用该系统，并将灵活运用于 2011 年夏季的节电对策。两公司今后还将把其作为新型节能服务进行进一步完善，从 2012 年度起向其他公司的大厦拓展业务。"能源网络系统"可对森大厦管理运营的约 80 栋大厦中共约 1300 家租户的能源使用量分户进行自动统计，并用数值和图表进行显示。可通过网站确认整个大厦的二氧化碳排放量，显示按时间及区域等要素制成的图表，可在推动各租户节能活动的同时，提高整个大厦的能源管理效率。该系统是以日立的环境信息收集系统（"EcoAssist-Enterprise"）为基础，结合森大厦的大厦运营经验而开发而成。在商用大厦中，租户的能源使用量占总使用量的 60% ~ 80%，通过"能源网络系统"，可以得到对于大厦节能来说不可或缺的租户的支持与合作。此外，该系统还可灵活应对租户的入住及退租。日立和森大厦还计划以"能源网络系统"为基础，利用通过互联网提供服务的云计算，进一步开发出适用于多种大厦的系统，从2012 年度起开始开展新业务。该服务业务的优点在于可在控制投资的同时实现租户节能效果的"可视化"，从而满足大厦所有者及租户的需求，提高大厦的附加值。

　　近年来，因为能源短缺，日本在民用建筑中开始积极推进家庭能源管理系统，其技术的先进性和普及程度居于世界领先地位。2011年夏季，电力短缺从日本东部扩展到日本西部，核电站因定期检修及事故而停运，重新恢复运转遥遥无期，甚至有可能在较长一段时间内无法确保电力的稳定供应，依靠消费者个人自觉性的家庭节电活动就显得更加重要。在这种情况下，可精密管理住宅能源消费的家庭能源管理系统受到了很大关注，其基本工作原理是：利用与配电盘相连的电能测量单元测量电视及空调等的耗电量以及太阳能发电系统的发电量，并把信息集中到"家庭能源管理系统控制器"上。家庭能源管理系统控制器通过路由器把信息发送到互联网，然后存储在远程服务器中。住户可通过电视、个人电脑及专用监视器来确认耗电量和发电量等信息。2011年7月，松下、东芝、日立制作所、三菱汽车工业及东京电力等10家公司共同成立了"家庭能源管理系统同盟"。该联盟将对如何公开及共享利用一个家庭能源管理系统控制器控制家中不同企业电器所需的信息，以及电器维修体制进行探讨。为开发优质控制器控制软件提供支援也是其目的之一。

2011年，日本大和房建工业公司计划在大阪府堺市南区开发"零能耗小区"。与普通住宅相比，其最大的不同就是零能耗，小区住宅照明及取暖所耗能源与小区太阳能发电相互抵消，不会产生额外的能源消耗，整个小区将会减少100%的二氧化碳排放，因此称为"零能耗小区"。据称，这是日本首个由地方政府征集建设方案的小区。小区能源供应及消费的基本原理是利用太阳能所发的电力存储到蓄电池中使用，利用家用能源管理系统对其进行优化控制。整个小区将装备一台电动汽车充电插座，标配热电联产系统家用燃料电池（ENE-FARM）和供暖节能系统（ECOWILL），以及高效率热水器，均采用发光二极管照明。

日本智能建筑所要实现的目标是：①适应接收和发送信息，达到高效管理；②确保在大厦工作的人感到舒适和方便；③用最小的花费实现最佳的物业管理；④在不同的运营模式下都能得到最快的经济回报。日本智能建筑的特点是：开发、设计、施工规模化与集团化；以人为本，注重功能，兼顾未来发展与环境保护；大量采用新材料、新技术；充分利用信息、网络、控制与人工智能技术，实现住宅技术现代化。

3. 欧盟

（1）英国。智能建筑在英国的发展不仅较早，而且也比较快。早在 1989 年，在西欧的智能大厦面积中，法兰克福和马德里各占 5%，巴黎占 10%，而伦敦就占了 12%。在英国，既有为身体健康者设计建造的智能建筑，也有为身体残疾者修建的智能建筑。每当谈到英国的智能建筑时，人们都习惯提到两栋建筑，一栋是叫做"完整"组织建设的别墅，另一栋是叫做默特尔的公寓。据业内人士说，真两栋建筑之所以引人注意，是因为它们分别代表了英国不同智能建筑的特色，并从中看到了英国智能建筑的基本现状。

"完整"组织是一个非营利组织，其主要目的是促进建筑实现智能化和环保化。该组织于 1988 年 9 月以自己的名字在自己的建筑研究开发中心建造了一座典型的智能别墅，其突出特点是环保、节能、智能控制和低价格，把智能型家居住房的概念引入到了 21 世纪。据介绍，为了环保，该智能别墅所用的建筑材料基本上采用的都是自然和可再生材料。另外，节省能源是该建筑的另一特色，一个废水处理系统将室内浴池和洗手盆的水排泄到地下水箱内，经生物处理后可以再用于冲洗卫生设备等。同时，该建筑还安装有可自动改变控制模式的安防系统，这些模式能反映出房间里的情况，如是否有人、居住者是否在睡觉等。

默特尔是由一所老房子于 1997 年 10 月经过改造的智能公寓。其目的是展示现代技术如何帮助残疾人独立料理日常生活，因此带有试验性。由于是为了方便残疾人，住宅的一切都基于对残疾人的考虑。门锁将无线电信号传到控制箱，主人进屋后大门就自动关上，大门打开时房间内的灯就会亮起来，以便于主人在屋内的活动。另外，一种被称为"伙伴"的红外线或无线电控制器可以启动房中的设备，可以通过手动操作、感应开关（由手、脚、胳膊、语言、眨眼控制），或是气动开关

（由吸气和呼气控制）进行操纵控制。房间内的控制器还可以遥控开启电灯开关和加热系统以及遥控电视机、收音机、微波炉等任何电器设备的开关。值得一提的是，屋内安装有用于搭载轮椅上楼的滚梯和垂直升降的电梯，同样是由控制器控制。针对失聪者，门铃或电话铃一旦响起，房间内就会有灯光闪烁。住宅内的所有门都被连接到总线系统上，通过安装在轮椅可及的"伙伴"控制器或大型的开关来打开。用于智能公寓的技术和设计使残疾人获得了更大的自由度并降低了他们对护理人员的依赖程度，使残障人可自行支配生活，为他们提供了足够的生活能力，进而维护了他们做人的尊严。

（2）德国。在世界范围内，绿色建筑已经成为通行的理念。在这个方面，德国也一直走在世界前列。爱森莱茵集团（RWE）办公楼、新议会大厦、旋转式太阳能房屋、柏林马拉扎姆区（Marzahm）节能住宅、法兰克福商业银行等都是根据当地情况，经过精妙的总体设计，凝结了自然通风、自然采光、太阳能利用、地热利用、中水利用、绿色建材和智能控制等高新技术的世界级示范性绿色建筑。

（3）比利时。比利时的建筑业比较发达，在建筑节能方面也比较靠前。比利时政府为"生态住房"所下的定义是：①使用"绿色"或"天然"建材，即这些建筑材料是可重复利用的，并且是低能耗生产出来的；②建筑过程中宁可多使用人工也不大量消耗能源；③采用"智能"设计，如最大限度地利用自然光线、保持良好的通风等。在布鲁塞尔的很多地方都有节能建筑，楼顶装了太阳能吸热板、雨水收集装置和冷热空气交换器。太阳能装置为楼里的住户提供免费热水，同时解决部分取暖问题。布鲁塞尔地区下雨较多，雨水回收容量很大，雨水收集装置可为大楼的消防喷淋设施与花草浇灌储水；冷热空气交换装置则可充分利用屋内的废弃热能力加热吸进来的新鲜空气，为屋内不断补充温度适宜的新风；还有厚厚的墙体隔热装置等。大楼经过进行一番合理"装点"后，能耗降低了50%。

（4）荷兰。荷兰的智能建筑技术主要着眼于节能环保。位于荷兰博登拉文（Bodengrawen）的荷兰能源公司（DWA）总部大楼，是一个基于现场网络（LonWorks）技术，可进行照明、采光、暖通空调自动调节的智能建筑。在建筑结构的设计和建筑材料的选择上都力求营造一种人性化的工作氛围，不仅使用环保材料，而且整个大楼主要采用节料式建造法。这是一座能耗低的、能够满足工作所需的、舒适的建筑物，整个系统是一个非常典型的100%互操作系统，大楼的任何地方都有高效的通风，使得大楼能够最大限度地对太阳能、地能加以利用。

（四）总结

通过对以上国家智能建筑的发展情况的介绍，我们可以得出一些有益的启示。

（1）综观各国智能建筑的发展，都表现出一个共同的特点，就是建立一套完善的政策法规体系，以法律为先导，以技术标准为准绳，以财税激励措施为手段，多层次、全方位促进智能建筑向着规范、健康的发向发展。另外，各国表现的另一个特点是，每个国家都是根据自身的经济条件、气候条件制定相应的法律、标准和规范，坚持"因地制宜"的原则，并且不断进行更新，适应智能建筑发展的需求。

（2）政府主导与市场机制相得益彰。在推进智能建筑实施的过程中，东西方国家有着明显差别。东方国家如日本、新加坡等主要以政府主导的方式来推进智能建筑，政府组织制定相关标准并逐步推广实施，甚至采取强制手段，从建筑物的规划设计阶段就开始进行严格管理。而西方国家（如美国等）则主要依靠民间组织制定相关标准，并通过市场引导、经济激励的方式逐步推进，在智能建筑实施的过程中则充分发挥市场的作用，避免带来因盲目采用高新技术而造成智能建筑增量成本过高的问题。发达国家或地区比较重视智能建筑的实施，在政府层面、科研机构以及民间成立了不同的专门的智能建筑管理或评价机构，明确了各自的职能，共同推进智能建筑的市场化、产业化。

（3）智能大厦主要适合于高档写字楼、公司办公大楼、特殊建筑物等。智能住宅则主要适用于高层住宅区或高档住宅区。智能建筑的设计及承建应该主要由有经验和施工能力的大公司承担，实现一条龙服务，减少单项承包，以便于系统管理与节省投资资金。

（4）智能建筑的投资规模应适度，既要考虑先进性，又应核算经济成本。智能建筑投资额与运行费用较高，因此在筹建前需要对其必要性及投入产出比进行科学论证，因地制宜地选择技术路线，以减少盲目投资。

（5）以政府办公建筑为表率，实施公共建筑节能管理。首先进行能耗设计，确定建筑的能耗标准，先以政府建筑为对象，实施建筑实际能耗的采集和分析，制定不同功能建筑的能耗标准，为建筑制定用能限额和实施节能改造提供依据；其次对重点能耗建筑进行低成本改造，对实际采集的能耗数据进行分析对比，确定重点的能耗建筑，并通过专业的用能分析提供合理的改进方案，及时排除耗能异常情况。

（6）智能建筑的系统集成度应适当，并不是集成度越高越好，集成度由智能建筑的用途及投资额等多种因素决定。

四　中国智能建筑的发展现状

20 世纪 90 年代，中国也开始了智能建筑建设工作，并形成了一个新兴产业——智能建筑产业。智能建筑如雨后春笋般涌现出来，上海、北京、广州、深圳已建和在建的一些高楼大厦都采用了建筑智能化系统。与此同时，人们也逐渐认识并开始享受到智能建筑带来的方便、安全、便捷和效益。但是，相比于西方发达国家，中国的智能建筑起步较晚，发展也不太成熟。通过广泛借鉴国外先进的技术经验，加上国内专家、设计师、专业人员的努力，中国的智能建筑正朝着健康、有序的趋势发展，前景是很令人看好的。

（一） 建筑能耗

建筑能耗包括建造能耗和使用能耗两个方面。建造能耗属于生产能耗，系一次性消耗，其中又包括建筑材料和设备生产能耗，以及建筑施工和安装能耗；而建筑使用能耗属于民用生活领域，系多年长期消耗，其中又包括建筑采暖、空调、照明、热水供应等能耗。我们可以将使用能耗分为四种类型：城镇采暖能耗、城镇住宅除采暖以外的能耗、公共建筑除采暖以外的能耗、农村能耗。

对于城镇采暖能耗，其方式多种多样。根据中国地区、气候的不同，长江、秦岭以北和以南地区的采暖方式存在一些差别。在长江、秦岭以北地区，主要采用的方式有：大规模、中规模或小规模的热电联产，区域燃煤锅炉，区域燃气锅炉，小区燃煤锅炉，小区燃气锅炉，热泵集中供热等集中采暖方式，以及户式燃气炉、户式小煤炉、空调分散采暖和直接电加热等分散采暖方式。在长江、秦岭以南地区，主要是分散采暖，热源方式包括空气源热泵、直接点加热等针对空间的采暖方式，以及炭火盆、电热毯、电手炉等各种形式的局部加热方式，在这些地区的公共建筑中，有少量燃煤、燃油和燃气锅炉供热。

城镇住宅除采暖以外的能耗主要涉及做饭、生活热水、空调、照明、其他家电的用能等，所消耗的能源主要为电力、燃煤、天然气、液化石油气和人工煤气。城镇住宅的用能，与建筑面积和居民的生活方式有关。

公共建筑除采暖以外的能耗主要包括照明能耗、办公电器及设备电耗、电热开水器和电梯等综合服务设备系统电耗、空调系统电耗以及厨房和信息中心等特定功能设备系统电耗。

农村能耗主要涉及采暖、做饭和照明、家电的用能，能源种类除了煤炭、液化石油气、电力等主要商品能源，还包括大量的生物质能，以满足采暖和做饭的需要。

随着城市化进程的推进、经济的发展，中国建筑能耗总量呈持续增长态势，并且增长速度有越来越快的趋势。中国工程院院士邬贺铨说，中国建筑能耗目前已经超过一次能源消费总量的 1/4，达到 27% 左右，是世界同纬度国家的 3 倍。据统计，采暖和空调的使用占据了建筑能耗的主体，这部分占到了建筑总能耗的 50% 以上。2008 年，江苏省对本省社会总耗能进行了一项粗略的统计，发现其中 30% 左右是建筑能耗，而建筑能耗中的 60% 又集中在供冷、供暖、热水等方面。

　　影响建筑能耗的因素非常多，有建筑材料、建筑面积、建筑结构布局、电器设备的数量和功率、用能方式、能源管理模式等，其中改变高耗能的生活方式，采用智能技术节能减排是其中的一个重要解决途径。以公共建筑除采暖以外的能耗为例，其能源种类主要是电力，随着公共建筑数量的增多，公共建筑的用电量呈快速增长态势，主要是因为照明设备，办公用电子设备、电梯、电热开水器、空调系统等服务设备的增加和粗放型的使用方式，造成了用电量的快速增长。例如，"十一五"期间，深圳建筑科学研究院针对各类型公共建筑能耗进行调研发现，空调系统和照明设备占据了公共建筑能耗的 80% 左右。通过调查发现，对于照明设备，能耗的影响因素主要有：建筑进深过大或茶色玻璃外窗导致不能充分利用自然采光，白天必须开灯照明；下班或外出时不随手关灯，导致照明时间增长；单位面积照明设备过多，造成用电浪费。对于办公用电子设备，能耗的主要影响因素是：设备在非工作时间段处于待机状态，造成用电增多。对于电梯、电热开水器等服务设备，其能耗的主要影响因素是：启停频率过高，以及电热开水器在夜晚及周末长期不关闭，造成电能损耗。对于空调系统，其能耗与设备系统形式、设备效率与控制管理模式息息相关。以风机电耗为例，商场由于空间开阔，若在大空间中采用定风量全空气系统，则会导致巨大的风机电耗，同时如果管理模式粗放，在夜间风机不关，也会造成电能的浪费。

　　根据《中国统计年鉴》数据显示，建筑业能耗 1990 年为 1213 万吨标准煤，2010 年为 6226 万吨标准煤，增长了 4 倍多（见图 5-1）。

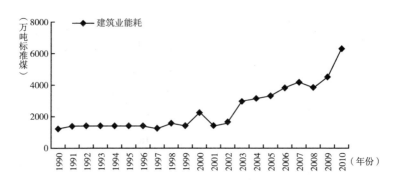

图 5 - 1　1990～2010 年建筑行业能耗统计

目前建筑的使用能耗呈快速增长趋势，生活用能 1990 年是 15799 万吨标准煤，2010 年是 34558 万吨标准煤，20 年间生活用能增长了 1.2 倍（见图 5 - 2）。在生活用能中，尤其是电力消费，呈快速增长势头，1990 年是 481 亿千瓦时，到 2010 年已达 5125 亿千瓦时，20 年间增长了近 10 倍（见图 5 - 3）。另外，无论是生活用能还是生活用电量，都是近 10 年增长速度最快。因此，对于家庭中的空调、热水器等电器设备，尤其是大型商用建筑中的风机进行节能操作与管理，通过安装建筑智能管理系统，对用电设备进行智能管理，可以有效降低用电消耗量。

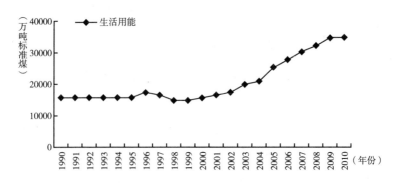

图 5 - 2　1990～2010 年生活能源消费量

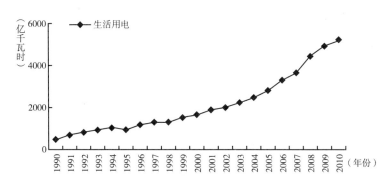

图 5 - 3　1990 ~ 2010 年生活用电量

（二）建筑节能相关政策

1. 建筑行业"十二五"规划

2011 年 7 月，中国发布了建筑业发展"十二五"规划，其中具体涉及中国建筑业目前的发展现状、发展目标和政策措施，内容涵盖了工程勘察设计、建筑施工、建设监理、工程造价等行业以及政府对建筑市场、工程质量安全、工程标准定额等方面的监督管理工作，对建筑业的发展起到了宏观管理和规范的作用。

（1）发展现状。"十一五"期间，中国国民经济保持了平稳快速发展，为建筑业的繁荣发展提供了良好的市场环境。主要成就有：工程建设成就辉煌，产业规模创历史新高，在国民经济中的支柱地位不断加强，国际市场开拓取得新进展，技术进步和创新成效明显，监管机制逐步健全。但是，发展中的问题也不可避免，需要引起重视：行业可持续发展能力不足，市场主体行为不规范，政府监管有待加强。

（2）发展目标。到"十二五"期末，中国建筑行业要努力实现的目标包括以下范畴：产业规模目标，人才队伍建设目标，技术进步目标，建筑节能目标，建筑市场监管目标，质量安全监管目标。

（3）政策措施如下。

第一，调整优化产业结构：支持大型企业提高核心竞争力，促进中小建筑企业向专、特、精方向发展，大力发展专业工程咨询服务。

第二，加强技术进步和创新：健全建筑业技术政策体系，建立和完善建筑业技术创新体系，积极推动建筑工业化，全面提高行业信息化水平，组织重点领域和关键技术的研究。

第三，推进建筑节能减排：严格履行节能减排责任，鼓励采用先进的节能减排技术和材料。

第四，强化质量安全监管：完善法规制度和标准规范，严格落实质量安全责任，提高质量安全监管效能。

第五，规范建筑市场秩序：加快法规建设步伐，进一步健全市场监管制度，加大市场动态监管力度。

第六，提升从业人员素质：优化行业人才发展环境，加强注册执业人员队伍建设，加强施工现场专业人员队伍建设，建设稳定的建筑产业骨干工人队伍。

第七，深化企业体制机制改革：推进国有建筑企业改制重组，大力发展非公有制建筑企业。

第八，加快"走出去"步伐：完善相关政策，加大市场开拓力度。

第九，发挥行业协会作用：充分发挥行业协会的组织、服务、沟通、自律作用，支持行业协会加强行业自律机制建设，引导协会加强自身建设，提高服务质量和工作水平，增强凝聚力，提高社会公信力，使行业协会成为符合时代发展要求的新型社团组织。

2. 建筑节能标准与规章

在全球变暖和金融危机的形势下，建筑业的节能减排刻不容缓。中国政府明确提出了 2020 年控制温室气体排放行动目标和政策措施，承诺到 2020 年单位国内生产总值二氧化碳排放量要比 2005 年下降 40% ~ 45%，节能提高能效的贡献率要达到 85% 以上，这无疑是节能减排工作面临的巨大挑战。在建筑节能方面，国家相继颁布了一系列法规和标准，为建筑行业的节能措施提供宏观指导和规范。表5-2列举的是改革开放以来中国颁布的有关建筑节能的标准和规章。

表5-2　中国已经颁布的建筑节能标准/规章

文号	文件名称
建科〔2001〕239号	《关于实施〈夏热冬冷地区居住建筑节能设计标准〉的通知》
建科〔2003〕237号	《关于实施〈夏热冬暖地区居住建筑节能设计标准〉的通知》
建科〔2004〕25号	《关于印发〈建设部建筑节能试点示范工程（小区）管理办法〉的通知》
建科〔2004〕174号	《关于加强民用建筑工程项目建筑节能审查工作的通知》
建城〔2004〕97号	《关于实施"节约能源—城市绿色照明示范工程"的通知》
建科〔2004〕183号	《关于印发〈全国绿色建筑创新奖管理办法〉的通知》
建科〔2005〕55号	《关于新建居住建筑严格执行节能设计标准的通知》
建质〔2006〕192号	《关于印发〈民用建筑工程节能质量监督管理办法〉的通知》
建科〔2006〕213号	《建设部、财政部关于推进可再生能源在建筑中应用的实施意见》
建科〔2006〕231号	《建设部关于贯彻〈国务院关于加强节能工作的决定〉的实施意见》
建科〔2006〕319号	《关于印发〈建筑门窗节能性能标识试点工作管理办法〉的通知》
建科〔2007〕124号	《关于印发〈聚氨酯硬泡外墙外保温工程技术导则〉的通知》
建科〔2007〕159号	《建设部关于落实〈国务院关于印发节能减排综合性工作方案的通知〉的实施方案》
建科〔2007〕205号	《关于印发〈绿色建筑评价技术细则（试行）〉的通知》
建科〔2007〕206号	《关于印发〈绿色建筑评价标识管理办法（试行）〉的通知》
建科〔2007〕216号	《关于印发〈建设部"十一五"可再生能源建筑应用技术目录〉的通知》
建质〔2007〕223号	《关于印发〈绿色施工导则〉的通知》
建科〔2007〕245号	《关于加强国家机关办公建筑和大型公共建筑节能管理工作的实施意见》
建质〔2008〕19号	《关于印发〈民用建筑节能工程质量监督工作导则〉的通知》
建城〔2008〕106号	《关于印发〈民用建筑供热计量管理办法〉的通知》
建科〔2008〕89号	《高等学校节约型校园建设管理与技术导则（试行）》

续表

文号	文件名称
建科〔2008〕95 号	《关于推进北方采暖地区既有居住建筑供热计量及节能改造工作的实施意见》
建科〔2008〕113 号	《关于印发〈绿色建筑评价技术细则补充说明(规划设计部分)〉的通知》
建科〔2008〕114 号	《关于印发〈国家机关办公建筑和大型公共建筑能耗监测系统建设相关技术导则〉的通知》
建科〔2008〕115 号	《关于印发〈公共建筑室内温度控制管理办法〉的通知》
建科〔2008〕116 号	《关于印发〈民用建筑节能信息公示办法〉的通知》
建科〔2008〕126 号	《关于印发〈北方采暖地区既有居住建筑供热计量及节能改造技术导(试行)〉的通知》
建科〔2008〕147 号	《关于加强建筑节能材料和产品质量监督管理的通知》
建科〔2008〕221 号	《关于贯彻实施〈民用建筑节能条例〉的通知》
建办科〔2009〕70 号	《关于印发〈国家机关办公建筑和大型公共建筑能耗监测系统软件开发指导说明书〉的通知》
建科〔2009〕109 号	《关于推进一二星级绿色建筑评价标识工作的通知》
建科〔2009〕146 号	《关于印发〈可再生能源建筑应用示范项目数据监测系统技术导则(试行)〉的通知》
建科〔2009〕163 号	《关于印发〈高等学校校园建筑节能监管系统建设技术导则〉及有关管理办法的通知》
建村函〔2009〕167 号	《关于扩大农村危房改造试点建筑节能示范的实施意见》
建科〔2009〕235 号	《关于印发〈绿色建筑评价技术细则补充说明(运行使用部分)〉的通知》
建质〔2009〕253 号	《关于印发〈建筑节能工程施工技术要点〉的通知》
建科〔2009〕261 号	《关于印发〈北方采暖地区既有居住建筑供热计量及节能改造项目验收办法〉的通知》
建办村函〔2009〕964 号	《关于进一步加强扩大农村危房改造试点建筑节能示范工作的通知》
建科〔2010〕31 号	《关于印发〈民用建筑能耗和节能信息统计报表制度〉的通知》
建科〔2010〕73 号	《关于进一步加大工作力度确保完成"十一五"建筑节能任务的通知》
建科研〔2010〕74 号	《关于印发〈村镇宜居型住宅技术推广目录〉和〈既有建筑节能改造技术推广目录〉的通知》

续表

文号	文件名称
建科〔2010〕84 号	《关于加大工作力度确保完成北方采暖地区既有居住建筑供热计量及节能改造工作任务的通知》
建科〔2010〕90 号	《关于切实加强政府办公和大型公共建筑节能管理工作的通知》
建科〔2010〕93 号	《关于进一步加强建筑门窗节能性能标识工作的通知》
建市〔2010〕121 号	《关于进一步加强项目开工建设管理确保实现"十一五"节能减排目标的通知》
建科〔2010〕131 号	《关于印发〈绿色工业建筑评价导则〉的通知》
建村〔2010〕165 号	《关于印发〈扩大农村危房改造试点建筑节能示范监督检查工作要求〉的通知》
建科〔2010〕216 号	《关于印发〈全国绿色建筑创新奖实施细则〉和〈全国绿色建筑创新奖评审标准〉的通知》
建标〔2010〕298 号	《关于同意安徽省统一执行夏热冬冷地区节能设计标准的函》
建办科〔2010〕507 号	《关于确认居住建筑和中小型公共建筑能耗统计城市名单的通知》
财办建〔2011〕9 号	《关于组织实施太阳能光电建筑应用一体化示范的通知》
财建〔2011〕61 号	《关于进一步推进可再生能源建筑应用的通知》
财建〔2011〕207 号	《财政部、住房城乡建设部关于进一步推进公共建筑节能工作的通知》

3. 实施效果

（1）新建建筑执行节能强制性标准成效显著。根据各地上报的数据汇总，到 2010 年底，全国城镇新建建筑设计阶段执行节能强制性标准的比例为 99.5%，施工阶段执行节能强制性标准的比例为 95.4%，分别比 2005 年提高了 42 个百分点和 71 个百分点，完成了国务院提出的"新建建筑施工阶段执行节能强制性标准的比例达到 95% 以上"的工作目标。2010 年新增节能建筑面积 12.2 亿平方米，可形成 1150 万吨标准煤的节能能力。"十一五"期间累计建成节能建筑面积 48.57 亿平方米，共形成 4600 万吨标准煤的节能能力。全国城镇节能建筑占既有建筑面积的比例为 23.1%，比例超过 30% 的省份有北京、天津、上海、重庆、河北、吉林、辽宁、江苏、宁夏、青海、新疆等。

（2）北方采暖地区既有居住建筑供热计量及节能改造任务超额完成。截至 2010 年底，北方采暖地区 15 个省份共完成改造面积 1.82 亿平方米，其中 2010 年完成改造面积 8623 万平方米，超额完成了国务院确定的 1.5 亿平方米改造任务。河北、吉林、山东、内蒙古、新疆、北京等省份以及新疆生产建设兵团超额完成任务 10% 以上。据测算，完成改造的项目可形成年节约 200 万吨标准煤的能力，减排二氧化碳 520 万吨，减排二氧化硫 40 万吨。改造后同步实行按用热量计量收费，平均节省采暖费用 10% 以上，室内热舒适度明显提高，并可有效地解决老旧房屋渗水、噪音等问题。部分地区将节能改造与保障性住房建设、旧城区综合整治等民生工程统筹进行，综合效益突出。

（3）国家机关办公建筑和大型公共建筑节能监管体系建设继续深入。能耗统计、能源审计、能效公示工作全面开展。截至 2010 年底，全国共完成国家机关办公建筑和大型公共建筑能耗统计 33000 栋，完成能源审计 4850 栋，公示了近 6000 栋建筑的能耗状况，已经对 1500 余栋建筑的能耗进行了动态监测。在北京、天津、深圳、江苏、重庆、内蒙古、上海、浙江、贵州 9 个省份开展能耗动态监测平台建设试点工作。共启动了 72 所节约型校园建设试点。通过节能监管体系建设，全面掌握了公共建筑的能耗水平及耗能特点，带动了节能运行与改造的积极性，有力地促进了节能潜力向现实节能的转化。

（4）可再生能源建筑应用呈现快速发展的良好态势。截至 2010 年底，财政部会同住房城乡建设部共实施了 371 个可再生能源建筑应用示范项目、210 个太阳能光电建筑应用示范项目、47 个可再生能源建筑应用城市、98 个示范县。山东、江苏、海南等省份已经开始强制推广太阳能热水系统。全国太阳能光热应用面积为 14.8 亿平方米，浅层地能应用面积为 2.27 亿平方米，分别比 2009 年增长了 25.5% 和 63.3%，在光电建筑应用方面已经建成及正在建设的装机容量达

850.6兆瓦，实现突破性增长，形成年替代传统能源2000万吨标准煤能力。

（5）绿色建筑与绿色生态城区建设稳步推进。各地把推广绿色建筑、推进绿色生态城区建设作为促进城乡建设模式转变的重要抓手，加大绿色建筑示范工程和绿色建筑评价标识推进力度。截至2010年底，全国有112个项目获得了绿色建筑评价标识，建筑面积超过1300万平方米，上海、苏州、深圳、杭州、北京、天津等地获得的标识项目较多。全国实施了217个绿色建筑示范工程，建筑面积超过4000万平方米。天津市滨海新区、深圳市光明新区、河北省唐山市曹妃甸新区、江苏省苏州市工业园区、湖南长株潭地区和湖北武汉资源节约环境友好配套改革试验区等正在进行绿色生态城区建设实践，对引导中国城市建设走绿色生态可持续方向发展道路具有重要意义。

（6）农村建筑节能工作有所突破，部分省份对农村地区建筑节能工作进行了探索。北京市在"十一五"期间组织农民新建抗震节能住宅13829户，实施既有住宅节能改造39900户，建成400余座农村太阳能集中浴室，实现节能10万吨标准煤以上，显著改善了农村的居住和生活条件。哈尔滨市结合农村泥草房改造，引导农民采用新墙材建造节能房。陕西、甘肃等省份以新型墙体材料推广、秸秆等生物质能应用为突破口，对农村地区节能住宅建设及农村地区新能源应用进行了有益探索。

（7）墙体材料革新工作取得积极成效。据不完全统计，2010年全国新型墙体材料产量超过4000亿块标砖，占墙体材料总产量的60%左右，新型墙体材料应用量为3500亿块标砖，占墙体材料总应用量的70%左右，全面完成了国务院确定的墙材革新发展目标。各地根据自身气候条件及资源特点，不断推动新型墙体材料技术与产业升级转型，丰富产品形式，提高产品质量安全性能，保温结构一体化新型建筑节能体系、轻型结构建筑体系等一批建筑节能新材料、产品得到推广。

（三）智能建筑相关政策

随着智能建筑的萌芽及发展，国家开始注重智能建筑标准和规章的制定，为智能建筑发展提供政策保障（见表5－3）。1995年7月，上海华东建筑设计研究院制定了《智能建筑设计标准》，1996年3月被上海市建设委员会批准为上海市地方标准，这是中国地方上制定得比较早的智能建筑设计规范。2000年10月，建设部和国家质量监督局共同制定颁布了中国第一个智能建筑设计国家标准《智能建筑设计标准》（GB/T50314－2000），标志着中国在智能建筑领域进入规范发展阶段。从那之后，有关智能建筑施工资质标准、绿色建筑评价标准等相继出台，除此之外，有关小区智能化建设标准也不断颁布实施。这些规范的出台，使建筑设计单位在设计阶段有标准可依，能够使土建设计与智能化系统建设相结合，也使得房地产开发商和智能化系统集成商对系统和产品的技术要求有据可依，推进信息技术在建筑中的应用，实现建筑节地、节能、节水、节材与保护环境的目标。

表5－3　中国已经颁布的智能建筑相关标准或规章

年份	标准或规章	颁布机构
1995	《建筑与建筑群综合布线系统工程设计规范》	中国工程建设标准化协会
1995	《智能建筑设计标准》	上海华东建筑设计研究院
1997	《建筑智能化系统工程设计管理暂行规定》	建设部
1998	《智能建筑设计及系统集成资质管理规定》《建筑智能化系统工程设计管理暂行规定》	建设部
1999	《全国住宅小区智能化系统示范工程建筑要点与技术导则》	建设部
2000	《建筑与建筑群布线系统工程设计规范》《建筑与建筑群布线系统工程验收规范》	信息产业部
2000	《智能建筑设计标准》	建设部和国家质量监督局
2003	《智能建筑工程质量验收规范》	建设部

年份	标准或规章	颁布机构
2003	《居住小区智能化系统建设要点与技术导则》《居住区智能化系统配置与技术要求标准》	建设部
2005	《智能建筑工程检测规程》	中国工程建设标准化协会
2006	《建筑智能化工程设计与施工资质标准》	建设部
2006	《绿色建筑评价标准》	建设部

与其他国家和地区相比，中国的智能建筑法律法规与实施机制存在一些差距，体现在法律法规体系的总体结构、法律法规调整对象的划分角度、相关机构的权责划分、工作内容、工作方式和数量方面。同时，智能建筑强制推行的政策法规尚有很大欠缺。这些不同使得智能建筑发展任重而道远。在现阶段，中国应根据自己的国情与特色，采取政府主导、市场推动的策略，努力形成政府积极推进、市场大力拉动以及第三方机构努力协动的智能建筑发展模式。

（四）中国智能建筑的发展现状

1. 发展历程

中国的智能建筑研究始于1986年，经历了开始的引入到发展，直至最后成熟。智能建筑也称"绿色智能建筑"。绿色智能建筑包含两层意思：一是节能减排，二是健康舒适。总的来看，中国智能建筑的发展分为三个阶段。

第一阶段（1986～1995年）为起始阶段。这是智能建筑发展的初级阶段，也是没有规范、条框的阶段。智能建筑研究始于1986年。国家"七五"重点科技攻关项目中就将"智能化办公大楼可行性研究"列为其中之一。1990年建成的18层北京发展大厦可认为是中国智能建筑的雏形。1993年建成的位于广州市的广东国际大厦可称为中国大陆首座智能化商务大厦，它具有较完善的"3A"系统。

这一阶段的智能建筑仅仅指的是现在智能建筑中的某个子系统，而不是整个智能建筑的集成系统，智能化、弱电等相关系统都纳为强电系统。

起始阶段的特点是：建筑智能化普及程度不高，主要是产品供应商、设计单位以及业内专家推动建筑智能化的发展，智能建筑也只在中国沿海地区有所发展。

第二阶段（1995～2000年）为普及阶段。这一阶段是建设部开始重视规范、制定制度的主要阶段。在这一阶段，设计院、系统集成商开始学习规范，了解规范，重视规范，并依规范办事，逐步探讨这些子系统间的集成。智能建筑进入了初步迅速发展时期。在20世纪90年代中期的房地产开发热潮中，开发商的商业炒作对智能建筑的发展产生了重要的推动作用，也产生了负面影响。这一时期，政府和有关部门开始重视智能建筑的规范，加强了对建筑智能化系统的管理。出台了一系列标准与管理办法。

第三阶段（2000年至今）为发展阶段。2000以来，智能建筑进入快速发展阶段。2000年后，规范的完善以及对系统集成的了解与熟悉，让智能化建筑进入火热的蓬勃发展时期。在中国的沿海地区，发展得更为迅猛，工程项目越来越大，规范越来越细，子系统越来越多，这一系列变化都充分体现了中国智能建筑的高速发展之势。根据中国人群多集中居住于小区的特点，20世纪末开展的智能住宅小区建设成为中国智能建筑的特色之一。2005年，中国智能建筑新标准《2005年建筑节能标准》颁布，使智能建筑向着科技化、先进化的趋势发展。

2. 各地区建设项目

国内智能建筑建设始于1990年，随后便在全国各地迅速发展。北京的发展大厦可谓中国智能建筑的雏形，随后建成了上海金茂大厦、深圳地王大厦、广州中信大厦、南京商茂国际商城等一批具有较高智能化程度的智能大厦。据不完全统计，国内已经建成的智能建筑有3000多幢，其中上海约有 1000 幢，北京约有 900 幢，广东约有 800 幢。目前各地在建的智能建筑大厦已经转向大型公共建筑，如会展中心、图书馆、体育场馆、文化艺术中心、博物馆等①，并正在发展智能建筑群和智能住宅小区②。

（1）上海。上海作为中国经济发达的国际大都市之一，其智能大厦发展非常迅速。1999 年底前已经建成的高度为 180 米以上的建筑有：金茂大厦、明天广场、交银金融大厦北楼、浦东国际金融大厦、万都中心、上海国际航运大厦、上海森茂国际大厦、交银金融大厦南楼、世界金融大厦、金钟广场等。其中的几幢优质工程如下：上海博物馆，1997 年经建设部科技委员会专家评审组审定认为达到国内领先、国际先进水平；上海久事复兴大厦，1996 年建成，是一幢建筑面积为 6 万平方米的综合性涉外商务办公楼，1998 年由上海市建设委员会和卢湾区政府联合评估获得上海市首幢甲级智能办公大楼；其他还有上海期货大厦等 12 幢优秀建筑，它们被评为上海市智能建筑优质工程。

"沪上·生态家"项目是唯一代表上海参展 2010 年上海世界博览会的实物案例项目。该项目立足上海本土，专为上海的地理、气候条件量身打造，项目由现代设计集团、同济大学、上海市建筑科学研究院等单位共同打造，是运用智能控制系统促进建筑节能的典范，比同类建筑节能 60% 以上。作为家庭住宅，"沪上·生态家"不同于商用建筑，其设计体现了建筑管理系统在未来上海家庭住宅中的应用，即不但要控制暖通空调、给排水、送排风设备等，还要控制和管理智能照明、智能遮阳、智能家居、安全防范、再生能源设备等，将所有弱电系统集成在同

---

① 如深圳文化中心（包括图书馆和音乐中心）、深圳市民中心（市政府办公大楼群）、苏州工业园区行政中心 8 幢办公楼群。

② 如广州汇景新城高级住宅小区，采用 16 个智能子系统，应用了先进的局域网技术、智慧卡一卡通技术及家庭智能化技术，具有全面的综合物业管理、综合信息服务及高速宽带数据传输网络能力，该小区被列为全国 7 大国家康居示范工程智能化小区之一。

一个平台上，简化使用者的日常设备和能源管理，取得良好的节能效果。

（2）江苏。据不完全统计，江苏省已建成智能建筑近 1000 幢，集中在南京、苏州、南通、无锡、常州等城市。在南京，已建智能建筑 200 多幢。

南京中信银行大厦是江苏省经正式评估的第一幢具备甲级建筑智能化工程的建筑。南京中信银行大厦是中信实业银行南京分行营业办公综合楼，是一座集办公、银行柜面营业、会议及配备各类服务设施的综合性多功能的高档写字楼，1996 年 8 月开工建设，工程建筑面积为 4.2 万平方米，地下 2 层，群楼 5 层，架空层 1 层，正负零以上主楼为 28 层，设备层及穹顶 6 层，2000 年 10 月投入使用。江苏省在建筑智能化系统工程方面较好的建筑还有南京军区总医院新病房大楼（建筑面积为 3.73 万平方米）、江苏省政协大厦以及汇集广场大楼等。

（3）浙江。随着浙江省经济的快速发展，智能建筑数量也在快速增多，较著名的有杭州大剧院、杭州市民中心、浙江电力大厦、利群大厦、温州电力营销大楼等。特别是温州电力营销大楼，它是国家电网公司全国首个智能楼宇示范工程，其突出的特点有：楼顶安装了 152 块光伏电板，通过太阳能发电，实现节能减排的目标；楼宇管理中心装有"供用能监测系统"，用于采集大楼内供配电、光伏电源、空调、风机、电梯、照明、水泵等各种重要供用能设备的能效及运行状态信息，并通过能效综合管理平台分析设备的负荷特性和运行规律，合理制定用能策略和运行模式，采用最优化的控制手段并结合现代计算机技术对各类设备进行全面有效的监控和管理，确保各类供用能设备的正常运行，并实现节能目标。

综合全国各地的情况，估计今后 10 年将会建成 8000～9000 栋的智能建筑，其发展速度已经居世界前列。从华东地区的智能建筑来看，比较满意的约占 10%，比较不满意的占 20%～30%。技术上问题集中在楼宇自动化系统开通率不高、节能未达到明显效果、系统集成流于形式、门禁系统可靠性差等。究其原因，基本上表现在管理欠科学、设计欠优化及施工欠深化等方面，且通过正规验收评估的较少，因此综合效益不能得到发挥。

综观中国智能建筑的建设情况可以发现，目前智能建筑日益朝着现代化、先进化、正规化的方向发展，但与发达国家相比还存在一定的差距。目前的发展现状可以总结如下：①智能建筑发展迅猛，逐步形成产业；②产业发展逐步规范化；③智能建筑与绿色建筑逐渐融合。然而，现有的问题也不容小视，主要有：第一，智能绿色建筑市场失衡。第二，智能、绿色条块分割，不利于其协调发展。第三，智能建筑发展的经济激励政策缺乏。第四，缺乏统一配套的标准规范和技术法规。可以看出，中国的智能建筑在发展过程中存在过于注重智能化而忽视融入绿色理念的问题，把握智能与节能、绿色的发展关系是中国建筑业今后发展面临的重大战略问题，因而智能与绿色建筑一体化发展应是中国智能建筑在新时期发展的战略路径。

3. 组织机构

（1）中国建筑业协会智能建筑分会。自 20 世纪 80 年代以来，中国建筑楼宇自动化技术不断发展，并应用于大量建筑工程。随着电子信息技术的快速发展，在此期间，为了在建筑行业内加以引导，推进智能化技术的普及、提高与发展，1996 年建设部科技委员会组建了一个以专家为主体的"科技委智能建筑技术开发推广中心"，多年来做了大量工作，在"智能化"技术的发展中发挥了较显著的作用。随着智能建筑市场的不断扩大、业内企业迅速发展、从业人员不断增长，再加上企业自身的发展等，业内人上深感需要建立行业组织。在此形势下，建设部科技委员会认为成立从事智能建筑企业的行业组织不仅条件已经具备，且有其紧迫性、必要性。于是，经中国建筑业协会、建设部、民政部批准，2003年12月21日在北京成立了中国建筑业协会智能建筑专业委员会，并于2010年4月14日在上海召开换届大会，更名为中国建筑业协会智能建筑分会。

智能建筑分会下设会长、副会长、秘书长、副秘书长、专家工作委员会（楼控专业组、节能专业组、安防专业组、会议专业组、智能家居专业组、检测专业组、机房专业组等）、秘书处（行业管理部、技术服务部、信息交流部、办公室）。各部分的主要职责如下：

专家工作委员会：专家工作委员会是智能建筑分会的技术团队，起着重要的参谋作用。专家工作委员会在分会领导下开展调查研究，为政府主管部门的决策提出意见和建议；受政府委托参与制定有关技术标准、规范和软科学研究；承担了智能建筑试点项目、工程项目评估、技术咨询、技术培训及编辑出版学术专著等工作；协助企业提高技术管理能力和水平及参与国内外技术的交流与合作等。其中多数专家参与了国家重点工程智能化咨询、工程评标、智能建筑相关标准制定和产品研发等工作，为中国智能建筑的发展作出了突出贡献。

行业管理部：主要负责会员管理、宣传联络、规范市场、行检行评、专题服务、表彰先进等活动的日常工作，为行业企业开展多种形式的服务活动。

技术服务部：协助专家工作委员会做好分会组织的智能建筑软科学研究、制定智能建筑相关标准规范、行业调查研究、智能建筑工程试点、智能建筑工程评估、智能建筑工程咨询等工作，主要做好项目的评审跟踪、项目验收、文件起草与资料归档等管理工作。

信息交流部：负责本会组织智能建筑有关的执业培训与技能培训、国际交流与合作、学术论坛和新技术、新产品推广会等，办好本会网站、工作简报等宣传平台，加强行业间的信息交流与合作。

办公室：组织协调日常政务、事务，负责机关文秘、档案及后勤保障等工作。

（2）全国智能建筑技术情报网。全国智能建筑技术情报网是于1998年经建设部科技司批准正式成立的，是一个全国性的技术协作与交流的学术组织，由全国各地区知名设计研究院（按东北、西北、华北、华南、华东、西南、中南区域划分）大专院校、系统集成商及房地产开发商等单位组成，现拥有全国的会员单位100多家，秘书处挂靠单位为中国建筑设计研究院。

全国智能建筑技术情报网自成立以来，与国内智能建筑技术发展息息相关。通过创办《智能建筑电气技术》杂志、中国智能建筑信息网（www. ib-china. com），积极开展各项代表国内最新智能建筑技术的学术交流、技术推广和咨询服务、智能建筑沙龙等活动，取得了较好的业绩，为推动智能建筑技术的发展作出了应有的贡献，成为全国级的学术组织。对于传播业界信息、促进技术进步、推动行业发展有着重要的帮助。

（3）全国智能建筑及居住区数字化标准化标准委员会。该委员会简称"全国智标委"，于2008年由国家标准化管理委员会批准（国标委综合〔2008〕108号）成立。全国智能建筑及居住区数字化标准化标准委员会作为智能建筑标准国内唯一的归口单位，主要负责智能建筑物数字化系统领域国家标准的制修订工作，其工作领域与国际标准化组织建筑物环境设计技术委员会建筑物控制系统设计工作组相关联。住房和城乡建设部负责业务指导及日常管理，秘书处承担单位为住房和城乡建设部信息中心，住房和城乡建设部集成电路卡应用服务中心负责秘书处日常工作。全国智能建筑及居住区数字化标准化标准委员会下设秘书处，秘书处由办公室、信息工作部、行业工作部组成。

办公室：负责该委员会委员、观察员及顾问的联络和管理，负责财务管理，负责秘书长、副秘书长等相关工作的日程安排及协调。

信息工作部：负责收集国内外行业标准发展动向；收集发布相关信息并在网站上公布；负责网站的维护与运营，内部通讯的编写；负责归口的国标、行标等技术资料的销售，标准咨询；组织拟订标准宣贯计划和相关技术培训；收集整理相关厂商资料，组织各种会议等。

行业工作部：负责跟踪国内外相关新技术、新产品的发展动向；组织实施新标准的立项前期准备及申报；组织编制培训教材等相关技术资料；编制标准制修订计划；组织标准草案送审稿、报批稿的审查；组织实施试点项目及技术咨询；组织实施标准化成果的应用推广、信息反馈和标准应用效果评估；组织实施对优秀标准化成果奖励。

五　中国智能建筑发展中存在的问题

中国智能建筑的基本状况是：①"瘫痪型"智能建筑系统占总数的30%左右。这是指智能建筑系统根本无法开通，投资上百万元甚至上千万元的智能系统，完全瘫痪得如一堆废铁，系统操作完全由人工完成。②"弱智型"智能建筑系统占总数的50%左右。这是指系统即使开通也是部分开通，"不健全"的系统很难满足人们对建筑物的功能需求。智能建筑是一个系统的概念，局部与整体、独立系统与集成系统根本不能等同。③"基本型"智能建筑系统占总数的15%左右。这是指具备必需的子系统，子系统开通情况良好，但系统集成度不够，系统在事件联动、全局处理、信息共享方面能力较弱的智能建筑。④"先进型"智能建筑系统占总数的5%左右。这是指系统开通情况良好，有一定的系统集成度，系统的扩展和提升能力较强的智能建筑。

可以看出，中国的智能建筑虽然有了一定的发展，但是总体上还比较落后，尤其是在高新技术的运用和实施效果方面与发达国家相比仍有很大差距。以下从四个方面阐述当今中国智能建筑面临的障碍与挑战，以便我们能够从中找出问题并予以解决。

1. 政策与制度方面的障碍

中国现有的关于智能建筑的政策还不尽完善，不能有效地支持智能建筑的快速发展。主要表现在技术标准和法律体系、资质管理，以及市场准入方面。

（1）相关技术标准和法律体系不完善。目前中国虽然有《智能建筑设计标准》，但技术标准有些已经显得落后，必须进行修改。2011年7月28日，"《智能建筑设计标准》（GB/T 50314）文件修订启动工作暨第一次工作会议"在上海举行，修订工作由住房和城乡建设部标准定额司领导，上海现代建筑设计（集团）有限公司牵头，由来自国内设计单位、企业和国外著名智能化技术企业的高级专家共同组成编写组完成标准的设计编写工作。标准将在内容上进行技术提升和补充完善，使标准的应用能更有效地贯彻国家关于建筑节能、低碳、环保、生态、绿色等一系列方针政策，并符合当今建筑功能更注重信息化、智能化的综合应用功效，以达到全面、科学、合理，使之更有效地满足各类建筑智能化系统工程设计的需要。

而关于设备监控系统的规范《建筑设备监控系统工程技术规范》尚在制定之中。目前招标代理大多数是机电招标公司编制的技术招标文件，不太适合弱电智能化系统。由于国家还未正式出台智能建筑验收、检测和评估标准，没有统一要求，致使建筑智能化系统验收、检测、评估也不规范。

由于中国尚缺乏对智能建筑明晰的、统一规范的标准，使开发商对智能建筑的建设无"章"可循。其后果只能是智能建筑名不副实，施工建设的智能建筑问题频出。目前国内一些地方如上海、江苏、山东等省份已经制定了地方的设计标准，但整个智能建筑系统的行业标准或全国性的规范还没有形成。依据什么标准进行设计、要达到什么样的智能等级及设备水准、如何选择适合中国国情的国际技术标准、如何进行工程质量评定和验收，这些都是亟待解决的问题。

（2）资质管理规定不完善。中国虽然有建筑业的企业资质管理规定，但是目前在全国还没有完善的智能建筑设计与施工资质管理的具体规定。带来的后果就是：一些系统集成商在没有有效资质的情况下，打着"国内领先""国际先进"等旗号，到处承揽工程，致使在全国范围内智能建筑的设计与施工存在质量管理上的失控。

（3）市场准入制度缺失。中国目前并没有切实可行的措施来阻止不符合要求的智能建筑相关产品进入国内市场。由此带来的严重后果是：中国的设计单位由于长期受计划经济的影响，经营管理不够灵活，且与国外相比在掌握世界先进技术方面也存在不少差距，因此国内智能建筑的设计市场大部分被国外的设计单位和集成商所占领，加上所选用的智能化产品有90%以上是国外产品，使得中国在这一技术领域长期受到国外制约，为此付出了高昂的代价。国外的智能化产品五花八门，各种标准也不统一，一些生产厂商并不愿意把通信格式和通信协议公开，即使公开，其开放的程度、内容也往往受到诸多限制。此外，部分设备不能达到或满足国内有关消防和保安等方面的要求。

2. 设计、施工方面的问题

智能建筑的设计和施工是决定整个建筑好坏与否的关键部分。由于智能建筑在中国的发展还不成熟，建设过程中也就不可避免地出现了一系列问题，这就不利于智能建筑整体质量的提高。

（1）设计中存在的问题。由于智能化技术相对较新，是正在发展中的新兴技术，使得传统建筑设计院中的建筑、结构、暖通、给排水和电气等相关专业在设计中往往缺乏智能系统的专项考虑。这是因为，大多数建筑设计单位的建筑电气设计工程师基本为强电专业，其主要精力被用于供配电工程和消防系统的设计上，对智能系统的设计如设备产品性能参数选用和工程实施调试过程中可能遇到的问题了解得不是很透彻。设计院通常是将工程的弱电部分外包给弱电系统工程商进行专项设计和施工。但是，由于招投标等原因，弱电系统承包商接到设计任务时，工程项目设计已经接近最后阶段，因此无法对项目有全面、深刻的了解。同时，弱电系统承包商缺乏与投资商的前期沟通，无法进行准确的设计定位；在设计过程中缺乏与建筑、结构、暖通和给排水等专业工程师的必要和及时的沟通协调。因此，图纸设计在内容和深度上难免会出现各种问题。智能系统设计的零散、不规范给后续的施工埋下了隐患。

（2）对智能建筑的认识问题。在建筑工程建设的过程中，建筑开发商、设计单位、施工单位、系统和产品供应商都要参与其中，但建筑开发商所起的作用最大，因为他们是投资方，决定着建筑的规模、智能化程度的高低。建筑开发商对智能建筑是否有充分的认识和了解，是智能建筑得以发展的一个重要因素。但是，就目前的情况来看，国内建筑开发商在对智能建筑的认识方面存在各种偏差。

第一，有些建筑开发商在方案设计阶段往往重视建筑设计本身，而对包括水、电、暖方面的等设备工程有所忽视，智能化系统建设则未被列入。首先，当有关主管部门提出或设计单位询问建筑开发商关于智能化系统设计时，建筑开发商才认识到需要这个方面的设计，设计单位才被要求进行智能化系统总体方案的设计；而当智能化系统总体方案设计进行时，建筑设计已经进入施工图阶段，由于工期紧迫，智能化系统总体方案甚至未经过充分论证和评审就进入施工图设计，致使智能系统设计不全面，问题频出。其次，智能化系统集成商在准备实施项目时，也常常出现许多不协调、不配套的情况。有的建筑工程土建已经超前，也有的管路预埋未做，或虽有管路但冗余不够等；还有的系统集成商在介入时发现电话、电视等方面的工程已经有人实施，许多管路、信息出口、设备的安装位置已被占用；等等。诸如此类的各种原因，造成对于资源共享、对于系统功能的承诺等不能实现，使得原方案必须重新修订。这种情况不仅浪费了时间和各种资源，而且使得建筑水平下降。

第二，有些建筑开发商不知道智能建筑的真正含义，甚至还搞出一些不实宣传。有的建筑开发商在已建、在建的智能建筑中提出了不切实际的智能化要求，在具体建设中还带有一定的盲目性，特别是在设备选择或系统集成方面往往屈从潮流或随意拔高，导致设备和设施不能正常运转，并造成投资上的极大浪费。由于存在这种盲目性，使得当前智能建筑在舆论导向上存在过热现象，前期成本高昂。此外，在建筑物的设计和技术领域中，利益相关者往往有不良动机。例如，建筑开发商可能不愿意为提高能源效率而投资，因为从中获利的是租住户。

（3）项目施工中的问题。由于缺少相应的规范，对大厦智能化的规划往往是发展商说了算，根据他们的要求提出的设计方案也往往缺乏全面性和长远性，同时因为专业工程师极度匮乏，施工质量也难以保证。例如，深圳市的深纺大厦号称全市第一座智能大厦，但到验收时连线路都不通。另据建设部科技委员会智能建筑技术开发推广中心于1997年组织有关专家对中国几十座自称"智能建筑"的建筑物进行的调查结果显示，开通率极低、功能单调、用户不满意等问题比比皆是。其原因也就是在没有很好地进行智能系统规划设计和技术、产品选择的情况下就盲目上马，管理和维护水平又跟不上，结果自然是事倍功半，浪费投资。

3. 技术方面的问题

智能建筑采用的技术主要有建筑信息管理系统、能源管理技术等。这些技术的不发达导致了从兴建施工到运行管理中大量缺陷的产生，这就不能更好地为使用者服务，无法完整实现安全、高效、节能、舒适的目标。

（1）智能建筑信息管理系统。智能建筑系统集成是从20世纪90年代中期逐步发展起来的一门技术，智能建筑的系统集成技术在整幢智能大厦的智能化建设中占有重要的地位。系统集成技术是实现智能建筑工程目标的主要技术手段，是使智能建筑具有活力的重要途径，能够给用户提供安全舒适的工作环境和高效的办公条件。中国智能建筑系统集成技术发展较晚，近几年虽然在智能建筑系统集成方面做了不少工作，但由于智能建筑系统集成是多学科、多技术的系统集成，因而开放式的具有互操作性系统技术的开发、规范、标准化，就成为中国发展智能建筑系统集成技术的核心关键。中国在开放式的具有互操作性的系统技术方面的研究刚刚起步，与国际先进水平相比还有较大差距，需要进一步发展和完善。

（2）家庭能源管理相关技术。在当前的智能住宅建设中，普遍存在片面追求技术先进而忽视产品成熟度，以及对智能化功能贪多求全的现象。在决定智能化系统的方案时，并没有从住户的需要出发，而是将智能化作为卖点进行炒作。目前家庭能源管理技术方面尚需解决的问题涉及家居智能控制器、家居综合布线箱、自动抄表装置。在家庭能源管理上，由于自来水公司、煤气公司、供电局均处于垄断经营状态，其远程集抄的最终实施还有待于建设单位在政府职能部门引导下，多方协商解决。而对于家电远程控制系统，尤其是家庭集中供冷供热系统的远程控制，是将来智能化住宅的发展方向。但是，对单体空调、电饭煲、窗帘、洗衣机等家电进行远程控制的性价比还远远不能被普通住户接受，在短期内不应该提倡。

（3）其他问题。首先，智能电网没有全面实现。在没有智能电网的地区，由于不能实时获取电力消费的数据，因此也无法充分发挥智能建筑提高能效的作用。此外，没有智能电网，也就不能执行分时电价，人们也就没有了在电力高峰时段减少用电的动力。其次，集成设计较弱。面对日新月异的信息技术，目前设计部门对智能化产品和智能设计还不甚熟悉，特别是在集成方面则更弱。对智能建筑设计的关注重点大多集中在智能化系统上，而在建筑平台方面注意不够，从而使建筑结构的灵活性、适应性稍欠佳，对智能化系统设备的安装空间、管线等考虑不周。业主往往盲目相信境外设计单位，其实这些单位也并非智能建筑行家，其设计水平并不比国内设计水平高，再加上由于文化背景、设计方法和施工习惯的不同，最后往往是即使拿到了图纸也无法施工。最后，网络频宽受到限制。在新网络科技问世后，通信空间的问题可获得部分解决，但缺乏全面而完整的数据模型，各个建筑物自动化和应用系统之间仍然无法有效地交换数据。另外，数据安全性和无缝话音与数据通信之间还存在矛盾，很多机构非常关注其内部资讯系统的安全性，以及保护其电脑和话音系统免被非法接达的问题，但如果把某建筑物隔离起来提供保护的话，就会导致无法使用更先进的通信工具。

4. 智能建筑专业人才问题

缺乏智能建筑领域专业人才，也是智能建筑中的一个重要问题。从事智能建筑的专业人员包括设计人员，安防产品技术支持工程师，布线、安防产品开发高级工程师，防盗报警、监控产品、大屏幕开发高级工程师，软件开发工程师（主要负责楼宇自控系统软件开发），而最为紧缺的是智能建筑系统设计管理人才。它需要懂得电子、通信和建筑三个方面专业知识的复合型人才。就智能建筑项目来说，工程的设计和施工是两个方面。而既懂工程设计，又懂施工方案的人却少而又少。设计与施工能否衔接和连贯好，关系到工程的进度与质量。

智能建筑是高科技的产物，智能建筑学科是多学科的交叉和融合，人才培养应该是多层次、多方位的，只有强调理论与实践紧密结合、设计与技术紧密结合、施工与产品紧密结合，才能培养出新一代的智能建筑人才。但是，目前中国的建筑施工人员大多没有经过正式培训，更谈不上有施工经验，造成施工安装效率低且质量不高。另外，施工中每个阶段的控制指标和测试报告的内容和格式的规定以及竣工验收的条件和相关文件等仍偏重于定性验收，即凭借眼看、手摸，而忽视了定量验收。

六　对策措施

综上所述，目前中国智能建筑发展中存在的问题主要集中于认识方面、制度方面、技术方面和管理方面。针对这些问题，我们提出以下几点措施，以有利于保证智能建筑的快速良好发展。

1. 提高对智能建筑的认识程度

智能建筑这一名词虽然已经提出多年，但国内国外至今无统一的定义，其重要原因是应用于智能建筑中的诸多科技成果，其内容和形式日新月异，技术标准也不断提高和翻新。正因为如此，致使高投资造出了低智能的建筑。此外，某些投资商虽打出了"3A""5A""6A"甚至"7A"的全智能大厦广告，但实际上不少是名不副实。因此，需要澄清关于智能建筑的一些模糊概念，提高认识，转变观念，把建筑智能化建设引入正确轨道。

首先，应当加强理论研讨，探索适合中国国情的智能建筑之路。我们应该在现有理论研究的基础上组织更多的科研机构、大学院校、专家学者、集成商、施工单位等参与国内智能建筑的研究探索。

其次，可以设立专门的研究基金和奖励基金，调动各个方面的积极性，并适当引入竞争和创新机制，以不断推动整体研究水平的提高。

最后，在现阶段有必要举办各类建筑智能化的技术交流活动，推广和普及建筑智能化的知识和技术，进一步提高全行业特别是投资商的认识水平，增强智能化意识，否则就无法建设适应信息时代要求的智能化建筑。

2. 建立技术标准体系

（1）积极出台智能建筑技术标准。中国虽然已经出台了不少有关智能建筑的规范，但这些规范大都各行其是，标准程度低，这就极大地制约了其实施效果。例如，对设备监控系统并没有统一的规范，《建筑设备监控系统工程技术规范》还尚在制定之中，而由华东建筑设计研究院负责编写的《智能建筑设计标准》自制定以来运行良好，受到了各方好评，但实施到今天难免会有些陈旧，需要进一步修改和完善。因此，国家主管部门应尽快组织编制全国统一的设计标准，包括信息通信、监控、火灾报警与消防联动控制、综合布线系统、智能化系统集成、电源、环境的一般规定、设计要素、设计标准等内容。

（2）建立技术标准报审制度。中国建筑的国家标准、技术规范和行业法规还很不健全，市场上所采用的技术标准也多种多样，因此要建立起规范和标准的报审制度。凡国家、行业或地方没有现行规范或标准，需要参照有关国际标准或技术规范的，系统集成商应主动报送建设主管部门审查，获得批准后才能付诸实施。

3. 发挥政府的监督与引导作用

（1）严格执行资质认定与质量监督工作，从智能建筑的设计、施工、验收等各个环节进行资质认定和质量监督。首先，应加强对系统集成商的资格审查，重点审查其规模和人才构成，考核其从业技术水平。其次，对于建筑设计单位，则应将智能建筑设计与施工纳入质量监督体系，对设计阶段、施工阶段、系统运行管理阶段均应实施监督。工程完成后还应按有关的质量评定标准和验收标准进行评定和验收。最后，要对施工承建队伍进行资质认定。受利益的驱使，国内一段时间内涌现了大批承揽智能建筑工程施工任务的单位和个人。这些单位和个人鱼龙混杂，有的根本没有专业水准，无法保证施工质量，以致出现了恶性的非实力竞争。因此，各级主管部门应进行智能建筑施工单位的资质认定，明确规定相应等级应达到的各项标准和可以从事的工程类别，杜绝无资质等级者从事智能建筑的施工业务。对资质的认定要从严把关，认真考核，并对具备资质等级的单位加强监督和管理。对于不能符合等级要求或出现质量事故者，则要取消或降低其等级。对于经济和技术实力较强大的大型施工单位给予总承包资格，推行总承包制等。

（2）积极推动智能建筑市场的发展。

第一，政府应该扩大需求并创建关于新建筑和改造建筑的成本或收益方面的可靠的数据，这不仅能够驱动市场，而且将为建筑行业的人士提供更多的机会来完善自己的技能。

第二，国家可以授权各级政府新建高性能的建筑，并改造现有的建筑。这将有助于更好地了解建筑的成本及其预期的能源效率，也有助于夯实建筑专业人士的知识基础。调整政府采购政策使其包括全生命周期费用，将会配合这项措施的实施。

第三，政府应鼓励节能建筑设计的研究与开发，尤其是那些因投资回收期长或不确定而导致投资不足的行业领域。政府应该支持公共部门和私营部门的研究和开发投资。公共部门和私营部门之间建立伙伴关系，有利于确保研究的商业适用性。政策可以考虑扩大能源部国家实验室的使命，并加强研究与开发智能建筑的税收抵免。

4. 加强智能建筑信息管理系统的开发工作

（1）积极培育国有品牌智能建筑系统集成产品。经过十几年的发展，中国一些有代表性的本土化智能建筑企业，通过自主创新、不断探索，实现了规模化、品牌化、区域化运作，在设计创新、产品创新、管理创新以及节能环保技术的应用等方面不断推出具有自主知识产权的产品和行业解决方案，形成了自己的核心竞争力。各公司基本都建立了企业的技术中心，有力地促进了技术创新和产品研发。但同时我们也应该看到，与国外一些大型智能化产品生产商相比，中国企业还存在一定的差距，因此必须增强技术研发力度，提高中国整体智能建筑集成系统产品水平，通过建立智能建筑产业联盟，鼓励高校、科研机构、企业联合开发智能建筑集成系统，使中国的智能化建设跃上一个新的台阶。此外，智能建筑的建设与发展不但涉及建筑主管部门、开发商、设计单位、施工单位、技术产品供应单位这些直接的参与者，还涉及公安、消防、城建、电力、邮电、广电、电子信息等管理部门，因为在技术协议、标准制定、运维管理等方面需要这些部门的配合与合作，因此，只有在各方共同努力和协作的基础上才能保证智能建筑产业的健康、快速发展。

（2）重视智能建筑信息管理系统的开发与集成。系统集成技术是实现智能建筑工程目标的主要技术手段，是使智能建筑具有活力的重要途径，它能够给用户提供安全舒适的工作环境和高效的办公条件。随着计算机网络、通信、多媒体等技术的发展，系统集成技术将具有广阔的发展前景。

近几年中国在智能建筑系统集成方面做了不少工作，但由于智能建筑是多学科、多技术的系统集成，因而开放式的具有互操作性系统技术的开发、规范、标准化，就成为中国发展智能建筑系统集成技术的核心关键。中国在开放式的具有互操作性系统技术的研究刚刚起步，与国际先进水平相比还有较大差距。

智能建筑管理系统是建筑智能化系统集成的高级阶段，它要正确把握用户使用和管理建筑物的需求，将软件和硬件平台、网络平台、数据平台等组织成一个完整、协调的集成系统，从而实现对智能建筑的优化控制和管理，创造节能、高效、舒适和安全的环境。

在智能建筑管理系统的集成中，需要保证集成的系统与建筑管理系统、火灾自动报警系统、安全防范系统和计算机通信系统等各个子系统之间具有较强的通信联网能力，以最大限度地实现各子系统之间数据、图像等资源的共享。

集成后各子系统一般都还保留各自独立监控的功能，能独立地进行监控工作。它们将本系统运行的有关数据上传给集成控制中心。如果需要，中心可以按设定的算法和程序对这些数据进行分析和计算，然后下达指令反馈给子系统，达到优化控制和管理的目的。

但是，在集成设计中考虑子系统和集成中心之间的通信和连接时，可根据各个子系统本身的性质及特点，采用不同的通信和连接方式。例如，对于视频会议子系统、综合布线子系统和公共广播子系统等，基本上就没有什么运行数据需要上传给集成中心。即使要传，也只有简单的状态信息。此时的集成中心只是监视其运行状况，但不对其进行控制，即所谓"只监不控"的通信方式。但是，对于像物业管理和办公管理这样的一类子系统，其本身主要是一个软件系统，能独立运行，实现规定的管理功能，它们一般接受其他子系统传来的信息，进行必要的分析处理，如果需要也能对其他子系统进行一些非实时的控制。集成时这些软件常常融合在建筑管理系统的管理功能之中。

（3）将降低能耗作为智能建筑信息管理系统开发中优先考虑的问题。要实现智能建筑中的节能减排目标，一个有效的办法就是在大楼的信息管理系统开发中采用虚拟化技术，降低能耗。存储虚拟化是实现数据中心节能减排的一项关键技术。创建数据中心时遇到的最复杂的问题之一便是为大量存储设备提供能源，那些存储设备每一台都要求有其自己的能源，而且都会发热。虚拟化技术可以利用不同设备的容量来建立一个虚拟化存储容量池，然后解决各个设备的数据存储问题。存储虚拟化还包括许多管理大型虚拟存储池的最优方法，通过增加多磁盘之间的带宽来提高应用虚拟化技术的成果，就是有效利用物理存储容量改善存储容量配置，以及减少能源和冷却成本，同时提高磁盘利用效率。举例来说，办公、商城类建筑耗电冷热量等实行计量收费。特别是写字楼，按照面积收费，实际上是鼓励耗能，这是电费收费制度与电力节能之间的矛盾。因此，采用虚拟化技术就具有了很大的必要性。信息技术虚拟化已经发展了十多年，技术很成熟，产品众多，应用广泛。现在，在一个物理系统上可以支撑多个逻辑系统，比如虚拟局域网、虚拟服务器、虚拟终端、虚拟数据库、虚拟服务等。国外的信息技术工程和弱电工程中大量采用虚拟技术、优化简化系统结构，这样有助于减少工程投资，提高运维效率，降低能耗。虚拟化产品还有利于用户的维护，减少投资，因而必然受到用户的欢迎。

5. 加强智能建筑专业人才建设

（1）建立高素质的智能建筑设计队伍。中国要想建立起一支高素质的智能建筑设计队伍，就不能长期把智能化系统设计委托给国外设计单位或系统集成商。实际上，智能化系统设计只是整个建筑物设计工作的一部分，智能化系统设计应服从于建筑设计，整个建筑物的设计工作应由建筑专业牵头，统筹考虑并统一协调各专业之间的关系。因此，对于智能化建筑，建筑设计单位仍然是主体设计单位，系统集成商只是配合单位。

实践表明，智能化系统设计与建筑设计不能各自为政，国内已经出现多起由于建筑设计与智能化系统设计没有同步而引发的设计事故。为了使两种设计形成有机的联合体，国内有条件的设计单位应调整专业设置，把自动控制、通信、信息、计算机、建筑设备等有效地结合起来，建立自己的智能建筑设计队伍。对于独立于建筑设计单位的系统集成商，除服从于主体设计单位外，其设计成果还应纳入建筑设计单位的质量管理体系。

（2）提高物业管理水平和管理人员的素质。我们应该认识到，智能建筑具有广阔的市场前景，从一座座智能大厦到连片的智能小区再到智能城市都可能是不久之后的事，因此我们必须紧密跟踪该领域的每一项技术突破，同时要不断创新，因此培养工程技术人员队伍刻不容缓。有关主管部门可以组织专家讲授，配合集成商指导，注重理论与实际相结合，力争在短时期内培养一批技术过硬的工程人员，组建一支具有较高专业水准的智能建筑工程师队伍，从整体上提高国内智能建筑工程师队伍水平。另外，还要通过在高等院校和中等专业学校开设智能建筑系专业，以青年学生为对象，面向世界，面向未来，培养大批社会急需的专业智能建筑人才，充实到设计机构和大型施工企业中去。

除了工程人员外，加速培训智能建筑的专门管理人才也势在必行。智能建筑的科技含量很高，对物业管理人员的专业知识要求也非常高。

智能建筑一旦建成，若没有培训出智能建筑的专门管理人才，将可能出现无人会使用、无人会维护的状况。实际上，智能系统的具体设计，包括其集成内容、范围、深度的确定，均与物业管理密切相关。因此，智能建筑的系统设计应有物业管理人员的介入，倘若物业管理人员对智能建筑一知半解，便无法向设计部门提出合理的设计要求。目前，全国各高等院校还没有专门的智能建筑专业，只能通过专门的培训来培养智能建筑管理人才。物业管理部门应采取各种培训手段，使物业管理人员尽快掌握智能建筑的基础知识，即计算机技术、现代控制技术、通信技术及机电设备的运行知识。此外，还应学会操作先进的设备，熟练掌握各类设备的安装、调试、检测等技术。

第六章

信息技术与工作方式的变革

一 信息技术对工作方式的影响

随着信息技术的飞速发展，尤其是互联网的快速普及，人们的生活方式和工作方式正在发生深刻的变化。借助电脑、电视显示屏、手机等品种繁多的通信工具和视频终端，跨区域的信息交流越来越便捷。当通过电子方式传递文件和沟通想法变得轻而易举时，当借助于手机保持联系、远程办公能够轻松实现时，便不再需要所有员工聚集在一起工作，传统的工作方式正在改变，远程办公和视频会议也正悄然兴起。这种工作方式借助于信息技术手段，可不受时间和空间限制，让员工有效地完成工作任务，大幅度提高工作效率，提高员工对工作的满意度。同时，可以节省办公空间、缩短人们上下班的通勤时间，缓解交通拥堵，从而降低能源消耗。但是，在世界范围内，即使是发达国家，远程办公和视频会议也尚未全面普及，其发展潜力还未充分挖掘。例如，在美国，只有 3.9% 的人固定在家工作。这种现象对生产率、劳动力和环境产生了极大的浪费。75% 的美国人每天要花 50 分钟开车上班，这也带来了对环境的破坏和拥堵塞车状况。

二　远程办公

远程办公又被称为在家办公、移动办公、旅馆式办公等，英文词有"Telework""Telecommuting""SOHO""E-commuting""Work at Home""E-work""Work form Home""Off-site Working""Hoteling"等。

"Telework"和"Telecommuting"两个词最早由致力于研究办公与交通之间关系的美国通信领域专家、被誉为"远程办公之父"的杰克·奈尔斯（Jack Niles）在1972年提出，其中文意思就是"远程办公"。在随后的1973年和1974年，他开始远程办公实验，参与测试的人员来自保险公司，他们在一个安装有卫星通信设备的办公室里成功地进行了远程办公。

"Hoteling"一词最早由美国广告设计师杰伊·恰特（Jay Chiat）在1994年提出。他是这样解释"Hoteling"的含义的："让员工远离办公桌以及桌子之间的隔板，他们只需要笔记本电脑和手机，就像回到了远古时期，过着'游牧'般的生活，按照自己想要的方式工作。"

虽然远程办公概念在20世纪70年代就被提出，其描绘的远景也非常美好，但是受到技术的限制和观念的阻碍，其影响范围极其有限。一种新的工作方式的变革，需要它的理念能被多数人所接受，只有深入人心，才能推广普及。在远程办公理念的传播过程中，未来学家阿尔文·托夫勒（Alvin Toffler）起到了巨大的推动作用，80年代末，他在《第三次浪潮》这本书里，创造性地提出了"电子地球村"（Electronic Cottage）这一概念，并进行了大胆的预测：跨国企业将盛行，电脑的发明促使"SOHO"（在家工作）成为可能，人们将摆脱朝九晚五工作的桎梏……由于《第三次浪潮》这部著作影响巨大，无形中推动了远程办公理念的普及和推广。

（一）远程办公的定义

世界薪酬协会为远程办公下的定义是：被雇用人员以及自雇人员（或称自由职业者）选择在家或其他地点（非本单位工作场所）完成工作任务的一种办公方式。

《欧洲远程办公框架协议》为远程办公下的定义是：员工在与雇主签订了相关劳动合同的前提下，借助信息技术手段，可以在办公室工作，也可以在单位办公室之外的地点工作的这样一种组织或办公形式。

斯科特·马修斯（Scott Matthews）和艾瑞克·威廉姆斯（Eric Williams）为远程办公下的定义是：为了减少上下班次数，摆脱长期固定在办公室工作的现状，利用电脑、互联网、电话，在家完成工作任务的一种办公方式。

某些日本学者为远程办公下的定义是：借助信息技术硬件设备和相关软件，每周在办公室以外的场所（包括家里）工作 8 小时以上，前提是这项工作是其谋生的主要工作，而非兼职。

综上所述，远程办公包含有三大要素：第一，工作地点在办公室之外。第二，利用现代信息技术设备办公，如电脑、电话、互联网、手机等。第三，每周或者每月至少有 1 天在办公室之外的地点办公。

由于这种工作方式可以按需分配员工的实际办公室空间，大幅节省房屋和设施成本，还能保证每个人随时按需访问办公室的资源，因此广泛地被信息技术公司、房地产中介公司、咨询公司、律师事务所、会计事务所、商品营销商、电信运营商等企业，以及一些国家的政府机关和公共事业部门采用。

（二）远程办公与弹性工作制的关系

弹性工作制，英文名称为"Flexible Working"，是指在完成规定的工作任务或固定的工作时间长度的前提下，员工可以自由选择工作的具体时间，以代替统一固定的上下班时间的制度。弹性工作制是 20 世纪 60 年代由德国的经济学家提出的，当时主要是为了解决职工上下班的交通拥堵问题。

在中国政府颁发的正式文件中，弹性工作制被称为不定时工作制，又叫无定时工时制。其含义是：针对因生产特点、工作性质特殊需要或职责范围的关系，需要连续上班或难以按时上下班，无法适用标准工作时间或需要机动作业的职工而采用的一种工作时间制度。1994 年，原劳动部颁布了《关于企业实行不定时工作制和综合计算工时工作制的审批办法》。该审批办法首次明确了企业因生产特点不能实行标准工时制度的，可以实行不定时工作制或综合计算工时工作制等其他工作和休息办法。该审批办法为企业提供了劳动用工筹划的具体路径。

弹性工作制是中国现行的基本工作时间制度之一。例如，在闲的时候，一天工作时间可能只有 6 个小时，忙的时候则可能有 10 个小时，工作时间总数没有变，工资水平没有变，也没有加班费的困扰，这是根据实际情况出发来科学合理安排员工的工作时间。"八小时工作制"规定一天必须、只能工作 8 个小时，如若加班，加班费另算，这给在金融危机形势下比较"闲"的企业造成了一定的经济负担，因为工资只有加而没有减。特殊经济环境下，弹性工作制（不定时工作制）显示出了比"八小时工作制"更加灵活、科学的一面。

在中国，弹性工作制的突出特点是：第一，一个月内总的工作时间不变，只是每天工作时间可以变化，不一定固定在 8 个小时。第二，对于员工而言，不定时工作虽然在时间上有自由选择的权利，但是工作地点固定，仍然是在办公室或车间厂房内。

弹性工作制与远程办公既有相同之处，也有不同之处。相同之处就是允许员工有自由支配工作时间的权利，两者的区别是弹性工作制的办公地点仍然在单位（如办公室、车间厂房内），远程办公则是在办公室之外。因此，弹性工作制不属于远程办公的范畴。

（三）远程办公人员

远程办公人员一般是可以借助计算机、网络等通信设备完成工作任务的雇员。这些人员可以被称为"信息工作者"，包括科学工作者、高校教师、工程师、技术人员、营销人员、行政人员、律师、会计、信息技术产业从业人员等。

（四）远程办公地点

世界薪酬协会在 2006 年、2008 年、2010 年三年中，对美国人的远程办公地点进行了调查，包括：家里、汽车里、度假地、酒店（或汽车旅馆）、咖啡馆（或饭馆）、客户处（或客户营业地点）、机场候机厅（或火车站候车室、地铁站）、公园（或其他户外场所）、图书馆、飞机上（或火车上、地铁里）、远程办公中心（由雇主租办公地点）、"卫星中心"（雇主办公室设在与雇员家非常近的地方）。排在前几位的远程办公地点是家里、汽车里、度假地、酒店（或汽车旅馆）、客户处（或客户营业地点）、咖啡馆（或饭馆）。在这几年里，在家里办公占绝大多数，同时，"卫星中心"（雇主办公室设在与雇员家非常近的地方）、"酒店/汽车旅馆"和"度假地"有逐渐增多的趋势。

（五）远程办公类型

人们通常从两个角度对远程办公的类型进行划分。一是根据办公次数进行划分，可分为专职远程办公、部分时间远程办公、临时远程办公。几乎每天都在远程办公，被称为专职远程办公（Full-time Telework）；每周至少 1 天远程办公，或者每天下班后，在家里继续办公，被称为部分时间远程办公（Part-time Telework）；每月至少 1 天远程办公，被称为临时远程办公（Casual Telework）。根据世界薪酬协会对美国 2010 年远程办公人员的调查发现，被调查者中有 45% 的人几乎每天都远程办公，有39%的人每周至少一天远程办公，16%的人每月至少一天远程办公。二是根据办公形式的不同，可分为在家办公、虚拟（或移动）办公（Virtual/Mobile Office）、旅馆式办公（Hoteling）、卫星办公室（Satellite Office）、远程办公中心（Telework centre）。具体描述如下。

在家办公：每周一天或几天在家办公。

虚拟或移动办公：利用通信技术手段，在任何地方办公，不只是家里，在其他地方如客户处、机场、宾馆等处都能办公。

旅馆式办公：员工没有固定的办公桌，办公室、办公桌和设备是共享的，当需要时员工可以顺便使用，从而最大限度地利用办公室，以节约行政开支。员工根据最基本的需要可以提前预约办公桌，办公室配有标准的设备进行办公——手机、电脑、传真机、打印机、复印机、电子邮件、互联网接入等。

卫星办公室：公司为本单位员工建立一个设备齐全的办公地点，通常设在郊区，与员工的住处比较近，员工可以每周在此工作一天或多天。卫星办公室可以减少雇员上下班的时间，并有助于缓解城区交通拥堵。

远程办公中心：类似于卫星办公室，但远程办公中心采用商业化运作模式，只要付费任何人都可以使用。在通常情况下，雇主为每个员工每天利用的办公用地和服务支付费用。从家里到中心要比从家里到自己的公司近。

三 远程办公的节能效果

远程办公的优势主要是减少员工到公司办公的工作天数，减少私家车的行驶里程和办公室能耗，从而减少由化石燃料燃烧带来的二氧化碳排放；节省办公大楼的用电、供暖等能耗从而带来公用建筑能耗的减少；强大的信息技术代替了原有的一些办公物品的消耗，如纸张等。不过，远程办公也带来了通信网络、服务器、终端设备的耗能以及家庭耗能等方面的碳排放量增加。随着远程办公天数的增加，减排总量的增加速度一般会超过反弹效应带来的碳排放增加总量的增长速度，建筑能耗与交通能耗的总和还是呈下降趋势的。

（一）远程办公节能途径

1. 减少交通里程，缓解交通拥堵现象

美国交通专家认为，即使每周有一天让员工在家里工作，对于缓解交通的效果也是立竿见影、惠而不费的。在家工作的人数每增加3%，因交通堵塞造成的延误时间就能减少10%。

据美国消费电子协会2007年的一项研究表明，在美国有400万~600万名职员每周至少一次在家里办公。平均算下来，远程办公可减少车辆里程的40%。这样，美国全年可以节约初级能源总消耗量的0.1%~0.2%，相当于每年节约100万亿~200万亿英国热量单位（Btus）。换句话说，就目前的状况而言，远程办公可以每年使美国道路上少跑150万~210万辆小轿车。

澳大利亚经济咨询公司（Access Economies Pty Ltd.）受澳大利亚政府宽带、通信和数字经济部委托，在2010年公布了一项报告《国家宽带网络环境下远程办公的影响》。据该报告测算，如果澳大利亚10%的从业人员是远程办公者，并且其远程工作时间占总工作时间的50%，那么估计可节省1.2亿升汽油，相当于减少二氧化碳排放32万吨（排放量折合价值600万美元），减少高峰期交通拥堵5%，减少因交通拥堵而造成的损失4.7亿美元。

2. 减少办公用地，降低办公地点的能耗

这表现在两个方面：一是节省办公用地，二是节能行为可以带来节能效果。根据加拿大远程办公协会估算，远程办公人员数量与节约办公

桌数量之比是 3∶1。也就是说，每三个专职的远程工作人员，可以少用一张办公桌。每五位每周一天在家工作的远程工作人员（部分时间远程办公者），相当于一位专职远程办公人员。也就是说，每 15 位部分时间远程办公人员（每周一天在家工作）可以节省一张办公桌。

根据 2010 年澳大利亚经济咨询公司预测，如果澳大利亚总劳动人口的 10% 是远程办公者，并且其远程办公时间占总工作时间的 50%，那么将会为澳大利亚企业节约超过 18 万张办公桌。美国亚美亚咨询公司（Avaya）2008 年认为，根据远程工作人员职位的高低，每个全职远程工作人员节约办公室建筑面积 30~100 平方英尺，在美国每年减少一张办公桌可节省费用 900~3000 美元。

远程办公除了可以节省办公用地，与之相关的其他开支也会降低，如电脑、电话等设备的支出减少，用电量、用水量降低等。据测算，信息和通信技术设备与办公桌减少的速度是同样的——每三个专职远程办公者，可以使办公室减少一台台式电脑和一部电话。以澳大利亚为例，如果从业人员的 10% 采用远程办公方式，并且其远程办公时间占总工作时间的 50%，那么将每年减少办公室信息技术设备支出 1.1 亿美元，减少办公用电 7500 万千瓦时。

太阳微系统公司（Sun Microsystems）曾经将在办公室工作的员工与远程办公人员进行了用电对比。结果发现，在办公室工作的雇员所耗电量是那些远程工作人员的 2 倍多，办公室耗电大约每小时 130 瓦，远程办公者每小时耗电 64 瓦。这意味着远程办公者每小时节电 66 瓦。

当然，远程办公也会在其他领域带来能耗的增加，一般情况下会增加家庭能源消耗量，同时，如果在家办公，自己可以自由支配办公时间，会出现因个人私事开车出行的现象，从而增加能耗。为了杜绝这种现象的发生，单位管理者应该通过安装特殊的软件系统，或者通过手机，随时保持与在家办公人员的联系，督促在家办公人员完成工作任务。

（二）全球远程办公节能效果

根据全球电子可持续性倡议组织和全球气候组织发布的报告，到2020年，通过远程办公，全球可实现减排量2.6亿吨（见表6-1）。

表6-1 2020年全球远程办公碳减排量和节电量预测

单位：亿吨，亿千瓦时

二氧化碳减排量预测值	节省电力	实施效果
2.6	4727	在城市和非城市地区与工作相关的驾车出行下降80%，因私驾车出行提高20%； 在发达国家,30%~40%的员工采取远程办公方式,涉及总人口的20%,涉及车辆的10%,在发展中国家则涉及7%； 采取远程办公,则民用住宅排放增加15%,商用住宅排放量减少60%,涉及10%的民用住宅和80%的商用住宅

注：按照全球电子可持续性倡议组织和全球气候组织发布报告的折算公式计算：发1千瓦时电平均产生0.55千克二氧化碳（将燃煤发电、核能发电、可再生能源发电综合考虑计算所得值）。

资料来源：根据全球电子可持续性倡议组织和全球气候组织发布的报告（SMART 2020：*Enabling the Low Carbon Economy in the Information Age*）提供的资料整理。

（三）中国远程办公的节能效果

远程办公在中国处于起步阶段，其未来的减排潜能有很大的上升空间。这里我们主要对远程办公的直接影响因素作出分析，只考虑交通上的二氧化碳减排和建筑上的碳排放。根据一些行业预测数据，可以大体估算出未来远程办公在中国的减排潜能。

随着居民消费结构的升级，中国的私人汽车拥有量不断增加。截至2005年底，中国民用汽车保有量为3160万辆，其中私人汽车保有量为1852万辆，占总量的58.6%。据估计，截至2006年底，中国私人汽车保有量接近2200万辆。估计中国轿车数量在2010年、2020年、2030

年分别达到 3900 万辆、7200 万辆和 11100 万辆，远程办公的应用将使都市和非都市区域中与工作相关的汽车行驶里程减少 80%。

2007 年，中国既有建筑面积为 430 亿平方米，随着城市化的发展，预计 2010～2030 年新增建筑面约为 300 亿平方米，建筑总面积为 730 亿平方米，单位建筑面积的耗电量为每平方米每年 14 千瓦时，住宅建筑的二氧化碳排放量占建筑总排放量的 34%，中国的办公碳排放是住宅排放的 1.18 倍，则 2010～2030 年中国办公建筑的二氧化碳排放量为 5.27 亿吨，住宅建筑二氧化碳排放量为 2.93 亿吨。远程办公可使办公室碳排放量减少 60%，住宅建筑的排放量增加 15%。根据上述行业数据，可假设 2010～2030 年应用远程办公后办公建筑的二氧化碳排放量是 2.11 亿吨，住宅建筑的二氧化碳排放量是 3.37 亿吨。

经测算，远程办公在 2020 年与 2030 年具有的最大二氧化碳减排机会分别为 3.40 亿吨、3.95 亿吨（见表 6-2）。

表 6-2　"远程办公"在中国的减排潜力测算

远程办公在中国的减排潜力	2020 年	2030 年
目标年度基线碳排放（亿吨）	6.12	6.81
车辆数预测（万辆）	7200	11100
每辆车每年的二氧化碳排放（千克）	2950	2767
与工作相关的车辆行驶里程占总里程比例（%）	40	50
与工作相关的行驶里程下降比率（%）	80	
办公建筑二氧化碳减排量（亿吨）	3.16	
住宅建筑二氧化碳减排量（亿吨）	-0.44	
二氧化碳减排量（亿吨）	3.40	3.95

资料来源：摘自杨天剑等《低碳通信方案在中国：减排贡献及减排潜力——基于对中国移动低碳实践的分析》，豆丁网，http://www.docin.com/p-57873680.html，最后访问日期：2013 年 3 月 28 日。

远程办公的应用减少了与工作相关的交通能耗产生的二氧化碳，减少了办公室建筑的二氧化碳排放，降低了对纸张等办公物资的需求，但也增加了信息技术系统制造、建设和运维的碳排放，同时也可能带来另外一些反弹效应，如非工作相关的交通出行等。这类反弹效应所导致的二氧化碳排放目前缺少具体的行业依据，尚未将其进行定量计算，如果能将其负面效应降至最低，远程办公的减排潜力将会得到最大限度的发挥。

四　远程办公的发展现状

（一）推行远程办公的缘由

虽然在 20 世纪 70 年代远程办公这一概念已经诞生，但是由于当时信息通信技术不成熟，远程办公只能作为一种理念和未来发展的目标，无法在实践领域推广应用。直到 90 年代，得益于通信技术、计算机技术、网络技术的快速发展，才使远程办公走入现实，落地生根。一些国家的大企业和政府服务部门最早进行了远程办公的试点工作。最早推行远程办公的企业，主要是通信领域和计算机领域的公司，如美国电话电报公司、国际商业机器公司等，这些公司具有技术优势和人才优势，管理理念比较超前，具备了远程办公的基本条件。它们一般采取先行试点，后逐渐推广的做法，不断总结经验，成为其他公司和政府部门效仿的榜样。早在 20 世纪 80 年代，美国电话电报公司就进行了远程办公的试点工作，1989 年在加利福尼亚州洛杉矶，1990 年在亚利桑那州凤凰城分别进行了试点，选取 200 名员工作为试点对象，每周在家办公一天。凤凰城项目还包括来自亚利桑那州的政府公务人员。1992 年，为了响应联邦政府颁布的《空气清洁法》，缩短员工上下班的时间，减少碳排放，美国电话电报公司开始制订远程办公方案，并于 1994 年正式在公司内部推行。据统计，截至 1998 年底，在该公司的 12.6 万名员工中，就有超过 3 万名员工（5.5 万名管理人员和专业工作人员中的一半以上）定期远程办公。另外，国际商业机器公司日本分公司从 2001 年开始，有大约 30% 的员工每周一到两天远程办公。

除了在技术和人才方面占据优势的企业之外，一些国家的政府部门也在20世纪90年代试行远程办公方式。例如，1993～1994年，澳大利亚新南威尔士州公路运输管理局进行了远程办公的试点，试点工作历时6个月，涉及80名员工。在试验结束后，新南威尔士州公路运输管理局对远程办公的效果进行了评估。由于评估效果很理想，于是1998年在悉尼和纽卡斯尔之间的中央海岸的西戈斯福德，公路运输管理局为职工建立了卫星办公室，这大大缩短了远程办公者每天上下班的时间，每天从3个小时缩减至20分钟。卫星办公室共有8个工作区，并通过宽带与管理局的主办公室相连接。

随着信息技术的不断发展和成熟，远程办公已经在全世界很多国家试行，尤其是2000年以后，各国推行远程办公的速度加快，远程办公人数不断增多。之所以会出现这种局面，主要是出于以下一些原因。

1. 为了解决劳动力问题，提倡远程办公

（1）提高就业率，推进社会经济发展。一方面，在家办公本身可以衍生出相应的服务业，包括硬件安装、维修和软件设计行业；另一方面，在家办公使就业方式变得更加灵活，使得一些在身体上有残疾，或者因为要照顾家庭不能天天去办公室的人，因为远程办公而有机会继续工作，提高了就业率，因此成为一些国家倡导的一种工作方式。

（2）留住专业人才，降低企业人员的流失率。一些公司估计，高素质员工跳槽所带来的损失，相当于一名雇员年薪的150%～400%。远程办公使员工工作方式更加灵活，兼顾了工作与生活之间的平衡，从而提高了组织吸引和留住高素质员工的机会，减少了员工流失。

以美国专利商标局为例：为了挽留人才、减少开支、提高效率，从1997年开始，美国专利商标局在其内部开始远程办公小规模试点，当时有18名专利审查员在家办公。2008年，专利商标局推行

"专利远程办公计划"以及相关计划，包括专利在线办公计划、专利管理人员在线办公计划、每周一日在线办公计划。推行"专利远程办公计划"的目标是：87%的专利审查员每周全部在家工作，89%的专利商标局雇员（占全部专利商标局雇员的78%）每周至少在家工作一天。

（3）弥补劳动力人口不足，提高工作效率。在一些老龄化较为严重的国家，劳动力人口紧缺，需要推行远程办公。例如，日本65岁以上的女性老年人占女性总数的25.4%，而65岁以上的男性老年人占男性总数的19.9%，适龄劳动力人口严重不足，为此日本政府在2004年就颁布了指引性网络开发计划，目标是在2010年时使本国从业人员的20%能通过网络实现远程办公。

2. 为了应对突发事件或者重大活动，提倡远程办公

无论是政府还是企业，都可能遇到各种突发事件，如自然灾害等，另外还有一些重大的活动，如奥运会等。在这种情况下，实行远程办公可以解决相关问题。

例如，在2012年奥运会开幕之前，英国政府作出决定，政府公务员和一些公共单位工作人员在奥运会和残奥会期间可在家上班，时间长达7周。这项决定的目的是缓解奥运会期间的交通拥堵。伦敦地铁每天的运输量是350万人次，但在奥运会和残奥会期间，乘坐地铁和其他公共交通工具的人次将增加2000万人次，每天出行的包括80万名观众和5.5万名运动员、官员、工作人员和媒体记者。在奥运会期间，有数千名英国政府公务员进行远程办公，占所有英国政府公务员总数的40%。

3. 为了缓解上下班交通拥堵，改善城市交通状况

在一些国家，治理交通的措施之一就是让雇主选择远程办公。美国交通专家认为，即使每周有一天让员工在家工作，对于缓解交通的效果也是立竿见影、惠而不费的。在家工作的人数每增加3%，交通延误的时间就能减少 10%。另据英国交通运输部研究发现，推行远程办公，可以使在家工作的员工减少上班路程 48%～77%，考虑到在家办公会增加因私驾车出行次数，总体而言，在家办公实际可以减少行车里程 11%～19%。

4. 为了应对能源紧缺，降低能源消耗量

在世界范围内，由于电力紧缺和油价上涨，企业不得不采取节能降耗的举措，其中远程办公是一个重要措施。公司会从自身的角度出发，为了节省电力消耗量而提倡远程办公。这在日本表现得最为突出。在日本，由于地震海啸发生了核电站泄漏事件，核电站严重受损或停运，电力供应十分紧缺。在这种情况下，日本许多公司纷纷推行远程办公计划，以应对电力供应不足的问题。

从上下班节省开支的角度出发，人们也会选择远程办公方式，以减少上下班开车成本。2008 年以来，受金融危机的影响，以及油价上涨、失业率上升、家庭收入降低等因素困扰，人们更愿意选择远程办公方式，以度过经济困难时期。据美国罗致恒富公司 2008 年所进行的调查显示，金融危机以来，被调查者认为，由于汽油价格上涨，每天开车上下班所耗油费成为家庭第二大开支项目。拼车现象增加了 46%，有 33% 的人驾驶更省油的汽车，30% 的人正在寻找离家较近的工作单位。另据美世咨询公司所提出的《2008 年汽油价格影响调查报告》显示，为了应对高油价，近 1/4 的被调查雇主计划在未来 6 个月内允许符合条件的员工进行远程办公，42% 的被调查的雇主已经施行远程办公。

5. 为了建立节能型政府，减少政府的碳排放

在美国、日本及韩国等国家，已经将远程办公作为树立节能型政府、减少政府碳排放、降低行政开支的重要实现路径。以美国为例，奥巴马政府在上任不久，就推出了《2010 年远程办公促进法》，其目的是改善联邦政府工作场所的条件，提高政府信息化水平；留住已有

的优秀公务人员，同时吸引其他专业人才到政府机构工作；降低行政开支，减少联邦政府的碳足迹。远程办公被视为实现这一目标的关键战略要素。

（二）远程办公发展现状

1. 世界

据市场研究公司益普索和路透社进行的一项调查显示，全球约有1/5 的员工——尤其是中东、拉美和亚洲地区的员工，经常在家进行远程办公，近10% 的人每天在家进行远程办公。

远程办公在印度尤其普遍，逾半数的印度员工远程办公，其次是印度尼西亚（34%）、墨西哥（30%）、阿根廷、南非和土耳其。但是，远程办公在匈牙利、德国、瑞典、法国、意大利和加拿大并不普遍，只有不到10% 的员工进行远程办公。

（1）美国实施远程办公的总体情况。从整个美国社会来看，在过去10 年中利用电脑、网络、电话和传真机等现代化通信工具进行远程办公的人数在增多。世界薪酬协会从2003 年开始持续对美国的远程办公状况进行了跟踪调查。结果显示，2006 年、2008 年、2010 年每月至少有一次一整天在家或在其他地点办公的美国人分别为2870 万人、3370 万人、2620 万人（见表6 - 3）。2010 年，美国就业人数约为1.39 亿，那么每月至少1 次参与远程办公的人数占所有就业人口的比例是20% 左右。2010 年的调查结果要比2006 年和2008 年的略有下降。造成下降的原因是多方面的，主要是由于失业率居高不下、就业人口下降，以及人们对就业保障存有疑虑、对远程办公缺乏认识等。

根据世界薪酬协会2006 年、2008 年、2010 年这三年的调查结果分析，参加远程办公的人员大多是知识工作者，有一半是大学以上学历，年龄多集中在35～50 岁这个区间，男性略多于女性。

表6-3　美国远程办公人员调查结果

调查项目		2006 年	2008 年	2010 年
人数	美国远程办公总人数(万人)	2870	3370	2620
性别	男性(%)	53	61	56
	女性(%)	47	39	44
年龄	18~34 岁(%)	38	42	42
	35~54 岁(%)	52	48	51
	55 岁及以上(%)	11	10	8
	平均年龄(岁)	41.0	40.3	39.9
	年龄中位数(岁)	40.0	38.0	40.0
受教育程度	高中或以下(%)	18	23	24
	大专或职业技术学校(%)	25	28	32
	本科及以上(%)	57	50	44

资料来源：世界薪酬协会。

　　世界薪酬协会在对美国人的远程办公地点进行调查时，让被调查者填写了在过去一个月的远程办公地点。表6-4显示，2006 年、2008年、2010 年这三年排在前几位的远程办公地点是家里、汽车里、度假地、酒店（或汽车旅馆）、客户处（或客户营业地点）、咖啡馆（或饭馆）。在这几年里，在家办公的占绝大多数，同时，"卫星中心"（雇主办公室设在与雇员家非常近的地方）、"酒店（或汽车旅馆）"和"度假地"有逐渐增多的趋势。

表6-4　美国远程办公场所的利用频率

单位：%

远程办公地点	2006 年	2008 年	2010 年
家里	76	87	63
汽车	38	37	40
度假地	18	23	37
酒店(或汽车旅馆)	26	26	36
咖啡馆(或饭馆)	31	23	34

远程办公地点	2006 年	2008 年	2010 年
客户处(或客户营业地点)	28	41	33
机场候机厅(或火车站候车室、地铁站)	16	23	16
公园(或其他户外场地)	19	14	14
图书馆	16	10	13
飞机上(或火车上、地铁里)	13	21	12
远程办公中心(由雇主租办公地点)	未调查	未调查	12
"卫星中心"(雇主办公室设在与雇员家非常近的地方)	3	7	11

资料来源：世界薪酬协会。

世界薪酬协会对远程办公的次数进行调查统计发现，2010 年几乎每天都进行远程办公的人数占到了近一半，其次是每周一天，每月至少一天（见表6－5）。

表6－5　美国远程办公频次调查

单位：%

远程办公频率	2008 年	2010 年
几乎每天	40	45
每周至少一天	32	39
每月至少一天	28	16

资料来源：世界薪酬协会。

美国联邦政府近年来实施了"工作地点选择"改革，也称"选择办公"项目。这项改革由美国联邦总务署房地产司和联邦人事总局负责推动，旨在实现节约办公楼建设及运营费用、减少能源消耗与空气污染、减轻交通拥堵等目的；同时，在与"政府运行持续性计划"结合后，也避免因紧急情况可能导致的办公系统瘫痪问题。这些改革实际上也是美国联邦政府自20世纪能源危机、减少碳排放以来所进行的"绿色政府"建设的一部分。其中，最核心的是联邦政府极力推进的远程办公改革。

美国联邦政府实施的远程办公是指政府公务人员在政府法定驻地之外的地点进行工作。这些地点通常包括公务人员家中、社区中心、远程办公中心、总部分支机构等。从 2001 年开始，美国联邦人事总局与联邦总务署建立了联邦政府所属机构远程办公情况年度统计报告制度。

从 1996 年开始，美国政府从多个角度鼓励政府部门开展远程办公。首先是颁布了一系列的法律法规（见表 6-6）。从 1996 年开始，在连续几年的联邦拨款法案中写入了支持政府部门开展远程办公的相关法律规定，特别是 2010 年专门颁布了《2010 年远程办公促进法》。该法为政府部门开展远程办公制定了详细的规范和标准，可以说是全世界首部针对远程办公的法律文件。其次是完善制度建设，如确立远程办公目标、人员遴选办法、远程办公绩效考核办法、费用核算办法等。最后是建设政府远程办公中心。远程办公中心为那些不愿或不能在家工作，但需要办公配套设备的政府工作人员提供了可选的工作地点。截至 2010 年，联邦总务署在华盛顿地区附近兴建了 14 个远程办公中心。

表 6-6　美国远程办公相关法案

名称	颁布日期	法案号	概述	条款正文（选摘）
《1996 年财政部、邮政总局以及联邦政府拨款法》	1995 年 11 月 19 日	公法 104-52	对批准在家工作的政府工作人员允许使用政府拨款在家中安装必要的远程办公设备	根据此项条款或其他法案，从 1996 年 9 月 30 日到 1996 年底这一时期，以及以后的每个财政年度，任何部、司、局或办公室都可以使用由此法案或任何其他法案授权的拨款安装电话线，购买必要的设备，并每月支付电费。在家中使用财政拨款安装各种办公通信设备的政府工作人员必须遵守人事总局制定的规定：必须经过部、司、局或办公室负责人的审批，确定远程工作是非常必要的，并且本人保证只是为了完成工作，才在家中使用远程办公相关设备，不得用于私用

名称	颁布日期	法案号	概述	条款正文(选摘)
《1999 年综合拨款法》	1998 年 10 月 21 日	公法 105 - 277	给予在远程办公中心工作的行政机构人员拨款	1999 财政年度和此后每个财政年度,给每个行政机构至少拨款 5 万美元,用于执行"远程办公计划",此项费用仅用于行政机构远程办公方面的必要开支; 适用行政机构范围:国务院、财政部、国防部、司法部、内政部、劳工部、卫生与公众服务部、农业部、商务部、住房与城市发展部、运输部、能源部、教育部、退伍军人事务部、总务署、人事总局、小企业管理局、社会保障管理局、环境保护局、邮政总局
《2001 年运输部和相关行政机构拨款法》	2000 年 10 月 23 日	公法 106 - 346	—	每个行政机构应当建立相关的规章制度,在不影响工作绩效的情况下,尽可能安排合适的工作人员采取远程办公方式。从该法颁布之日起的 6 个月内,人事总局局长应制定规范标准,该标准应能使 25% 的联邦政府工作人员符合,此后每年,还要增加 25% 的政府工作人员进行远程办公
《2003 年商务部、司法部、国务院、各司法机关、小企业管理局和相关行政机构拨款法》	2003 年 2 月 20 日	公法 108 - 7	—	在本财政年度,给商务部、司法部、国务院、各司法机关和小企业管理局分别拨款 10 万美元,实施远程办公计划。在本法颁布的 6 个月后及以后每隔 6 个月,每个机构应给拨款委员会提交远程办公进展报告,其内容包括符合远程办公条件的人员数量、实际参与远程办公的人数、资金使用情况等。每个机构应指定一名"远程办公协调员",负责监督远程办公计划的实施,并负责与拨款委员会的联络工作

名称	颁布日期	法案号	概述	条款正文(选摘)
《2004 年商务部、司法部、国务院、各司法机关、小企业管理局和相关行政机构拨款法》	2004 年 1 月 23 日	公法 108 - 199	—	商务部、司法部、国务院、各司法机关和小企业管理局应建立规章制度,允许符合条件的本部门人员进行远程办公,并最大限度地保证挖掘员工的远程办公能力,提高工作绩效。在本法颁布的 6 个月内,上面所提及的各机构应按照本法案的要求,制定适用于本机构全体人员的远程办公规章条例。并且,为了实施远程办公计划,给商务部、司法部、国务院、各司法机关和小企业管理局各拨款 20 万美元。每隔 6 个月,每个机构应给拨款委员会提交一份远程办公进展报告,其内容包括符合远程办公条件的人员数量、实际参与远程办公的人数、资金使用情况等。每个机构应指定一名"远程办公协调员",负责监督远程办公计划的实施,并负责与拨款委员会的联络工作
《2005 年商务部、司法部、国务院、各司法机关、小企业管理局和相关行政机构拨款法》	2004 年 12 月 8 日	公法 108 - 447	—	商务部、司法部、国务院、各司法机关和小企业管理局,在本法颁布的 2 个月内,使本机构所有符合条件的人员能获取远程办公的机会。本法规定:给上述机构共拨款 500 万美元。各个机构每一个季度应给拨款委员会提交一份远程办公进展报告,其内容包括符合远程办公条件的人员数量、实际参与远程办公的人数、资金使用情况等。每个机构应指定一名"远程办公协调员",负责监督远程办公计划的实施,并负责与拨款委员会的联络工作

名称	颁布日期	法案号	概述	条款正文(选摘)
《2006 年国务院、司法部、商务部及相关机构拨款法案》	—	公法 109 - 108	—	商务部、司法部、国务院、各司法机关、证券交易委员会和小企业管理局,在本法颁布的 2 个月内,要向拨款委员会提交报告,在确保本财政年度的远程办公实施效果好于上一财政年度(即 2005 年度)的前提下,本财政年度再次拨款 500 万美元。各个机构每一个季度应给拨款委员会提交一份远程办公进展报告,其内容包括符合远程办公条件的人员数量、实际参与远程办公的人数、资金使用情况等。每个机构应常设一名"远程办公协调员",负责监督远程办公计划的实施,并承担与拨款委员会的联络工作
《2010 年远程办公促进法》	2010 年 12 月 9 日	公法 111 - 292	—	该法包括的主要内容如下:①总则:联邦各行政机构应建立规章制度,让符合条件的政府工作人员进行远程办公,接受培训和监督,提供政策支持,每个行政机构需任命远程办公常务主任,负责提交远程办公进展报告及其他相关工作;②远程办公人员审核标准(略);③人员培训与监督(略);④政策支持(略);⑤远程办公常务主任的任命(略);⑥远程办公报告的撰写(略);⑦远程办公交通费测算办法(略);⑧对远程办公的评估研究(略)

注:"远程办公计划"是指依据《1949 年联邦财产和行政服务法》规定及其他联邦法律规定,允许政府机构工作人员在远程工作地点履行全部或部分工作职责的办公计划。

资料来源:根据美国联邦人事总局网站(http://www.opm.gov)公布的资料整理而成。

（2）欧盟在 21 世纪初就已经颁布相关政策，推行远程办公。2002
年 7 月，欧盟理事会会同欧洲雇主组织、欧洲技术行业协会、欧洲中小
型企业协会、企业与公众参与欧洲中心、企业经济利益欧洲中心和欧洲
工会联合会签署了《欧盟远程办公框架协议》。该协议包括的内容主要
有远程办公人员的就业和工作条件、健康和安全、培训以及远程工作人
员的集体权利等，并规定在 2005 年 7 月前各成员国可自行决定具体措
施的落实和执行。该协议属于非强制性协议，它不需要欧盟指令通过，
所以各国可根据自身情况决定是否执行以及在何种程度上执行。

2010 年，欧盟生存和工作条件促进基金会公布了一份报告，题为
《欧盟成员国的远程办公》。该报告主要是对《欧盟远程办公框架协议》
颁布后的各成员国落实情况进行整体调查和评估。该报告援引了欧洲生
存和工作条件促进基金会 2005 年所作调查的结果。这个调查是在 2005 年
9 月 19 日至 11 月 30 日进行的，由欧洲生存和工作条件促进基金会组织实
施，对 31 个国家的近 3 万名欧洲从业人员进行了分层随机抽样调查，包
括当时欧盟成员国以及保加利亚、克罗地亚、挪威、罗马尼亚、瑞士和土
耳其。表 6 - 7 是对调查问卷中第 11 个问题“请问您的工作是不是主要利
用电脑在家远程办公完成的？”的统计结果。

表 6 - 7　2005 年欧盟成员和挪威办公人员所占比例

单位：%

国家或地区	部分时间远程办公:远程办公时间占总办公时间的 1/4 或更多	专职远程办公:几乎所有工作都是通过远程办公完成的	合计
捷克共和国	15.2	9.0	24.2
丹麦	14.4	2.6	17.0
比利时	13.0	2.2	15.2
拉脱维亚	12.2	1.8	14.0
荷兰	12.0	1.9	13.9
爱沙尼亚	11.8	1.4	13.2

国家或地区	部分时间远程办公:远程办公时间占总办公时间的1/4或更多	专职远程办公:几乎所有工作都是通过远程办公完成的	合计
芬兰	10.6	1.6	12.2
波兰	10.3	2.3	12.6
挪威	9.7	1.3	11.0
瑞典	9.4	0.4	9.8
澳大利亚	8.6	3.2	11.8
英国	8.1	2.5	10.6
斯洛伐克	7.2	3.4	10.6
希腊	7.2	1.4	8.6
西班牙	6.9	1.5	8.4
立陶宛	6.8	0.7	7.5
斯洛文尼亚	6.7	1.9	8.6
德国	6.7	1.2	7.9
法国	5.7	1.6	7.3
塞浦路斯	5.7	0.0	5.7
卢森堡	4.8	0.0	4.8
爱尔兰	4.2	0.5	4.7
匈牙利	2.8	0.5	3.3
罗马尼亚	2.5	0.7	3.2
意大利	2.3	0.5	2.8
葡萄牙	1.8	0.4	2.2
保加利亚	1.6	0.0	1.6
马耳他	0.0	0.0	0.0
欧盟27个成员	7.0	1.7	8.7

资料来源：欧盟生存和工作条件促进基金会。

调查结果显示，远程办公时间占总办公时间的1/4或更多的比例是专职远程办公的比例的4倍。也就是说，部分时间远程办公的情况较为普遍，专职远程办公的情况较少。这也说明，部分时间远程办公可以改善业主与员工之间的雇用关系，使双方都觉得更加合适和满意。而就专职远程办公而言，一方面很多职业不适合全部时间都远程办公，只有科研人员、设计师、信息技术行业等少数岗位适合。另一方面，企业考虑到，如果人员多会带来一些负面影响，影响企业文化的建立，管理难度增大等，因此普及程度不高。

就整体而言，欧盟 27 个成员远程办公人员所占比例是 8.7%，其中部分时间远程办公的人员占所有从业人员的比例为 7%，专职远程办公为 1.7%。如果将部分时间远程办公和专职远程办公的比例相加，远程办公从业人员比例非常高的国家有捷克共和国（24.2%）、丹麦（17.0%）、比利时（15.2%）、拉脱维亚（14.0%）、荷兰（13.9%）、爱沙尼亚（13.2%）；比较高的国家有芬兰（12.2%）、波兰（12.6%）、澳大利亚（11.8%）、英国（10.6%）、斯洛伐克（10.6%）；处于欧盟平均值上下的国家有瑞典（9.8%）、希腊（8.6%）、西班牙（8.4%）、斯洛文尼亚（8.6%）。

根据行业看，在欧盟 27 个成员中，部分时间从事远程办公的行业依次有教育、房地产、财务中介、建筑、交通和信息与通信技术、零售业、制造业、酒店服务业、公共管理部门和国防、健康服务、煤电气、农业等。经常从事远程办公的房地产业为 5%、财务中介业为 4%。公共管理部门和国防、煤电气、教育、交通和信息与通信技术这 4 个行业的远程办公参与率基本一致，在 3% 左右。健康服务业、建筑业、零售业这 3 个行业为 2% 左右。制造业和酒店服务业为 1% 左右。农业领域没有经常从事远程办公的人员。从从业人员的岗位看，在欧盟 27 个成员中，偶尔从事远程办公的职业依次是教师、高级管理人员、工程师、服务人员和销售人员、秘书、技工、工人和没有技术的工作人员、农民和渔牧民。经常进行远程办公的职业如下：教师，占 4%；高级管理人员、工程师，分别占 3% 左右；秘书、服务人员和销售人员，占 2% 左右；技工、工人、没有技术的工作人员、农民和渔牧民，占 1% 左右。

同时，该报告显示，在欧盟委员会颁布了《欧盟远程办公框架协议》之后，欧盟成员国在落实该协议的工作也相差较大（见表6-8）。第一种推进该协议的方式是成员国通过修改国内相关法律为远程办公建立良好的法律环境。例如，捷克共和国、匈牙利、波兰、葡萄牙、斯洛文尼亚、斯洛伐克，这些国家通过修改本国的劳动法，将远程办公作为其中的一种法定认可的工作方式，从而在法律的高度上给予远程办公最高级别的保障。第二种推进该协议的方式是在国家层面通过欧盟协议。例如，比利时先是在全国劳工委员会按照欧盟协议的精神颁布了本国远程办公框架协议，并规定在2006年6月13日成为强制性皇家指令，2006年11月这些规定扩大到比利时的公务员。从国家层面推行该协议的国家还有丹麦、希腊、西班牙、法国、意大利、卢森堡、波兰。第三种推进该协议的方式是在行业层面签署协议，同意以欧盟协议框架为基础推行远程办公。这些国家有澳大利亚、丹麦、西班牙、意大利、荷兰、瑞典。第四种推进该协议的方式是机构自身认可欧盟协议，推行远程办公，主要有德国、西班牙。第五种推进该协议的方式是通过制定指导方针、建议或联合声明推行远程工作协议，主要有澳大利亚、德国、芬兰、爱尔兰、拉脱维亚、荷兰、瑞典、英国。值得注意的是，有些国家是在多个层面同时推进远程办公，如澳大利亚、西班牙、丹麦、意大利、德国、荷兰、瑞典、波兰。

表6-8　《欧盟远程办公框架协议》在成员国的实施情况（截至2009年5月）

国别	设立法律条文	在国家层面签署协议	行业签订协议	组织层面推行	通过制定指导方针	没有制定远程办公协议和规则
澳大利亚			√		√	
比利时		√				
保加利亚						√
塞浦路斯						√

续表

国别	设立法律条文	在国家层面签署协议	行业签订协议	组织层面推行	通过制定指导方针	没有制定远程办公协议和规则
捷克共和国	√					
德国				√	√	
丹麦		√	√			
爱沙尼亚						√
希腊		√				
西班牙		√	√	√		
芬兰					√	
法国		√				
匈牙利	√					
爱尔兰					√	
意大利		√	√			
立陶宛						√
卢森堡		√				
拉脱维亚					√	
马耳他						√
荷兰			√		√	
波兰	√	√				
葡萄牙	√					
罗马尼亚						√
瑞典			√		√	
斯洛文尼亚	√					
斯洛伐克	√					
英国					√	

资料来源：欧盟生存和工作条件促进基金会。

（3）韩国的互联网和信息基础十分发达。2011 年 9 月美国网络数据传输公司"潘多网络"（Pando Networks）的数据显示，韩国以每秒2202KB 的平均互联网下载速度位居全球第一，是固定宽带网络最为发达的国家之一。这为人们通过网络在家办公提供了先决条件。事实上，韩国政府为应对低出生率和老龄化社会的到来，以及缓解上下班交通堵塞、提高办公效率，提出了"智能网络"建设的目标，其核心内容就是让人们可以通过互联网在家中办公或远程办公，以达到提升工作效率和生产效率的目的。

第一，韩国政府在鼓励远程办公方面所做的工作。

首先，制订计划，促进远程办公发展。2010年1月13日，韩国信息化委员会和行政安全部宣布，韩国政府将在公务员集中居住的首尔周边地区和交通枢纽地区设立信息化办公系统。计划在2010年建立两个示范点，并逐步推广。计划到2015年，韩国政府将建设50个公共机关和450个民间"智能网络中心"，来保障人们可以不受时间、场所的限制，进行远程办公。2015年远程智能办公的比例将提高到20%。

其次，完善信息基础设施建设，为远程办公提供保障。韩国以每秒2202KB的平均互联网下载速度位居全球第一，是固定宽带网络最为发达的国家之一。2009年，韩国家庭宽带普及率达96%，是世界上家庭宽带普及率最高的国家。固定宽带的高度普及一方面得益于宽带覆盖率广，另一方面也得益于韩国城市人口的高度集中，如首尔都市圈有1500万个居民，约占韩国总人口的30%。

再次，对组织结构、人事安排等相关制度进行调整，以保障即使人们远离管理者在家进行工作，也不会出现损害公共机关或企业利益的事情。

最后，加强宣传工作，提高民众对远程办公的认识。韩国政府计划加强对国民的宣传，以提高国民对"智能网络"的认识和参与热情。

第二，韩国开展远程办公的基本概况。①韩国政府部门开展远程办公现状：韩国行政安全部2009年的调查显示，韩国中央和地方政府部门中有3.6%的部门采用了远程办公方式。行政安全部有关负责人说，这种办公方式并不会彻底取代传统办公方式，只是作为一种补充。通过这种方式，公务员每周只需到本部办公一两次，全年平均每人可节省办公开支约 200 万韩元（约合人民币 1.22 万元）。②韩国企业开展远程办公的现状：2010 年 9 月，韩国就业门户网对员工数低于 300 人的 584 家中小企业进行了问卷调查。结果显示，目前有 21.6% 的韩国企业推行了远程办公制度。调查结果如下：

——企业中采取远程办公方式的部门主要包括信息技术（或网络设计）（66.7%）、顾客咨询（31.7%）、营销（28.6%）、企划/宣传（11.9%）；

——在远程办公的次数方面，除特定日期外，一般在家办公的企业所占比例达 47.6%，每周一次上班办公占到 33.3%，每周两次以上在办公室办公的企业仅占 15.1%；

——管理者主要通过微软公司推出的即时消息软件与远程办公人员联系和对其进行监督，以及通过智能手机进行管理等，或者由远程办公人员定期在线访问办公室网页；

——采用远程办公制度的原因是，有 46.0% 的被调查者表示可减少人力运营方面的费用，有 41.2% 的被调查者称可以提高员工对工作的满意度等。

（4）日本在 10 年前就有一些企业实行远程办公。根据日本国土资源部、交通运输部的统计，2002 年每周有 8 个小时在办公室以外的场所进行远程办公的人数占总就业人口的 6.1%，2005 年达到 10.4%，2008 年达到 15.2%。随着日本社会老龄化的日益加剧，劳动力日益短缺，因此，为了吸引更多的人进入劳动者行列，2010 年日本推出了一项指引性网络开发计划，其目标是在 2010 年使 20% 的劳动力人口能通过网络实现远程办公。

2011 年 3 月 11 日的 9.0 级日本大地震以及海啸等次生灾害给日本电力系统造成了严重影响。地震之后，电力紧缺一直困扰着日本社会，尤其是企业。在电力严重不足的情况下，远程办公成为日本企业节能节电的一项重要决策，公众也对远程办公有了更深的理解和认同。日本恩梯梯数据公司（NTT DATA）的子公司、从事信息通信相关调查研究及咨询业务的恩梯梯数据经营研究所对东日本大地震后的工作方式进行了调查。调查对象是日本全国除灾区之外所有企业的公司职员，通过互联网在2011年6月9~13日实施。共有各行业及不同规模企业的1015人回答了调查问卷。为应对节电、削减用电高峰时段电力及灾害，认为需要远程办公（在家工作）等灵活工作方式的比例达到了52.2%。日本总务省认为，远程办公在削减耗电量方面有一定效果，因此也积极鼓励企业推行远程办公。

对于企业自身而言，制订节能计划，推行远程办公是其重要举措。例如，松下公司在2011年7月1日成立了节电总部，并采取了一系列环保措施，其中一项就是"在家办公计划"，2011年4~8月参与远程办公的职员在家工作天数加起来总计有15290天，加上其他节电措施的实施，使得公司生产车间和办公室的电费同比减少了10%，通过节电节省的电费高达约2.5亿日元。

可以说，电力紧缺促使日本社会民众和企业对远程办公的认同感增强，远程办公推行过程更加顺利，普及率也得到快速提高。

2. 中国

目前，上海、深圳等经济发达地区有一部分企业和政府部门推行了远程办公的工作方式，还有一些企业进行了一些试点活动，但是总体而言，试行远程办公的单位和机构仍属凤毛麟角。中国推行远程办公受到各种因素的影响，在实践领域还需要很长的路要走。

（1）企业推行远程办公。2011年，解放日报报业集团总部从上海市中心搬迁至莘庄闵行，为了方便记者发稿、提升采编效率，解放日报报业集团开始推行远程移动办公。为此，该集团安装了一套远程办公系统，该系统由虚拟专用网络（Virtual Private Network，VPN）远程登录、市中心记者站、视频会议系统、电话会议系统、电子邮件系统等组成，允许员工使用笔记本电脑和手机等移动终端，通过虚拟专用网络登录到集团内网进行移动办公，可以实现收发电子邮件、召开视频会议、在线聊天等多项功能。

中国有一部分企业进行了一些小范围的试点活动，这些公司多为信息技术企业、电子商务公司等。例如，2010 年 5 月 10 日，阿里巴巴滨江园区推出了首次"家居办公（SOHO）体验日"活动。只要"家里有宽带上网的电脑，没有停机的电话和手机，能保证正常办公"，符合以上条件，报名后不用经过上级同意和批准，就可在家办公。据不完全统计，整个滨江园区近 1000 名员工参与体验了家居办公。阿里巴巴之所以选择 5 月 10 日进行远程办公体验，是因为在 2003 年"非典"流行的那段日子里，阿里巴巴一名员工被诊断为"非典"疑似病人，在杭州办公的 400 多名员工以及他们的家人朋友共上千人，从那年 5 月 7 日起开始了一段隔离生活。在被隔离的日子里，员工邮件不断，电话不断，用来与客户交流的"旺旺"不断……从他们家居办公的那一天起到隔离结束，"非典"并没有给阿里巴巴带来打击，阿里巴巴的业绩反而节节攀升，还突破当月历史新高。为了纪念那段特殊时期，2005 年 5 月 10 日，"阿里日"诞生。而在 2010 年的"阿里日"，滨江园区第一次开展了"家居办公体验日"的活动。

据《第一财经日报》报道，携程网由于不断上涨的办公楼租赁成本和 50% 的员工流失率而忧心忡忡，于是在公司内部进行了一项远程办公试验。试验项目小组发现，机票和宾馆业务部门的 255 名员工都希望在家中工作，而且有在家中工作的条件。他们在公司工作的时间都超过 6 个月，家中有宽带连接和用于工作的房间。项目小组将这 255 名员工分成两个部分，生日是偶数的员工每周（5 天）在家中工作 4 天，生日为奇数的员工在办公室工作。这项"在家办公"的随机试验为期 9 个月。试验结果显示，家庭办公的员工业绩显著上升，在 9 个月里业绩增加了12.2%，而其余那些没有被选中的员工，即留在办公室工作的员工，绩效则没有任何改变。项目小组认为："我们看不出员工离开办公室办公有什么负面影响，员工们也报告说在家有更好的工作态度和更高的满意度，并且他们的工作离职率下降了50%。"也就是说，在家办公的员工大幅提高了工作态度和满意度。

（2）政府部门推行远程办公。上海市长宁区政府在上海联通的配合下，实现了远程办公，成为上海市首个推行远程办公方式的区级政府。在政府办公的移动化应用中，工作人员可以通过联通3G网络和乐Phone手机使用机关办公系统，随时随地使用提交申请、资料上传、工作移交等功能；上级主管则可以审批文件并查看某一项工作的整个审批流程及相关部门建议。政府原有办公自动化系统上的几乎全部功能都顺利地移植到了移动办公平台上，政府的日常邮件也可以进行实时推送。除了上海市长宁区政府，远程办公方式还推广至上海市教育局、公安局等部门。

五　推行远程办公面临的问题

推行远程办公会面临一些问题和挑战，主要包括管理方式、管理水平、技术和硬件设施、信息安全等方面的挑战。

1. 思想观念

机构的管理者受传统管理思想的影响，往往喜欢在工作地点现场管理自己的员工，认为员工在家里或者在其他地点办公对开展工作不利，同时也不能亲眼看到员工的工作表现和工作行为。而对于员工而言，也存在一定的顾虑情绪，担心自身的工作业绩可能会因为远程工作而受到不公正的评价，或者被边缘化，而不愿意选择这种工作方式。

2. 工作性质

例如，一些政府部门负责管理的文件、办理的事务属于高度机密范畴，文件和事务不能在家中处理。基层执法人员需要在街头实施管理行为，不能坐在家里等待被管理者的出现。当然，也有一些行政机构的管理水平很难适应新型管理方式的需求。

3. 受硬件设施的影响

对于在家中办公的人员来说，除了需要安装电脑等通信工具外，还需要配备其他相应设施。这些另外配备的设施对于员工家庭来说，可能并无用处，反而要增加一笔不菲的开支。

4. 信息安全

信息技术的发展，既给人们的信息沟通带来了方便，同时也存在一定的信息安全隐患。网络信息安全事件时有发生，员工在信息处理、信息传递过程中会受到网络病毒的侵害或者黑客网站的攻击。据国家互联网应急中心调查，2011 年有近 890 万个境内主机的 IP 地址感染了木马或僵尸程序，比 2010 年增加 78.5%。其中，感染窃密类木马的境内主机 IP 地址为 5.6 万余个，国家、企业以及网民的信息安全面临严重威胁。另据工信部互联网网络安全信息通报成员单位报告，2011 年截获的恶意程序样本数量比 2010 年增加了 26.1%，处于较高水平。在这些恶意攻击中，高达 2/3 的恶意攻击来自"沙拉枯勒"（Shnakule）等已知恶意网络，这些网络旨在攻击互联网上不知情的用户和他们的基础设施，用户在攻击发生过后很长时间内都意识不到攻击已经发生。除此之外，员工在家中访问一些受到病毒感染的网站，也会感染病毒，造成信息泄露，这也会严重影响到远程办公。

六　推行远程办公的措施

1. 转变传统的管理理念

现代社会的发展，尤其是信息技术的推广普及，使得一些工作岗位的业务可以在办公室以外的地方进行处理，管理者要转变管理理念，建立以人为本的管理理念，通过推行远程办公，吸引和留住高层次人才。

2. 颁布远程办公相关政策条例

一种新的工作形式的产生必然要有相关法律政策作保障，正如中国推行弹性工作制度一样，国家通过颁布《关于企业实行不定时工作制和综合计算工时工作制的审批办法》等相关规定，使得弹性工作制在企业中能够实施和推广。目前，中国尚未公布远程办公方面的政策规章，但目前的现状是，已经有部分信息技术企业的工作人员从事远程办公工作，随着时代的发展，远程办公必将成为一种新的工作方式被社会认可和接受。根据《互联网周刊》2008年3月进行的一项全国性调查，在375位被调查者中，有72%的被调查者相信，在家办公将在10年内流行，支持这一观点的大多是20世纪80年代之后出生的人，他们大多掌握计算机操作知识，习惯用互联网进行交流，这一人群未来将成为中国的主要劳动资源。由此可以看出，中国政府应该从现在开始重视远程办公工作，仿效美国等国的做法，逐步颁布指令或规章，规定远程办公经费来源、人员挑选审查方法、远程办公效果评估手段等一系列措施，使远程办公有章可依、有法可循。

3. 推行远程办公的试点工作

对于一些行业如信息技术公司、咨询公司、律师事务所、会计事务所、商品营销商、电信运营商等，可以鼓励在有条件的情况下推行远程办公；对于政府机关、事业单位而言，可选择某些部门进行小范围的试点，通过试点发现问题，对制度进行不断完善。在开展试点之前，应该注意的问题是：第一，要建立远程办公监管制度。在中国目前公务人员自律机制普遍缺乏的情况下，远程办公制度面临的最大问题就是如何对远程办公人员实行有效监管，建立有效的远程办公监管制度是根本办法。第二，要完善考核制度。要将远程办公方式纳入正常的考核范围，使得远程办公与正常的办公方式具有同等的地位，不因办公方式的选择而对远程办公者实行歧视性待遇。

4. 由政府出资建立远程办公中心

仿效美国、澳大利亚等国的做法，由政府出资在办公人数相对集中的地方，建立一些远程办公中心。远程办公中心的建设资金主要来自政府预算中因实行远程办公而减少集中办公场所所需经费，以及办公场所建设、管理资金增加部分。远程办公中心可以为工作人员提供各种所需的设备，可以使部分上班路途非常远的员工就近上班，对节省员工的上下班时间、缓解交通拥堵可以起到积极的作用。

5. 加强网络信息安全建设

政府应该不断完善保障网络信息安全的相关法律法规，完善网络信息安全防范的技术措施和管理措施，提高网络信息安全水平，为远程办公者建立一个安全的互联网环境。当然，推行远程办公的机构或组织，也应该重视信息安全防范工作，提高系统安全性能，防止信息泄露和丢失。另外，应该对远程办公者进行网络信息安全的教育和培训，使员工掌握相关技术方法和防范知识，提高远程办公安全意识和操作技能。

七　视频会议

视频会议又称为虚拟会议、网络会议、远程会议，是指两个或两个以上不同地方的个人或群体，通过现有的各种通信介质传输媒体，将人物的静态或动态图像、语音、文字、图片等多种资料分送到各个用户的终端上（连接电视、计算机），使得在地理上分散的用户可通过图形、声音等多种方式在一起交流、讨论并作出决策。

视频会议可分为硬件视频会议和软件视频会议。硬件视频会议最先发展起来，可以归为五个阶段（见表6-9）。

表6-9　硬件视频会议的发展阶段

年　代	阶　段
20世纪50~60年代	可视电话实验室开发阶段
20世纪70年代	可视电话商用发展阶段
20世纪80~90年代中期	专线视频会议发展阶段
20世纪90年代中期至21世纪初	IP网络视频会议发展阶段
2006年以后	高清视频会议发展阶段

1. 硬件视频会议

视频会议的历史最早可追溯到可视电话的出现。1956年，美国电话电报公司推出了全世界第一台可视电话（Picturephone），它非常原始笨重，传输图像缓慢，平均每两秒钟变换一次图像。之后，研究人员对其进行了改进，在1964年推出可视电话"Mod 1"。为了验证它的可行性，该公司市场研究部在迪斯尼乐园和纽约世界博览会特别展区邀请市民用它在两地之间通话。随后，公司市场研究部对参与测试的市民进行访谈，询问使用这种可视电话的感受。测试者普遍认为设备笨重，操作烦琐，图像太小。由于其视频信号只能通过极其昂贵的卫星信号传输，价格昂贵，同时图像模糊，体积笨重，技术上尚有许多问题需要攻破，因此一直处于实验室开发阶段。

1970年，美国电话电报公司在匹兹堡市中心首次推出商用可视电话服务。该公司高管曾非常自信地说，1980年将会有100万部可视电话推向市场。但是在当时，数字信号的存储与传输仍是一个难以解决的问题，尤其是采集的模拟信号如果用数字形式表示，其存储量和要求的传输能力要高于模拟系统，这就要求数据必须压缩传输，而数据压缩关键技术当时尚未攻破，成为一个重要的技术障碍。

1976 年的网络语音协议（Network Video Protocol，NVP）和 1981 年的分组视频协议（Packet Video Protocol，PVP）出现，促进了视频会议的发展。1976 年，日本电报电话公司在东京和大阪之间搭建了视频会议系统；1982 年，国际商业机器公司采用 48KB 通道将日本分公司通过内部的视频会议系统与美国总部相连，定期召开视频会议。这些系统的特点是：只能传送黑白图像，并且只限于在两个地点之间举行会议。这些系统占用很宽的频带，费用很高，在当时，视频会议系统只限于少数公司内部使用。

进入 20 世纪 80 年代，通信科技迅猛发展，尤其是编码和信息压缩技术的发展，使得可视通信设备的实用性大为增强。编译码器体积在急剧缩小，价格也随之下降，同时，数字式网络发展迅速，租用费用迅速下降，开始出现更低速率的网络服务。视频会议产品开始进入市场。美国电话电报公司在 1982 年发布了第一款真正的视频会议系统，售价为 25 万美元，体积较笨重。全视通公司（PictureTel）在 1986 年推出了实用且便宜的视频会议产品，售价为 8 万美元。在 80 年代末 90 年代初，又有若干家公司推出了视频会议产品。但是，这个时期的视频会议系统还是存在一些问题：必须通过卫星、光纤等专用网络连接，成本高，视频会议系统只能用于政府、军队、大型企业集团，很难向中小企业普及。

随着互联网的普及和网络带宽的提升，基于互联网的硬件视频会议和软件视频会议得到广泛应用。1996 年，"H.323 协议"正式发布，标志着视频会议进入 IP 网络时代。尤其是进入 21 世纪，"H.323 视频会议系统"趋向成熟，价格大幅度下降，一些中小型企业、地方政府部门也具备了建设自己的视频会议系统的能力。

2006 年初，第一款 720P 高清视频会议产品问世。2008 年，科达公司（KEDACOM）发布了 1080P 高清视频会议系统，标志着视频会议系统进入了高清时代。与传统的标清视频会议系统相比，高清视频会议系统通过提供更为清晰的画面质量、更好的声音效果，可以给与会者提供高效、高质量的视频体验，使与会者能够更有效地进行会议交流。例如，截至 2010 年 9 月，万豪国际集团已经在其旗下的 8 家酒店安装了高清视频会议系统，未来计划将在全球 25 家旗下酒店推广安装。在中国上海，万豪酒店已经建立了一个虚拟会议室，采用的是高清视像、实时音响，以及符合网站风格的室内布置，酒店客户可以便捷地与世界各地的伙伴进行"面对面"的对话。租价是每小时每地 500 美元，另外也可以长时间租用。

自 2007 年苹果公司发布苹果智能手机，2010 年发布苹果平板电脑以来，移动智能设备成为市场的新宠。伴随着 3G、"全球交流"（UC）等技术的发展与支撑，视频会议的终端设备正在向移动通信领域发展，人们可以利用各种智能移动终端产品接入视频会议系统，使视频会议的形式更加灵活多样。当前，诸如微软的"Lync 平台"、国际商业机器公司的"Sametime"、阿尔卡特朗的"My Teamwork"等多种 UC 平台的存在，促使视频会议系统与 UC 平台加速进行无缝兼容，通信平台的整合将是未来的发展方向。同时，高质量视频体验、复杂系统简单管理、云技术等也是目前发展的热点。

2. 软件视频会议

21 世纪初，软件会议产品开始崛起。软件视频会议产品除了具备硬件视频会议产品的功能（音、视频）以外，还支持文档共享、桌面共享、电子白板、文字聊天等数据功能。视频会议可以在任何时候、任何地点召开，有很好的能动性。软件视频会议的费用只是硬件视频会议费用的 1/10，并且支持租用形式，进一步降低了企业使用网络会议产品的门槛。由于使用通用操作系统，软件视频会议产品可以与会议室的硬件设备完美结合：电荷耦合元件（CCD）摄像机配上图像采集卡，无线麦克风系统配上音频采集卡，高清投影仪，环绕音箱，等等。

最初的软件视频会议产品都是采用"C/S模式"：客户端需要安装一个程序或插件（C），与在服务器端运行的程序（S）交互数据。客户端的程序可能会用多种形式来安装：传统的安装程序（exe）、ActiveX插件（或Firefox插件）、Java插件等，但最终客户端上运行的是一个可执行程序。安装和升级给"C/S模式"的产品带来一系列问题：①安装需要操作系统的管理者权限。越来越多的国内外企业和政府采用锁定的信息技术环境：员工没有管理者权限，不能安装程序。②安装和升级需要时间，重要与会人员若因安装迟到10分钟，会议可能就失败了。③不同用户选择升级的版本会不同，开会前这些用户还需升级到同一版本。同时"C/S模式"的跨平台能力差，为支持另一平台（如苹果操作系统或3G手机），厂家需重新开发一个新的程序，并且不同平台的程序的外观和功能很难保持一致。

2006年以来，一种新的软件模式开始兴起，那就是"B/S模式"，国外称为AJAX或Web2.0。与传统软件不同的是：B/S软件免插件，只是一个网页，没有可执行程序，它甚至不需知道系统的CPU和操作系统是什么。但是，它有与传统软件一样的可操作性：菜单、按钮、拖动等。B/S软件彻底解决了软件安装和升级问题：安装时只是下载一个网页，无须管理者权限；升级只是下载另一网页；而且都是下载到浏览器的缓存中，不会对系统造成任何损害。B/S软件跨平台能力强，支持大多操作系统和浏览器，如Windows、Mac、Linux；IE 6、IE 7、Firefox、Safari、Opera等。最近推出的浏览器对B/S软件的支持都很重视，大大提高了运行B/S软件的速度。目前，基于"B/S模式"成为软件视频会议系统设计的主流。

八　国外视频会议的现状及启示

以美国为例，美国国内事务管理局2010年10月25日宣布，为了节省政府人员的差旅费（见表6-10），将在国内多个地区建设视频会议中心，2011年初开始运行。各联邦部门可以申请使用视频会议室，按小时收取使用费。该中心除了为联邦政府各部门机构提供服务，同时也为美国在国外服役的军人家属提供服务，使他们能够与在国外服役人员"见面"。

国内事务管理局在全美共建设15个视频会议室，其中，在总部华盛顿都会区建设4个，在波士顿、纽约、费城、亚特兰大、芝加哥、堪萨斯城、沃斯堡、丹佛、旧金山、西雅图、华盛顿、哥伦比亚特区办事处①建设11个。视频会议室将通过网络给每个与会者提供现场的、"面对面的"、身临其境的开会体验。每个房间都装有3台1080P的高清电视、高级音响设备、高清晰度的显示屏，用来显示笔记本电脑里的内容，以及从视频会议室内摄像机实时拍摄传送过来的图像、图片等内容，以此增强临场感，使会议效果达到最佳状态。该视频会议系统将能够兼容任何网络形式的会议系统，包括国内的视频会议和国际视频会议。

表6-10　美国国内事务管理局出差开会与视频会议费用对照

会议类型	与会者（人）	开会时间（小时）	需要房屋（间）	出差开会费用（美元）	视频会议费用（美元）
本地区会议	6	1	2	2400	800
跨地区会议	20	3	5	12800	6000
召开来自各地区最高行政领导的委员会会议	45	2	15	33600	12000
召开来自国内各地区的代表会议	60	24	15	66000	144000

注：视频会议费用计算依据为每个座位每小时399美元。实际出差花费包括机票、酒店住宿、每日津贴以及人力资源空缺所带来的影响。

资料来源：根据美国国内事务管理局网站提供的资料整理所得。

———————

① 国内事务管理局在华盛顿、哥伦比亚特区还设立了一个地区办事处。

　　何时采取视频会议、何时出差开会，这需要从经济效益的角度进行综合比较。一般来说，如果参会者的工作地点很近，或者会议只有几个人参加，应该采取坐在一起面对面开会的方式。还有一种情况是，如果开会时间较长，比如要开几天或十几天，也需要实际参会。

　　如果开会时间比较短，比如只有几个小时，同时参会者又来自各个地区，需要坐多半天的飞机或火车，那么最好选择视频会议方式。

九　视频会议的节能效果

　　通过推行视频会议，替代一部分商务出行，具体体现在减少对交通工具的使用上，如飞机、汽车以及与之相关的一些基础设施建设等，可以减少能耗，降低二氧化碳排放。图6－1大致列出了视频会议对减少碳排放的直接影响和间接影响。

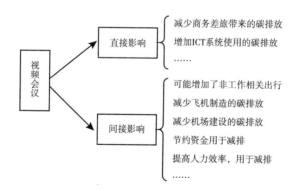

图6－1　视频会议对减少碳排放的直接影响和间接影响

　　根据全球电子可持续性倡议组织和全球气候组织发布的报告，到2020年，通过视频会议全球可实现0.8亿吨减排量，相当于少发电1454亿千瓦时（见表6－11）。

表6－11　2020年全球视频会议碳减排量和节电量预测

单位：亿吨，亿千瓦时

名称	二氧化碳减排量预测值	节省电力	前提和实施效果
视频会议	0.8	1454	30%的客运航空和铁路出行属于商务出差；在全球范围内通过视频会议减少30%的商务出差

资料来源：摘自全球电子可持续性倡议组织和全球气候组织发布的报告。

根据《中国统计年鉴》的统计数据，1978～2010年，中国民航的客运总周转量从27.91亿人公里发展到4038.99亿人公里，能源消耗也从31.7万吨增长至4587.4万吨，均增长了近144倍（见图6－2）。

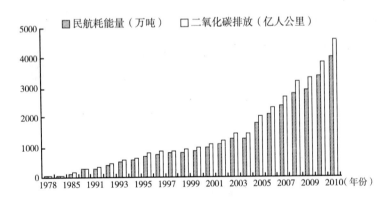

图6－2　1978～2010年中国民航能耗和二氧化碳排放量

根据预测，中国2020年和2030年的航空客运总周转量将分别达到7210亿人公里和14810亿人公里，虚拟会议对商务出行的替代率在2020年和2030年的替代率分别可达到15%和37%。经测算，虚拟会议在2020年与2030年具有的最大二氧化碳减排机会分别约为1.23亿吨和6.22亿吨（见表6－12）。

表 6-12　中国视频会议减排量预测

视频会议在中国的减排量预测	2020 年	2030 年
飞机每年飞行里程(亿人公里)	7210	14810
涉及商务出行的比例(%)	43	39
目标年度二氧化碳基线(亿吨)	8.19	16.82
视频会议对商务出行的替代率(%)	15	37
喷气煤油的消耗量(千克/公里)	4.84	—
喷气煤油的二氧化碳排放(克/升)	2395	—
二氧化碳减排量(亿吨)	1.23	6.22
节约电力(亿度)	2236	11309

注：信息技术系统的排放未计算在内。

资料来源：摘自杨天剑等《低碳通信方案在中国：减排贡献及减排潜力——基于对中国移动低碳实践的分析》，豆丁网，http://www.docin.com/p-57873680.html，最后访问日期：2013 年 3 月 28 日。

十　中国视频会议的发展现状及遇到的问题

(一) 现状

从 20 世纪 90 年代中期开始，视频会议正式进入中国。在视频会议进入之初，中国将其称为"电视会议"或"电视电话会议"，一直到今天，也在使用这些称谓。中国推广视频会议是从建设公用电视会议骨干网开始入手的，即硬件视频会议系统的建设。从技术角度讲，它主要由三大部分组成，即会议电视终端系统、数字传输信道和多点控制单元。

(1) 会议电视终端系统，包括接口设备、复用器（或解调器）、视频编译码器、音频编译码器、摄像机、显示器、文件摄像机、录放像机、幻灯机、话筒、扬声器、调制解调器、计算机、传真机、控制系统等。这些设备有的置于会议电视终端柜内，而另一些则置于会议电视终端柜外，柜外设备根据实际需要确定。

（2）数字传输信道。在国家网建设之初，常用的速率是每秒128KB、每秒384KB、每秒2048KB。能提供这些速率的数字信道有光缆、微波、卫星及铜缆等线路系统。

（3）多点控制单元是位于网络节点上的一种交换设备，当会议电视终端为三个或多个时，用多点控制单元来解决。

1993年10月开始，中国公用电视会议骨干网一期工程开始建设，采用的是美国视讯公司（CLI）的产品和技术，1994年完成。骨干网以北京为中心辐射连接全国30个省份，采用点对点的组网方式，全国各省会城市设置一台终端，北京主会场设置的30台编解码器与之相通。1995年初又为各分会场增配了一套视频会议系统。随后，又进行了二期工程建设，采用十台多点控制器和一套中央网管系统及视频通讯终端设备，以一级枢纽中心北京为该网的全网汇接中心，以星形辐射形式与二级枢纽中心（几个大区中心如沈阳、上海、南京、武汉、广州、西安、成都等地）的多点控制单元相连接，各大区中心的多点控制单元与本区内各省份中心（即省会会场）相连。当时，全部传输信道由数字数据网（DDN）提供，后来发展为由综合业务数字网（ISDN）提供。这样就构成了一个以北京为中心的全国电视会议骨干网，面向社会用户开放业务。

几乎在同一时期，多个省份开始建设地方电视会议网，形成了国家公用电视网和地方电视网互联互通的格局。1995年广东省网、山东省网、浙江省网、四川省网、重庆市网等国内数十家电视会议网相继建成。以重庆市为例，该市电视会议网络与国家电视会议网及四川省网汇接，覆盖重庆市8个市区、15个郊县及涪陵等所辖专区，并延伸至县、乡。除此之外，各地方邮电局，以及拥有卫星和微波等线路资源的广电、铁路和电力等单位也积极建设电视会议网。目前，香港特别行政区、台湾地区、澳门特别行政区均已经开通电视会议业务。电信服务机构可以提供每秒64KB、每秒128KB和每秒384KB、每秒2.048MB、每秒 6MB 等速率的服务。

公用电视会议网络的开通使得中国政府部门的工作交流更加便捷，特别是在处理突发事件方面作用尤为显著。该网络不但用于召开各种会议，而且在商务谈判、办公自动化、医疗诊断、远程教学以及紧急救援、防洪抢险的现场指挥等方面得到了广泛应用。中国的医学界人士利用此网络与美国、德国、加拿大及澳大利亚的同行进行了多次交流，召开医学会议，探讨尖端问题。总之，视频会议为节约时间、节约开支、促进工作方法的改进、促进工作效率的提高起到了积极的作用。

虽然专用会议室里的硬件电视会议系统能够实现异地开会的功能，但是它也有一些缺陷：必须到场才能开会，不能同时开多个会，不能现场传递文件、图片，缺乏音视频以外的数据交流，费用昂贵等。与此不同的是，软件视频会议弥补了这些不足。互联网在中国的普及应用，无疑对传统的电视会议带来了巨大冲击。宽带网络使 ISDN 的速度过了时；在公司、在家、在旅馆、在机场，宽带无处不在；电脑运行速度越来越快，价格越来越便宜，普通的台式机或笔记本配上摄像头及麦克风就能支持音、视频，而不再需要昂贵的专用设备。

视频会议产品已经从高端产品演变成了普通商品，过去视频会议产品价格动辄上百万元，如今只需每月花几百元就能方便地进行交流，且其内容非常丰富。随着 4G 网络的部署和运营，视频会议越来越成为中国企业及政府提高办公效率、降低运作成本的重要选择。

（二）问题

1. 技术方面

采用先进的视频会议仍然处于初期发展阶段，因为一些企业原有的网络基础设施和安装的信息系统不能与高级视频会议系统兼容，或者视频会议功能无法充分发挥，因此需要升级企业原有的网络基础设施。

2. 资金方面

（1）同时达到高清、有临场体验效果的视频会议系统价格将非常昂贵。在目前的视频会议领域中，真正意义上的高清、真实体验、低成本都是人们比较关注的热点，这也是想要达到的最佳目标及面临的一个问题。从目前的视频通信技术来看，只满足其中一个要求是没有问题的，但同时满足这些要求，即同时要高清、真实体验、低成本，就存在一些困难，比如在达到高清的沟通效果后，成本必然会增加。

（2）企业不愿意建立高级硬件视频会议系统。现在许多必要的软件已经预装在个人电脑上，因此通过个人电脑上网召开视频会议是非常实惠的，虽然开会的场景效果不是很令人满意，公司也愿意选择这种简便、低廉的网上开会形式。对于建立高级硬件视频会议系统，由于其设备的投资量大，即使是大型跨国公司，经常需要召开内部会议，经济回报速度快，也不愿意投大量资金建设高级硬件视频会议系统。

另外，视频会议不是安装一套产品这么简单，而是涉及整体的解决方案以及日常的维护，所以在费用方面难免偏高，一些企业对费用的担忧，阻碍了视频会议的发展。这些需要厂商在技术及产品上不断优化，针对不同用户制定不同的解决方案，尽量为用户提供最高性价比的产品和服务。

3. 观念方面

目前中国大部分企业还没有视频会议的应用。在视频会议的发展中存在一些瓶颈，如企业对视频会议缺乏认知度，认为视频会议效果不如现场开会好，不愿意接受这样的新事物。中国市场很大、各类型机构也有很多，还有很多个人及机构对视频会议的认知不足，所以视频会议系统还有很多空白点。同时，一部分用户对产品的复杂度存在误解，这仍然需要大力宣传和进行知识普及。

4. 信息基础设施方面

随着软件视频会议的普及，网络宽带覆盖率、宽带速率及宽带接入成本成为影响信息传输速度质量和视频会议普及的几个重要因素。中国还存在网速慢但收费高的问题。国家信息化专家委员会报告显示，截至 2010 年，中国宽带上网平均速率位列全球 71 位，不及美国、英国、日本等 30 多个经济合作组织国家平均水平的 1/10，但平均一兆每秒的接入费用却是发达国家平均水平的 3 ~ 4 倍。全球平均宽带速率为每秒 580KB，中国内陆地区为每秒 245KB，低于世界平均水平。

十一　推行视频会议的措施

1. 加强政策引导，提倡视频会议

目前，在中国国颁布的节能法规中，尚未提出推行视频会议的政策主张。因此，应该修改政府颁布的部分节能法规，在原来的政策法规中加入推行视频会议的有关内容，使组织管理过程中减少组织的高碳活动，推行像视频会议这样的绿色节能行为。比如，修改《公共机构节能条例》《节能减排全民行动实施方案》等政策方案，在条文中添加提倡视频会议等措施，引导组织和机构减少高碳活动，用视频会议代替部分传统现场开会形式。

2. 总结成功典型案例，加强视频会议的宣传和推广工作

政府相关职能部门应收集国内外一些关于视频会议节能效果明显的成功案例，进行广泛宣传和普及。另外，政府可先行选择一些企业和公共服务部门进行试点研究，通过对参与者和参与机构进行跟踪研究和调查访谈，测算节能效果，在此基础上进行推广普及。

3. 政府以身作则，推行视频会议形式

虽然中国政府机构和一些大型国有企业早已开展了视频会议，但是总体而言，召开次数比较少，影响规模有限。政府应当在实践中，将视

频会议形式固定下来，使其成为一种常态的开会形式，限制一定的公务出差比例，用视频会议代替部分现场会议。

4. 政府应加强基础设施建设

（1）加强宽带建设，降低宽带接入成本。根据工信部等七部委联合制定的《关于推进光纤宽带网络建设的意见》，到 2011 年，光纤宽带端口超过 8000 万个，3 年内光纤宽带网络建设投资超过 1500 亿元，新增宽带用户超过 5000 万户，并要求制定和完善光纤宽带网络建设的配套措施，支持网络建设发展。"十二五"期间，中国宽带网络基础设施建设将累计投资 1.6 万亿元，其中宽带接入网投资 5700 亿元。预计到"十二五"期末，互联网宽带接入端口增加 1 倍，达到 3.7 亿个，基本实现城市家庭宽带覆盖，实现 2 亿家庭光纤到户覆盖。

（2）推进电信企业的改革。降低宽带接入价格，就需要各大电信运营垄断企业进行改革，包括产权改革、经济自由化、规制改革等几个方面在内的根本性改革。就目前来看，基础电信领域处于垄断地位，改革尚不彻底，造成的结果是：一方面是像电信业这样的提供基础信息服务的产业，属于规模经济要求比较高的行业，技术要求先进，初期投入很大，且多为沉淀成本，行业退出不容易，一般的民营企业很难有如此资金实力和技术优势，这也客观上导致了政府提高垄断行业的准入门槛。另一方面，从国家的改革思路来看，是从过去的以改革带动发展的思路，被以发展带动改革的指导思想所取代，发展而不是改革成为近年来垄断行业的主旋律；从对垄断行业和国有企业的认识来看，国家认为应该通过国有控制的方式，来保持对垄断行业的控制力。这意味着在未来相当长的时间内，垄断行业的产权改革不会有重大突破。

目前，虽然困难重重，国家也要最大限度地促进电信市场竞争，最大限度地维护消费者权益，必须革除不合理的市场制度，建立新的竞争和监管制度。应加强对各大运营商的监督和管理，通过规范市场秩序，使运营商之间形成良性竞争关系，将目前较高的核心网网间结算费用降下来。要解决宽带垄断的问题，探索放开宽带入户"最后一公里"的方法和措施，减低入网费用。据专家估算，如果能够推动电信市场形成有效竞争，未来几年可以促使上网价格下降27%～38%，至少为消费者节约上网费用100亿～150亿元。

参考文献

武建东:《如何造就下一代能源体系》,《中国市场》2010年第11期。

张国宝:《世界能源战略格局将加快调整》,《中国发展观察》2012年第
 4期。

李国杰:《中国信息科学必须走自主创新跨越发展之路》,《发明与创
 新》(综合版)2009年第12期。

李国杰:《信息科技的发展态势和我们的目标选择》,《中国集成电路》
 2010年第8期。

邬贺铨:《开发绿色信息技术推动节能减排》,《中国通信》2008年第
 10期。

曾鸣:《电力需求侧响应原理及其在电力市场中的应用》,中国电力出
 版社,2011。

韩晓平:《智能电网——信息革命和新能源革命的整合》,《电力需求侧
 管理》2009年第3期。

国家电网公司智能电网专栏编辑组:《美国电科院〈智能电网成本与收
 益评估报告〉》,国家电网网站,http://www.sgcc.com.cn,最后
 访问日期:2012年1月2日。

陈树勇等:《智能电网技术综述》,《电网技术》2009年第4期。

中电联电力工业"十二五"规划研究工作组:《加快推进坚强智能电网

建设——"十二五"电网发展规划思路》,《中国电力企业管理》2011 年第 1 期。

余贻鑫:《智能电网的技术组成和实现顺序》,《南方电网技术》2009 年第 3 期。

栾文鹏:《高级量测体系》,《南方电网技术》2009 年第 2 期。

王继业:《支撑智能电网的信息技术》,《电力信息化》2010 年第 4 期。

徐沅潮:《联合国报告指出可再生能源发展前景十分广阔》,生物谷,http://www.bioon.com/bioindustry/bioenergy/485156.shtml,最后访问日期:2012 年 5 月 17 日。

国家电网公司智能电网专栏编辑组:《国外智能电网最新发展情况综述系列》,国家电网网站,http://www.sgcc.com.cn,最后访问日期:2012 年 1 月 2 日。

邬明罡:《美国智能电网优势显著政府、法律起关键作用》,《世界电信》2012 年第 1 期。

赵丹:《国外智能电网研究与发展》,国家能源局能源节约和科技装备司网站,http://www.chinaequip.gov.cn,最后访问日期:2012 年 5 月 23 日。

《美国、欧盟、中国绿色电力产业政策比较》,中国经济网,http://www.ce.cn,最后访问日期:2012 年 3 月 2 日。

《欧洲智能电网:实现家电与智能电网互动》,国家电力信息网,http://www.sp.com.cn/rdzl/dljj/201108/t20110804_181321.htm,最后访问日期:2011 年 12 月 3 日。

李立理、张义斌、葛旭波:《美国智能电网发展模式的系统分析》,《能源技术经济》2011 年第 2 期。

国家电网公司智能电网部:《关于智能电网》,《供电企业管理》2012 年第 1 期。

张晓梅、徐解宪:《我国现行智能电网政策法律制度的局限性及应对措施》,《华东电力》2011 年第 11 期。

《我国智能电网建设提速引发万亿投资盛宴》,凤凰网,http://house.
　ifeng. com/home/news/detail_ 2012_ 01/11/11904737_ 0. shtml,最后访
　问日期:2012 年 2 月 5 日。

《电科院公布智能电网标准体系进展及研究重点》,中国通信网,http://
　www. c114. net/news/550/a654404. html,最后访问日期:2012 年 1 月
　5 日。

《智能电网重大科技产业化工程"十二五"专项规划》,科技部门户网
　站,http://www. most. gov. cn,最后访问日期:2012 年 5 月 6 日。

《中华人民共和国国民经济和社会发展第十二个五年规划纲要》,中央
　政府门户网站,http://www. gov. cn,最后访问日期:2011 年 3 月
　17 日。

靳晓凌:《智能电网未来十二五规划目标分析》,《电气中国》2011 年第
　8 期。

李跃群:《科技部即将发布智能电网的"十二五"专项规划》,东方早报
　网 站,http://www. dfdaily. com/html/113/2012/4/28/783889. shtml,
　最后访问日期:2012 年 4 月 30 日。

陈伟:《欧盟发布智能电网项目评估报告》,《科学研究动态监测快报》
　2011 年第 15 期。

王友等:《我国智能电网发展的对策研究》,《硅谷》2010 年第 14 期。

宋宁宁等:《智能电网若干问题的探讨》,《江苏电机工程》2010 年第 5
　期。

孟婕:《浅谈我国智能电网发展现状及面临的挑战》,《科学与企业》
　2011 年第 12 期。

林宇锋、钟金、吴复立:《智能电网技术体系探讨》,《电网技术》2009
　年第 6 期。

《智能交通产业链全面分析》,中采网,http://www. ic160. com/e-news/

news_ 6642. html，最后访问日期：2012 年 12 月 5 日。

李志宏：《"十二五"期间中国智能交通应注重五项工作——访全国人大教科文卫委员会委员、中国智能交通协会理事长吴忠泽》，《交通标准化》2011 年第 16 期。

《ITS 标准化进程刻不容缓》，智能交通网，http：//www. 21its. com/Common/NewsDetail. aspx？ID = 2012101013243806696，最后访问日期：2012 年 12 月 16 日。

王笑京：《浅谈我国新一代智能交通系统发展纲要》，智能交通网，http：//www. 21its. com，最后访问日期：2012 年 12 月 13 日。

高玉荣、谢振东：《智能交通产业化发展的政策支持研究》，《科技管理研究》2010 年第 1 期。

张可等：《中国智能交通系统（ITS）体系框架研究进展》，《交通运输系统工程与信息》2005 年第 5 期。

杜宏川：《我国智能交通系统发展现状与对策分析》，《吉林交通科技》2009 年第 1 期。

韩立波、刘莉：《我国道路运输节能降耗政策措施研究》，《交通节能与环保》2011 年第 3 期。

余琴：《破解城市交通发展困局之二——智能交通篇》，《交通建设与管理》2007 年第 12 期。

王笑京：《智能交通系统研发历程与动态述评》，《城市交通》2008 年第 1 期。

司小平、胡刚、郭海涛：《广东省与发达国家智能交通系统的比较研究》，《科技管理研究》2007 年第 5 期。

苏鑫、吕鹏飞：《欧盟推广智能汽车路况系统可缓解交通堵塞》，《道路交通与安全》2010 年第 2 期。

廖永和：《浅谈智能交通系统发展对策和社会经济效益》，《中国新技术新产品》2010 年第 3 期。

《交通运输"十二五"发展规划》，中国公路网，http：//www. chinahig-hway. com/news/2011/530343. php，最后访问日期：2012 年 3 月 3 日。

龚威：《现代楼宇自动控制技术》，清华大学出版社，2012。

清华大学建筑节能研究中心：《中国建筑节能年度发展研究报告》，中国建筑工业出版社，2011。

马宏亮：《国外建筑节能政策比较》，《科协论坛》2010 年第 1 期。

康盛君：《国外建筑节能的实践》，《山西建筑》2009 年第 27 期。

李积权等：《日本建筑节能对策》，《福建工程学院学报》2009 年第 3 期。

卢求、卓定疆：《德国建筑节能政策体系和技术措施》，《北京房地产》2006 年第 4 期。

景皓洁：《国外智能绿色建筑发展状况及评价体系》，《世界标准信息》2008 年第 10 期。

姜波、刘长滨：《国外建筑节能管理制度体系研究》，《生产力研究》2011 年第 2 期。

侯自强：《以人为本——日本智能建筑概念》，《电脑知识与技术》2006 年第 9 期。

刘行：《韩国、日本智能建筑技术考察与思考》，《工程设计 CAD 与智能建筑》2002 年第 6 期。

《大和房建工业将在大阪府堺市开发日本首个"零能耗小区"》，日经能源环境网，http：//china. nikkeibp. com. cn/eco/news/catcorporatesj/1331 – 20111014. html，最后访问日期：2012 年 1 月 6 日。

武涌、赵靖：《国外大型公共建筑节能运行管理：案例分析、经验做法与启示建议》，《城市发展研究》2009 年第 12 期。

《LonWorks 技术构筑了荷兰最节能的建筑》，中国工控网，http：//www. gongkong. com/webpage/solutions/201003/20100316095804 00003. htm，最后访问日期：2011 年 12 月 1 日。

《在美国充满时尚设计的智能建筑》，杭州安仕电子有限公司网站，http：//www. zhongsou. net/%E5%AE%89%E4%BB%95%E7%94%B5%E5%AD%90/channel/13381774，最后访问日期：2012年12月5日。

李铁：《高增值高利润的物业产品——美国与中国的智能建筑》，《工程设计 CAD 与智能建筑》2002 年第 4 期。

龙灵芝：《智能建筑要敢于创新——访建设部智能建筑专家委员会委员专家、美国密执安大学访问教授陈佳实》，千家网，http：//www. qianjia. com/html/2007 – 06/30325. html，最后访问日期：2012年 1 月 8 日。

《日立制作所为森大厦开发出租户能源使用量可视化服务》，日经能源环境网，http：//china. nikkeibp. com. cn/eco/news/catmanagementsj/546 – 20110525. html，最后访问日期：2011 年 6 月 3 日。

尚春静、刘长滨：《新时期我国智能建筑发展的路径选择》，《北京交通大学学报》（社会科学版）2006 年第 3 期。

《国内建筑智能化工程概况及主要存在的问题》，自动化网，http：//www. zidonghua. com. cn/dir/zhuti_ show. asp？zid = 25021，最后访问日期：2012 年 1 月 7 日。

《中国建筑业协会智能建筑分会组织机构》，中国建筑业协会智能建筑分会网，http：//www. cnibii. com/html/zjxh/ZZJG/590. html，最后访问日期：2012 年 11 月 2 日。

齐笑：《在〈建筑设备监控系统工程技术规范〉编制工作即将启动之际》，《智能建筑》2009 年第 7 期。

孙熙照、宋文彦：《智能住宅建设中的若干问题》，《吉林勘察设计》2006 年第 1 期。

崔海萍：《住宅节能是住宅智能化的应有之义——访中国建筑科学研究院研究员方天培》，《智能建筑与城市信息》2005 年第 10 期。

卿华、周爽：《智能建筑系统集成技术的发展》，《科技资讯》2010 年第
    24 期。

清华大学建筑节能研究中心：《中国建筑节能年度发展研究报告 2007》，
    中国建筑工业出版社，2007。

周大地：《2020 年中国可持续能源情景》，中国环境科学出版社，2003。

李明：《美国联邦政府远程办公改革及其对我国节约型机关建设的启
    示》，《中国行政管理》2011 年第 1 期。

刘德中：《观点碰撞：在家办公能否缓解交通压力》，人民网，http：//
    www. people. com. cn/GB/guandian/1034/3047435. html，最后访问日
    期：2012 年 4 月 2 日。

安熙贞：《韩国 22% 中小企业远程办公》，中国信息产业网，http：//
    www. cnii. com. cn/internet/content/2010 – 09/14/content_ 795804. htm，
    最后访问日期：2012 年 5 月 23 日。

杨天剑等：《低碳通信方案在中国：减排贡献及减排潜力——基于对中
    国移动低碳实践的分析》，http：//www. wwfchina. org/，最后访问
    日期：2013 年 2 月 28 日。

杨德鸥：《我国公用会议电视骨干网及技术标准》，《电信工程技术与标
    准化》1996 年第 2 期。

《来看看携程的“宅办公”试验!》，虎嗅网，http：//www. huxiu. com/
    article/4216/1. html，最后访问日期：2012 年 10 月 23 日。

《“80 后”“90 后”将成为在家办公第一代》，互联网周刊网站，http：//
    www. ciweekly. com/ehome/one/，最后访问日期：2012 年 3 月 26 日。

《韩国“智能网络”好处多》，中国网络教育集团网站，http：//
    www. 51elearning. com/bencandy. php？ fid = 3&id = 787，最后访问日
    期：2012 年 5 月 12 日。

《视频会议技术发展历程和发展趋势全解析》，慧聪智能家居网，
    http：//info. ehome. hc360. com/2011/07/180841149684. shtml，最后

访问日期：2012 年 5 月 15 日。

Jorgenson, Dale W. , Charles W. , *Enhancing Productivity Growth in the Information Age*, The National Academies Press, 2007.

Perez, C. , *Technological Revolutions and Financial Capital*：*The Dynamics of Bubbles and Golden Ages*, Edward Elgar Publishing, 2002.

索　引

后　记

　　本书是笔者主持的教育部人文社会科学研究西部和边疆地区项目"基于信息资源对能源增效作用的政策研究"最终成果。

　　目前，能源已经成为关系到国家经济社会可持续发展的重要资源，能源政策也成为国家战略和政策体系的核心问题。在能源政策领域的研究中，以节能增效为目标的信息技术应用政策正成为一个热点议题。在研究的基础上，课题组成员不断分析总结、凝练观点和认识，最终形成本书的六个章节，形成了自己的学术风格和特色。本书的撰写，由崔旭负责总体规划设计，程璇、徐新雨、王默涵、丁献峰、魏星、牛红亮、邢莉、王宝红等负责实证调研，李曦、张叶、韩思奇分别撰写了智能建筑、智能交通、智能电网的初稿，邵力军负责修订和统稿。

　　在本书付梓之际，谨向为课题付出辛勤劳动的课题组成员和为本课题提供帮助的朋友表示深深的谢意。社会科学文献出版社也为本书的出版给予了各种帮助，在此一并表示衷心的感谢！

笔　者

2013 年 2 月

图书在版编目（CIP）数据

公共政策框架下的节能增效与信息技术应用/崔旭
主编.—北京：社会科学文献出版社，2013.6
ISBN 978 - 7 - 5097 - 4648 - 6

Ⅰ.①公…　Ⅱ.①崔…　Ⅲ.①信息技术 - 应用 - 能源
消费 - 研究 - 中国　Ⅳ.①F426.2 - 39

中国版本图书馆 CIP 数据核字（2013）第 099867 号

公共政策框架下的节能增效与信息技术应用

主　　编／崔　旭
副 主 编／邵力军

出 版 人／谢寿光
出 版 者／社会科学文献出版社
地　　址／北京市西城区北三环中路甲 29 号院 3 号楼华龙大厦
邮政编码／100029

责任部门／社会政法分社（010）59367156　　　　责任编辑／曹义恒
电子信箱／shekebu@ ssap. cn　　　　　　　　　责任校对／李　红
项目统筹／曹义恒　　　　　　　　　　　　　　　责任印制／岳　阳
经　　销／社会科学文献出版社市场营销中心（010）59367081　59367089
读者服务／读者服务中心（010）59367028

印　　装／三河市尚艺印装有限公司
开　　本／787mm×1092mm　1/20　　　　　　　印　　张／16.2
版　　次／2013 年 6 月第 1 版　　　　　　　　　字　　数／271 千字
印　　次／2013 年 6 月第 1 次印刷
书　　号／ISBN 978 - 7 - 5097 - 4648 - 6
定　　价／65.00 元